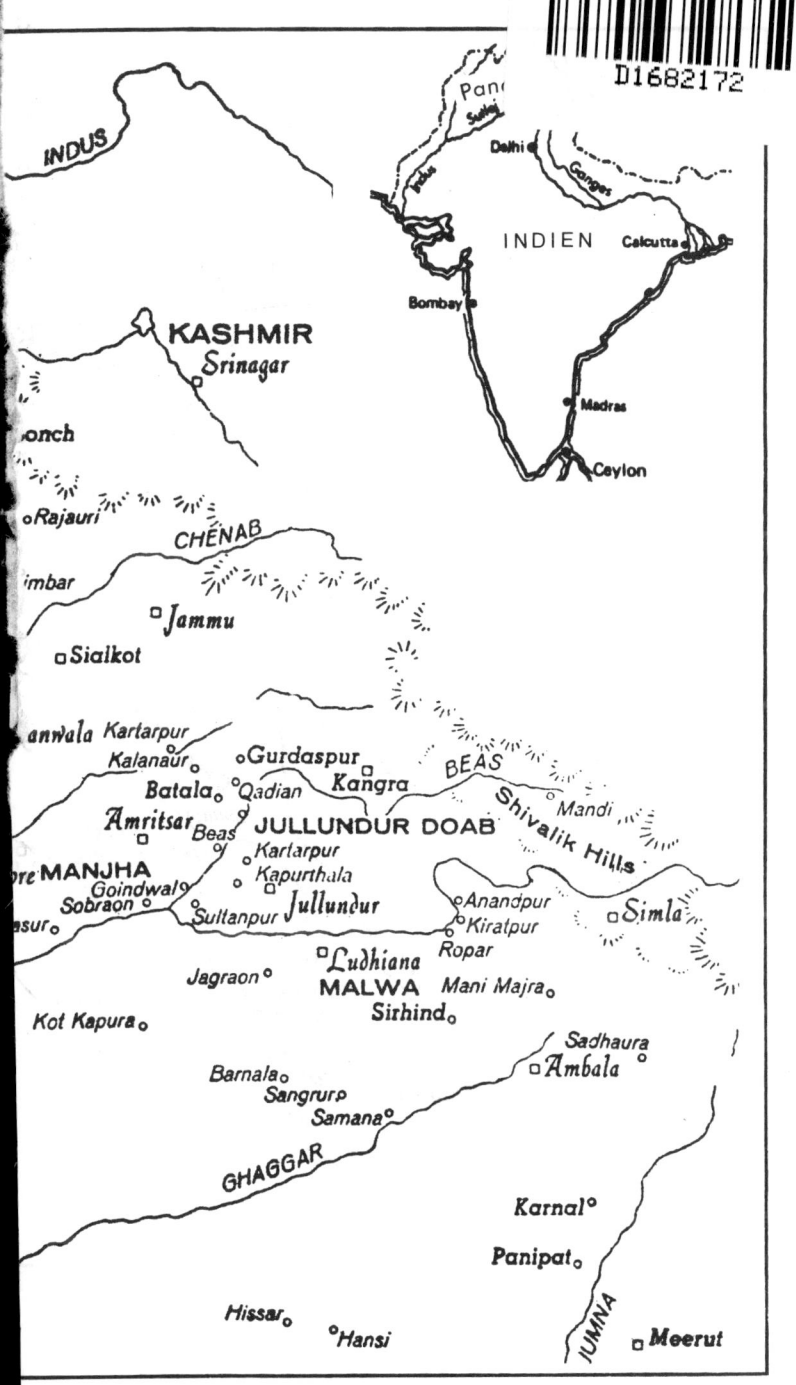

Michael Solka

Die Sikhs

Michael Solka

Die Sikhs

*Mit 19 Abbildungen
und Karten*

nymphenburger

Ich danke David Ambuel, Helmut Gruber und Amarjit Singh
Badheshe für Rat und Hilfe bei der Entstehung dieses Buches.
Michael Solka

Fotonachweis:
National Army Museum, London: 5, 6, 7, 8, 9
Amarjit Singh Badheshe: 1, 2, 3, 4, 10, 11, 12, 13, 14, 15, 16, 17, 18, 19

© Nymphenburger Verlagshandlung GmbH, München 1986
Alle Rechte, auch der photomechanischen Vervielfältigung und des
auszugsweisen Abdrucks, vorbehalten.
Umschlaggestaltung: Cooperation, München
Satz: Fotosatz Service Weihrauch, Würzburg
Gesetzt aus: Times 10/12,5 p System Berthold
Druck und Bindung: Mohndruck, Gütersloh
Printed in Germany 1986
ISBN: 3-485-00516-9

Meinen Eltern

Inhalt

Vorwort 9
Nanak 12
Die Lehrerkette 26
Kampf um das Pandschab 53
Der »Löwe des Pandschabs« 82
Dämmerung des Reiches 107
Die Anglo-Sikh-Kriege 122
Das Ende der Dynastie 148
Konsolidierung 155
Erneuerung oder Reform? 170
Die Rolle der Sikhs im indischen Freiheitskampf 194
Punjabi Suba 229
Khalistan? 250
Ausgewählte Literatur 281
Register 285

Vorwort

»Ort des heiligen Wassers«. Ein idyllischer Name für eine Stadt. Doch welche Enttäuschung für den, der sich Amritsar anders vorstellt als all die anderen Großstädte Indiens. Kreischende Händler, in den Straßen eine alles und alle erdrückende Menschenmenge, in der Luft der beißende Geruch aus Curry und Kampfer. Amritsar, im nordindischen Bundesstaat Pandschab gelegen, ist dennoch anders. Wo gibt es sonst auf der Welt eine Stadt, in der 700 000 Menschen leben, von denen sich 400 000 noch nie die Haare schneiden ließen? Amritsar ist das geistige Zentrum der Sikhs, einer Glaubensgemeinschaft, die spätestens seit der Ermordung Indira Gandhis in aller Welt von sich reden machte.

In Amritsar befindet sich der Goldene Tempel, das bedeutendste Heiligtum der Sikhs. Das Pandschab ist das einzige Gebiet Indiens, in dem die Sikhs gegenüber Hindus und Muslimen in der Mehrzahl sind. Zwar gelten die Männer in den kunstvoll gebundenen, farbigen Turbanen im Ausland oft als Symbolfiguren für den ganzen indischen Subkontinent, landesweit aber sind sie eine verschwindende Minderheit. Die Glaubensgemeinschaft der Sikhs zählt knapp vierzehn Millionen. Nur jeder fünfzigste Inder ist ein Sikh.

Verglichen mit dem Hinduismus, dem Judentum und der römischen Kirche ist die Religionsgemeinschaft der Sikhs nicht besonders alt. Gegründet wurde sie Anfang des 16. Jahrhunderts von dem Guru Nanak – zu einer Zeit, in der in Europa die Reformation begann. Nanak war der erste von zehn Gurus, die von den Sikhs bis heute verehrt werden. Zunächst begünstigte die religiöse Toleranz der islamischen Großmogule den neuen Glauben, und unter den Nachfolgern Guru Nanaks wuchs die Gemeinschaft der Sikhs erheblich an. Allmählich wurden die Sikhs zu einer ernstzunehmenden politischen Kraft. Guru Gobind Singh, der zehnte und letzte in der Lehrerkette, formte schließlich die Gemeinschaft der Sikhs in einen religiösen Kampfbund um. Unter der Führung von Ranjit Singh bauten die Sikhs ein unabhängiges Reich in Nordwestindien auf, das allerdings 1849 durch das Eingreifen der Briten unterging. Die britischen Kolonialherren machten sich die sozio-kulturellen Ambitionen der Sikhs für ihre Teile-und-herrsche-Politik zunutze und förderten sie in ihrer Eigenständigkeit. Als 1947 das Pandschab zwischen Indien und Pakistan aufgeteilt wurde, setzte eine Massenflucht ein – Sikhs und Hindus nach Indien, Muslime nach Pakistan –, der gegenüber sogar die deutsche Flüchtlingstragödie verblaßt. Für Pakistan wirkte sich der Exodus der Sikhs äußerst nachteilig aus, da ein hoher Anteil der das westliche Pandschab verlassende Sikhs Geschäftsleute und Gebildete waren. Aufgrund ihrer Arbeitsdisziplin dominierten die Sikhs bald in vielen Berufen in der Indischen Union und übten einen großen Einfluß auf das öffentliche Leben aus.
In jüngster Zeit verschärfte sich jedoch die Lage im Bundesstaat Pandschab erheblich, obgleich die Sikhs 1966 einen

Pandschabi sprechenden Bundesstaat erhalten hatten. Der schon jahrelang schwelende Konflikt zwischen separatistischen Sikhs und den Verteidigern der indischen Einheit eskalierte zu gewalttätigen Auseinandersetzungen, die schließlich mit der Erstürmung des Goldenen Tempels in Amritsar, der Ermordung Indira Gandhis und den darauf folgenden Massakern an Sikhs blutige Höhepunkte fanden. Ob Rajiv Gandhis Abkommen mit der Sikh-Partei Akali Dal vom 24. Juli 1985 eine schnelle Lösung der Probleme bringen wird, bleibt abzuwarten.

München, im Januar 1986   *Michael Solka*

Nanak

Es war im Monat *Vaisakh* (April) des Jahres 1469, als im Dorf Talwandi südwestlich von Lahore Mata Tripta ihrem Gatten Mehta Kalu einen Sohn gebar. Mehta Kalu war überglücklich, als ihm die muslimische Hebamme Daultan von der Geburt des Jungen berichtete, denn eine Tochter – Nanaki – hatte ihm seine Frau schon geschenkt. Sogleich holte er den Priester der Familie, um dem Jungen ein Horoskop erstellen zu lassen. Der Brahmane wollte von der Hebamme wissen, ob sie etwas Besonderes bei der Geburt bemerkt hätte, und Daultan antwortete, daß sie vielen Kindern geholfen habe, auf die Welt zu kommen, aber keines wäre so ungewöhnlich wie Mehta Kalus Sohn gewesen. Sein erster Schrei habe dem Lachen eines Erwachsenen geglichen. Als das Kind dem Priester gebracht wurde, so berichtet die *Bala Janam-Sakhi* *, huldigte er dem Jungen und sagte zu Mehta Kalu:

»Hindus und Türken werden ihn ehren; sein Name wird auf Erden und im Himmel bekannt werden. Der Ozean wird ihm den Weg zeigen, wie auch die Erde und der Him-

---

* Eine Art Hagiographie. Es gibt mehrere solche *Janam-Sakhis*, von denen die *Puratan Janam-Sakhi* – vermutlich vor 1604 geschrieben – am verläßlichsten ist.

mel. Er wird nur Einen Gestaltlosen Gott verehren und anerkennen und andere lehren, es zu tun... Jedes Wesen wird er als Gottes Schöpfung betrachten. O Kalu, es wird mich bekümmern, daß ich nicht den Ruhm erleben kann, der seiner sein wird. Wer weiß, wie lange ich lebe?«

Der Junge erhielt den Namen Nanak – »Der, in dem keine Zweiheit herrscht«. Nanak wuchs rasch heran, und es zeigte sich bald, daß er anders als seine Altersgenossen war. Selten suchte Nanak die Gesellschaft anderer Kinder. Lieber verbrachte er viele Stunden in sitzender Haltung und lauschte der Natur. Was auch immer ihm seine Eltern gaben, Nanak verschenkte er an Arme oder vorbeiziehende *Sadhus** und Wandermönche.

Im Alter von sechs Jahren wurde Nanak in die Schule geschickt. Sein Vater konnte sich das leisten, denn er gehörte der Hindukaste der *Khatri* an, einer Händlerkaste, die vor allem im Pandschab, der Heimat Nanaks, von Bedeutung war. In der Schule lernte der junge Nanak die Grundzüge der Arithmetik sowie die heilige Sprache Sanskrit. Später wurde er auch in muslimischer Literatur unterrichtet. Nach wenigen Jahren konnten ihm aber seine Lehrer offenbar nichts Neues mehr beibringen, und der Junge begab sich in die nahen Gehölze, wo sich heilige Männer verschiedener Glaubensrichtungen aufhielten und über Religion, Philosophie und Moral diskutierten. Ein Nachbar Mehta Kalus übernahm nun die Erziehung des Jungen.

Nachdem Nanak seine Schulbildung im Alter von dreizehn Jahren abgeschlossen hatte, bereitete sein Vater für ihn die

---

* Bedeutet soviel wie Heiliger oder Gerechter.

Yagyopavit-Zeremonie vor, bei der alle Söhne aus höheren Hindukasten einen heiligen Faden erhalten, der die Wiedergeburt oder Einführung in den Glauben symbolisiert. Von nah und fern kamen Verwandte und Freunde, um dieser feierlichen Zeremonie beizuwohnen. Als jedoch der Brahmane der Familie den Faden um den Hals des Jungen legen wollte, weigerte sich Nanak, ihn zu tragen: »Was für einen Nutzen hat denn ein Stück Faden, das schon in diesem Leben zerreißt und niemandem im Jenseits hilft? Und wo ist das Gute, das sich, wie du sagst, überträgt, wenn Menschen, die sich durch diesen Faden für ›wiedergeboren‹ halten, die übelsten Taten vollbringen?«

Nanaks Dreistigkeit beschämte seinen Vater. Mehta Kalu hielt seinen Jungen für träge und ein wenig verrückt. Als Nanak mit bäuerlicher Arbeit nicht zurechtkam, ließ ihn sein Vater eine andere Arbeit tun. Er händigte ihm Geldstücke aus, um auf einem nahen Markt Waren einzukaufen. Gehorsam machte sich Nanak auf den Weg. Unterwegs begegnete er jedoch einer Gruppe ausgemergelter Asketen und schenkte ihnen das Geld seines Vaters. Als ihn sein Vater nach dem anvertrauten Geld fragte, erwiderte der Junge: »Vater, du hast mich gebeten, einen guten Handel abzuschließen. Was für einen größeren Gewinn kann man in dieser und in der nächsten Welt haben, als den Segen durch das Speisen der Armen und Heiligen zu erhalten?« Nanaks Vater war außer sich vor Wut. Seine Antwort bestand aus einer Tracht Prügel.

Als Nanak sich eines Tages unter einen Baum legte und einschlief, ging zufälligerweise Rae Bular, der Grundherr des Dorfes, dort vorbei und bemerkte, daß der Schatten des Baumes, unter dem Nanak schlief, stehen geblieben war.

Dies veranlaßte den Grundherrn, Nanaks Vater einzuschärfen, er sollte seinen Sohn mit Achtung behandeln, da er ein großer Mann sei. Später wurde diese Geschichte dahin ausgeschmückt, daß eine große, schwarze Schlange ihre Haube über Nanak ausgebreitet habe, um ihn vor den Strahlen der glühenden Sonne zu schützen.

Immer wieder versuchte Mehta Kalu, aus seinem Sohn einen lebenstüchtigen Menschen zu machen, aber Nanak fühlte sich berufen, eine Mission zu vollbringen. Seinen Eltern sagte er:

»Ich weiß nicht, wer mein Vater ist, wer meine Mutter, und woher ich komme.

Und warum sich Feuer und Wasser verschmolzen haben, um das aus mir zu machen, was ich bin.

In mir nagt etwas in meinem Herzen, als ob meine Seele brennt. Und ich fühle, daß es für mich nur Frieden geben wird, wenn ich mich dem Willen des Herrn unterwerfe.«

Verzweifelt dachten seine Eltern nunmehr daran, ihn zu verheiraten. Eine Eheschließung würde Nanak vielleicht auf den richtigen Weg bringen. Nanak war sechzehn oder etwas älter, als er mit Sulakhani verheiratet wurde, der Tochter eines frommen Kaufmannes aus Batala.

Seine Frau gebar ihm zwei Söhne, Sri Chand, 1494, und Lakhmi Das, drei Jahre später. Wahrscheinlich hatten sie auch eine Tochter, die aber im Säuglingsalter starb.

Sein Schwager besorgte ihm Arbeit als Verwalter einer Getreidehandlung in Sultanpur, und Nanak erwies sich als zuverlässige Arbeitskraft. Seine Eltern beruhigten sich, obgleich ihr Sohn auch meditierte und die Gesellschaft heiliger Männer suchte. In Sultanpur schloß sich ein herumziehender Musikant namens Mardana Nanak an. Mardana stammte aus der Kaste der *Dums*, die die Lehre Mohammeds angenommen hatten.

Eines Morgens, so heißt es in der Puratan Janam-Sakhi, begab sich Nanak zur Bein und stieg in den Fluß. An diesem Ort gelangte er zur höchsten Erkenntnis. In einer Vision schenkte ihm Gott einen Becher Nektar und segnete ihn. Gott forderte ihn auf, sich der Erkennung der völligen Existenz, der Barmherzigkeit, der reinen Haltung, dem selbstlosen Dienst und der Andacht hinzugeben.

»Nanak, du hast Meinen Willen erkannt. Wen auch immer du segnen wist, wird auch von Mir gesegnet werden. Mein Name lautet der Überweltliche Gott, dein Name wird Guru-Gott sein.«

Seine Bekannten glaubten unterdessen, er sei beim Baden ertrunken. Lediglich seine Schwester Nanaki blieb ruhig und sagte wiederholt, daß Nanak nichts passiert sei und er wieder erscheinen würde. Drei Tage blieb Nanak verschwunden, erfüllt von der Vision. Am dritten Tag war er plötzlich wieder da und äußerte nach einiger Zeit die Worte: »Es gibt weder Hindus noch Muselmanen.«

Nanak kannte jetzt seine Aufgabe. Er verschenkte das meiste seiner Habe und suchte sich einen abgelegenen Platz außerhalb von Sultanpur. In seiner Gesellschaft befand sich Mardana. Nanak wartete auf einen inneren Befehl, der ihn in die Welt führen sollte. Seine Familie bestürmte ihn, sein Vorhaben zu lassen, aber sie konnte ihn nicht umstimmen. Zusammen mit Mardana begab sich Guru Nanak auf seine erste große Wanderung. Sie zogen durch das südwestliche Pandschab, das »Fünfstromland« Vorderindiens und wandten ich dann nach Osten, in Richtung Ganga (Ganges). An den heiligen Stätten der Hindus führte

Guru Nanak lange Unterhaltungen mit den ortsansässigen brahmanischen Gelehrten. Nach seiner Kasten- und Sektenzugehörigkeit gefragt, erwiderte Guru Nanak: »Ich gehöre der Sekte des Rechten Weges an. Meine Kaste ist die des Feuers und Windes. Ich lebe nach der Art des Baumes und der Erde, denn wie sie halte ich es aus, beschnitten oder behackt zu werden. Wie einem Fluß ist es mir gleichgültig, ob man Blumen oder Staub hineinwirft. Wie das Sandelholz erachte ich, allein zu leben als Duft.«

In Hardwar traf Guru Nanak am Ufer der Ganga eine Anzahl von Leuten an, die mit ihren Händen Wasser in Richtung Osten schütteten. Als Guru Nanak sich nach ihrem Tun erkundigte, erklärte man ihm, daß sie ihren verstorbenen Vorfahren im Himmel Wasser für ihren Seelenfrieden darbrächten. Lächelnd machte sich nun Guru Nanak daran, auch mit Wasser zu werfen, allerdings in Richtung Westen. Die Menge amüsierte sich über ihn, und man fragte ihn nach dem Sinn seines Unterfangens, woraufhin Guru Nanak antwortete: »Ich komme aus dem Nordwesten Indiens. In meinem Geburtsort besitze ich einen Hof. Ich trachte danach, ihn von hier aus zu bewässern, denn ich frage mich, ob es inzwischen dort genügend geregnet hat, seitdem ich hier bin.«

Die Menge lachte ihn aus, und schließlich sagte einer: »Du bist sicherlich erwachsen und reif genug, um zu verstehen, daß dein Wasser nicht so weit reicht, um für deinen Hof von Nutzen zu sein.«

Daraufhin meinte Guru Nanak: »Ihr seid seltsame Wesen. Meine Darbringung kann einige wenige hundert Kilometer nicht überbrücken, während euere sogar bis in die andere Welt reicht?«

Erstaunt starrten ihn die Leute an, verblüfft über die Bezweiflung ihres Glaubens und die Logik des Fremden.
Guru Nanak erklärte der Menge: »Der, welcher Gott im Sinn behält und recht handelt, was auch gut ist, dessen Seele ist immer voller Frieden, sowohl hier als auch im Jenseits. Er braucht kein anderes Ritual auszuüben, um seinen Gott zu erfreuen.«
In Puri, einem Ort am Golf von Bengalen, sah Guru Nanak die Verehrung von Jagannath, dem Herrn des Universums. Die Hindupriester umschritten das Jagannath-Götzenbild und warfen Blumen auf es. Dabei trugen sie irdene Lampen auf silbernen Tabletts und verbrannten Weihrauch. Schweigend beobachtete Guru Nanak die Zeremonie der Priester. Als man ihn fragte, warum er denn nicht an der Kulthandlung teilnähme, erwiderte er in Hymnenform, daß ihre Huldigung für einen Gott, der so groß wie der Herr des Universums ist, zu gering sei:
»Der Himmel ist das Tablett, die Sonne und der Mond sind die Lampen, mit Sternen verziert wie Juwelen.«
Guru Nanaks Tadel gegen streng formalen Gottesdienst – der Mensch hat Gott in seinem Herzen zu suchen – bezog sich auch auf Muslime und ihren absurden Fanatismus. So sagte er:
»Du mußt sterben, o Mulla, du mußt sterben, bleib in der Furcht des Schöpfers!
Dann bist du ein Mulla, dann bist du ein *Qazi* [muslimischer Richter], wenn du den Namen Gottes kennst.
Der ist ein *Qazi*, der sein eigenes Selbst aufgibt und den Einen Namen zu seiner Stütze macht.«
Guru Nanaks Lehre war stark vom Mystizismus der muslimischen *Sufis* beeinflußt, deren unorthodoxe Einstellung

ihrer eigenen Religion gegenüber sich im Pandschab ebenso schnell ausgebreitet hatte wie die hinduistische *Bhakti-*(Frömmigkeits-)Bewegung. Die Sufis und die Bhaktas gingen von einer existentialistischen Haltung gegenüber der Religion aus. Entschieden lehnten sie die Exklusivität der musliminischen Mullas und Hindupandits ab. Vielleicht kannte Guru Nanak sogar den Dichter Kabir, der zuerst der Schüler eines Sufis und dann des Hindu-Mystikers-Ramananda gewesen war. Kabir hatte betont, daß weder im Hinduismus noch im Islam die Wahrheit zu finden sei. Zentrale Begriffe wie *karma* – die den Menschen bestimmende moralische Kraft – und Wiedergeburt interpretierte Guru Nanak als Ausdruck göttlichen Willens. Das irdische Glück und Unglück sowie die soziale Ungerechtigkeit betrachtete er als die natürlichen Ergebnisse individueller Taten. Erlösung lag für Guru Nanak im tiefsten Nachdenken über den göttlichen Namen. Da Gott unendlich war, folgerte Guru Nanak, konnte er nicht sterben oder wiedergeboren werden. Auch menschliche Gestalt konnte er nicht annehmen, da die dem Verfall und dem Tod unterworfen war. Guru Nanak glaubte, daß Gott zugleich Wahrheit und Wirklichkeit (*sat*) war, im Gegensatz zu Unwahrheit (*asat*) und Illusion (*mithya*). Somit machte er Gott nicht nur zu einem geistigen Begriff, sondern stützte auch Prinzipien sozialen Verhaltens auf den Begriff. Wenn Gott die Wahrheit ist, bedeutet das Sprechen einer Unwahrheit, gottlos zu sein.
Guru Nanak versuchte auch die Transmigration systematisch zu erklären. Nach ihrem Tode können die Sünder nicht die Brücke Saratpul – eine dem Islam entlehnte Vorstellung – überschreiten, sondern stürzen in einen Fluß voller Blut und Eiter. Die Reinen hingegen werden am ande-

ren Ende dieses haardünnen und messerklingenscharfen Übergangs von den Meistern ihrer Religion erwartet. Sünder sind alle, die – ungeachtet ihrer Konfession – gegen die Regeln des richtigen Betragens verstoßen. Ohne den Guru, sagte Nanak, konnte es keine Erlösung geben. Der Guru war der Führer, der die Menschen abhalte, vom geraden und engen Pfad der Wahrheit abzuirren. Nanak betonte jedoch, daß der Guru als Führer und nicht als Gott betrachtet werden sollte. Er sollte um Rat gefragt und geachtet, aber nicht angebetet werden.

Wie bei den Sufis, die das Konzept von *pir-murid* (Lehrer-Schüler) nach Indien brachten, begann man Nanak als Lehrer anzusehen, dem es zu folgen galt.

Nach dreizehnjähriger Abwesenheit traf Guru Nanak im Winter 1509 wieder in Sultanpur ein. Seine zweite, ausgedehnte Reise (*udasi*) führte ihn bis nach Ceylon. Diesmal begleiteten ihn zwei Jats (hinduistische Bauernkaste) namens Saido und Siho. In Ceylon soll Guru Nanak den Radscha Shivnabh mit seiner Lehre stark beeindruckt haben. Der Rückweg führte Guru Nanak und seine Begleiter angeblich entlang der Westküste über Malabar, Konkan und Bombay.

Danach wandte sich Guru Nanak nach Norden. Er durchwanderte Nepal und Gebiete des westlichen Tibets. Als sich Asketen, die zurückgezogen in der Bergwelt des Himalajas lebten, bei ihm nach dem Wohlergehen der Welt jenseits der Berge erkundigten, erzählte er ihnen von dem erbärmlichen Zustand der Welt, von Königen, die Schlächter seien, und von der entschwundenen Gerechtigkeit.

»Die Dunkelheit der Unwahrheit ist weit umher,

Und es ist nicht bekannt, ob der Mond der Wahrheit je aufgehen wird.«
Nach seiner Herkunft und seiner Sekte gefragt, antwortete Guru Nanak: »Ich verweile in Gott, der seinen Sitz in jedem Herzen hat. Ich handle, wie mir Gott, der Wahre Guru, geheißen hat. Ich kam gemäß Gottes Willen und werde entschlafen, wenn Er es bestimmt. Nachzusinnen über meinen einzigen Gott, das ist mein Gebet. Er, der sich selbst kennt, handelt so und ist in den Einzig Wahren vertieft.«
Nach seinem Treffen mit den Asketen kehrte Guru Nanak in das »Fünfstromland« zurück. Sein Aufenthalt im Pandschab war aber nur von kurzer Dauer, es zog ihn wieder in die Ferne. In Begleitung des treuen Mardana begab sich Guru Nanak nach Westen, in die Länder des Islams. In Mekka erregte Guru Nanak den Unwillen eines mohammedanischen Geistlichen, als er sich ausruhte und seine Füße dabei auf die Kaaba, das Hauptheiligtum des Islams, wiesen. Erzürnt gab ihm der Geistliche einen Stoß und herrschte ihn deswegen an. Gelassen forderte Guru Nanak den Muslim auf, seine Füße in die Richtung zu heben, in der es keinen Gott gebe. Als die Einwohner Mekkas von dem seltsamen Vorfall hörten, umringten sie Guru Nanak und fragten ihn, wer bedeutender sei: Hindu oder Muslim? Guru Nanak erwiderte, daß ohne gute Taten beide scheitern würden. Auch in Bagdad* wurde Guru Nanak von Fra-

---

* 1916 wurde in Bagdad eine Gedenktafel mit der folgenden Inschrift entdeckt:
»Zur Erinnerung an den Guru, den heiligen Baba Nanak, König der Heiligen, ist dieses Denkmal mit der Hilfe von sieben Heiligen wiederhergestellt worden.«
Das Datum auf der Gedenktafel lautete 927 Hijri = 1520 n. Chr.

gestellern bedrängt. Und über seine Religion erzählte er ihnen: »Meine Religion ist die Gottes. Ich habe allen Sekten entsagt. Ich kenne nur den einzigen wahren Gott, das allerhöchste Wesen, das sich auf Erden, im Himmel, dazwischen und in allen Richtungen befindet.«

Vermutlich gelangte Guru Nanak über Kabul und Multan in das Pandschab zurück. In der Heimat erlebte er um 1520 den dritten Feldzug Baburs, eines Nachkommen des mongolischen Herrschers Timur, gegen die indische Lodi-Dynastie. Baburs Kriegsscharen machten Paläste dem Erdboden gleich, töteten erbarmungslos die Männer und führten Frauen und Kinder in die Sklaverei fort. Wahrscheinlich war Guru Nanak Augenzeuge der Plünderung Saidpurs (das heutige Eminabad), dessen Einwohner Baburs Truppen Widerstand geleistet hatten. Er selbst und Mardana gerieten laut der Puratan Janam-Sakhi in Gefangenschaft. Bitter fragte Guru Nanak in einem Vers seinen Gott:

»Bei so viel Blutvergießen und stöhnenden Menschen, fühlst du keinen Schmerz, o Gott?

Ein mörderischer Löwe hatte sich auf eine Herde Kühe gestürzt, Und du, der Meister, sorgtest dich nicht?«

Zusammen mit anderen Gefangenen wurden die beiden Gefährten als Sklaven fortgeführt. Guru Nanak mußte eine Last tragen, Mardana ein Pferd führen. Gemäß der Janam-Sakhi geschah dabei Erstaunliches: Nanaks Last schwebte eine Elle über seinem Kopf, und das Pferd folgte Mardana, ohne daß er es an den Zügeln fassen brauchte. Später mußte Guru Nanak in der Gefangenschaft Korn mahlen. Er tat es mit Freude und sang dabei, während andere Gefangene bei ihrer Arbeit wehklagten und stöhnten. Sein auffallendes Verhalten kam einem Anführer von Baburs Truppen zu Ohren, und dieser berichtete es seinem Kriegsherren. Auf Baburs Geheiß wurden der »Fakir«, sein Begleiter Mardana und alle Gefangenen aus Saidpur freigelassen.

In Kartarpur, am westlichen Ufer der Ravi – die Parushni der Veden –, ließ sich nun der weitgereiste Guru nieder. Die Gründung der Siedlung ging auf ihn zurück. Der Zeitpunkt der Gründung ist umstritten, wahrscheinlich hat Guru Nanak die Siedlung vor seiner zweiten Wanderung gegründet. Mehrere seiner Anhänger, die er *Sikhs** – »Schüler, Jünger« – nannte, ließen sich ebenfalls in Kartapur nieder. In der Siedlung richtete Guru Nanak eine öffentliche Küche (*langar*) ein, die den Angehörigen aller Kasten und Religionen offenstand. Dies war auch ein praktischer Schritt, um das Kastenwesen zurückzudrängen, denn Guru Nanak lehrte seine Anhänger, ungeachtet ihrer Kasten zusammen zu speisen.

In Kartarpur starb wahrscheinlich Mardana, der treue Saitenspieler, der Guru Nanak auf den meisten seiner Reisen begleitet hatte. Seitdem wurde es Tradition, daß muslimische Saitenspieler (*Rababis*) in Sikh-Tempeln andächtige Musik vortragen. Mardanas Platz nahm sein Sohn Shahzada ein.

Aber auch Guru Nanaks Tage waren gezählt. Anstelle eines seiner beiden Söhne salbte er seinen Schüler Lehna zu seinem Nachfolger. Guru Nanak gab ihm den Namen Angad – »Er, der aus seinen eigenen Gliedern geboren ist«. Die Wahl war auf Lehna gefallen, da Guru Nanaks jüngster Sohn kein Interesse für geistliche Angelegenheiten zeigte und Sri Chand ein Asket geworden war. Sri Chands Anhän-

---

* Das Wort »Sikh« stammt aus dem Pali *sikkha* oder Sanskrit *sisya*.

ger, die *Udasis,* wurden später von Guru Amar Das aus der Gemeinschaft der Sikhs verstoßen.

Vor dem Tod hatte Guru Nanak keine Angst:

»Singt Gottes Lob, der im Haus des Gleichgewichts seinen Sitz hat. Ja, von meinem furchtlosen Gott, dessen Lied den Geist nach Hause bringt.

Er, dessen Geschenke nicht bewertet werden können, wie kann man Ihn, den Geber bewerten?

Das Jahr, der Monat, die Stunde der ›Heirat‹ ist festgelegt. Gießt Öl auf die Schwelle, meine Gefährten, und segnet mich, damit ich mit meiner Liebe zusammentreffe.

In jedem Heim, heute oder morgen, kommt von jenseits der Ruf. So sammelt eueren Gott im Herzen, denn der Tag muß für uns alle kommen.«

Von Guru Nanaks Ende wird besonders erwähnt, daß die Muslime, die seine Schüler geworden waren und um sein Lager standen, ihn begraben wollten, während die Hindus den Leichnam verbrennen wollten. Guru Nanak aber soll gesagt haben:

»Legt Blumen zu meinen beiden Seiten, auf die rechte die der Hindus und auf die linke die der Muselmanen. Wenn die Blumen der Hindus bis morgen frisch bleiben, so sollen sie mich verbrennen, wenn aber die der Muselmanen, so sollen sie mich begraben.«

Guru Nanak starb am frühen Morgen des 22. September 1539. Alle Blumen waren noch frisch. Das Leichentuch lag unversehrt da, aber der Tote war verschwunden. Die beiden Parteien teilten nun das Leichentuch in zwei Hälften. Die Muslime begruben ihre Hälfte, die Hindus übergaben die ihre dem Feuer.

»Wahrheit steht über allem, aber noch großartiger ist es, die Wahrheit zu leben.«

Guru Nanaks Lehre fand vor allem bei den politisch unterdrückten Hindus der unteren Kasten und den Armen der muslimischen Bauernschaft Anklang. Zweifellos hatten die Sufis und die Bhakti-Bewegung Vorarbeit geleistet, aber es war Guru Nanaks Persönlichkeit, in der er Mut und Güte verband, die die Zuneigung der Menschen gewann. Sein Leben war ein einziges Erfahren der Wahrheit gewesen. Niemals hatte sich Guru Nanak als ausschließlichen oder letzten Botschafter Gottes betrachtet. Und darin liegt seine Größe. Der Theologe Bhai Gurdas beschrieb Guru Nanaks Errungenschaft mit folgenden Worten:

»Der wahre Guru, Nanak, wurde damals geboren
Die Nebel und Schleier verschwanden
Und Licht strahlte auf die Erde.
So wie die aufgehende Sonne die Dunkelheit verjagt
und die Sterne überstrahlt
So wie das Hochwild flieht, sobald der Löwe brüllt
Ohne Unterbrechung, ohne Umdrehen nach Gewißheit
(So flüchtete das Böse aus der Welt.)«

Die Lehrerkette

Die Ernennung Lehnas zum Nachfolger sollte für die Gemeinschaft der Sikhs von höchster Bedeutung sein. Hätte Guru Nanak keinen Nachfolger ernannt, so hätte sich seine Lehre vielleicht zu einem asketischen Kult entwickelt. Lehna hatte im Jahre 1504 in Matte-di-Sarai (in der Nähe von Mukatsar) das Licht der Welt erblickt. Seine Jugend hatte er als eifriger Anhänger der Göttin Durga verbracht, bis er Guru Nanak kennenlernte und sein Schüler wurde. Er war 35 Jahre alt, als er den Namen Angad erhielt und die Nachfolge Guru Nanaks übernahm. Drei Stunden vor Tagesanbruch pflegte Guru Angad aufzustehen, sich mit kaltem Wasser zu waschen, zu meditieren und danach Guru Nanaks Worte zu verkünden. Persönlich kümmerte er sich um Kranke, vor allem Aussätzige. Seine Frau verteilte an alle Besucher Lebensmittel, ohne dabei Kaste, Glaubensbekenntnis oder soziale Stellung zu berücksichtigen. Für die Kinder veranstaltete Guru Angad Spiele, die Älteren ließ er Ringkämpfe austragen. Die spätere Sikh-Überlieferung schrieb ihm die Erfindung der *Gurmukhi*-Schrift zu. Dreizehn Jahre lang setzte Guru Angad das Werk Nanaks fort. Völlige Ergebung gegenüber Gott, Demut und Dienst an den Menschen lautete seine Botschaft. Wie Guru Nanak schloß auch er seine leiblichen Kinder von der Nachfolge aus. Nur seinen Schüler Amar Das erachtete er als würdigen Nachfolger.

»Du sollst ertragen, was unerträglich ist,
erleiden, was unausstehlich ist.
Du sollst ausdauernd sein wie die Erde,
unerschütterlich in Freud und Leid,
und im Herzen verzeihen wie ein Fluß.«

Als Amar Das sich Guru Angad angeschlossen hatte, war er Mitte Fünfzig gewesen. Ungeachtet seines fortgeschrittenen Alters ernannte ihn Guru Angad zum Nachfolger. Voller Energie widmete sich Guru Amar Das der Gemeinschaft der Sikhs. Er vergrößerte nicht nur die öffentliche Küche, sondern sammelte auch die Schriften seines Vorgängers. Guru Amar Das war ein demütiger und ernster Mann, der auf das Landvolk einen großen Einfluß ausübte und viele Anhänger um sich versammelte. Sein Ansehen war so groß, daß ihn im Jahre 1567 sogar Akbar, der Herrscher des Mogulreiches, aufsuchte. Das Treffen fand in Goindwal statt, ein Ort, dessen Gründung auf einen reichen Anhänger Guru Angads zurückgehen soll. Akbar bot Guru Amar Das einen Zuschuß für die Unterhaltung der öffentlichen Küche an, was der Sikh-Guru jedoch dankend ablehnte. Er meinte, daß sich die Institution selbst tragen müsse.

In Goindwal hatte Guru Amar Das einen großen Brunnen graben lassen, in den 84 Stufen hinunter führten. Dieser Brunnen war mehr als nur eine Trinkwassereinrichtung. Laut Überlieferung sollte der Brunnen für die Sikhs ein heiliger Platz (*tirath*) sein. Eine solche Einrichtung widersprach der Lehre Guru Nanaks, denn er hatte erklärt, daß es für den wahren Schüler nur einen heiligen Platz gebe, und dieser sei in seinem Herzen. Alle anderen seien nutzlos. Sein zweiter Nachfolger führte jedoch einen heiligen Platz ein. Guru Amar Das sah sich offensichtlich Problemen der Begriffsbestimmung und Organisation gegenüber. Die Gemeinschaft der Sikhs wurde immer größer, eine zweite Generation wuchs heran. Die unmittelbare persönliche Bindung war nicht mehr so stark gegeben. Zusätzliche Bindungen wurden notwendig, und so kam Guru Amar Das auf eine traditionelle indische Institution zurück. Eine Veränderung ging vor, die allerdings nicht radikal war. Sie bedeutete keine Verwerfung von Guru Nanaks Betonung der inneren Andacht. Guru Amar Das Neuerung war ein Zugeständnis an soziale Bedürfnisse, keine bewußte Änderung der Lehre.

Noch eine zweite wichtige Entwicklung schien zur Zeit Guru Amar Das stattgefunden zu haben. Sie betraf die Zusammensetzung der Gemeinschaft der Sikhs. Von Anfang an hatten sich viele Jats Guru Nanak angeschlossen. Unter Amar Das schienen sie den Großteil der Anhänger gestellt zu haben. Wahrscheinlich stammten die Jats des Pandschabs von einem gleichnamigen Hirtenvolk ab, das aus Sind nordwärts gewandert war und sich im Pandschab niedergelassen hatte. Diese Jats zeichneten sich durch das Fehlen einer sozialen oder wirtschaftlichen Schichtung aus. Ihre egalitäre Tradition machte sie für die Lehre der Sikh-Gurus vermutlich noch empfänglicher.

Als Guru Amar Das Einfluß immer größer wurde, wuchs die Unruhe unter den Brahmanen der näheren Umgebung. Sie befürchteten einen Verfall der überkommenen Sitten und Bräuche, ja sogar eine Umgestaltung der Gesellschaft. Offen hatte Guru Amar Das den Brauch der Witwenverbrennung (*sati*) verurteilt. Aufgrund der Klagen entschloß sich der Mogulherrscher Akbar, den Sikh-Guru vorzuladen und ihn zu den Anschuldigungen Stellung nehmen zu lassen. Guru Amar Das wies auf sein hohes Alter hin und schickte seinen Lieblingsschüler Jetha als Stellvertreter. Nachdrücklich verteidigte dieser die Lehre der Sikh-Gurus: »Geburt und Kaste sind ohne Nutzen vor Gott. Taten zeichnen einen Menschen aus. Unwissende Menschen mit Aberglauben auszunutzen und es Religion zu nennen, ist ein Sakrileg gegenüber Gott und dem Menschen. Die Verehrung des unendlichen, gestaltlosen und vollkommenen Gottes in der Form eines Totems, Bildes oder bedeutungslosen Gegenstandes, das Vergeben der Sünden durch Waschungen, nicht durch Mitleid und Selbstvergebung, das Bestehen auf besonderer Ernährung, Sprache und Kleidung, auf Launen, was zu essen und was nicht, die Masse der Menschen einschließlich der Frauen als Untermenschen zu verdammen und ihnen das Lesen der Schriften zu verwehren und sogar Arbeit jeder Art, bedeutet den Menschen vom Menschen zu reißen.«

Jethas Ausführungen sollen Akbar so beeindruckt haben, daß er nicht nur die Klage der Brahmanen abwies, sondern sie auch aufforderte, ihn um Verzeihung zu bitten.

Gleich Guru Nanak suchte Amar Das die heiligen Stätten der Hindus auf, »um das Volk in seiner Gesamtheit zu unterrichten und zu befreien«. Vielleicht hatte der Mogulherrscher die Reise angeordnet, damit sich die Brahmanen beruhigten. In deren Sinn dürfte aber die Reise Guru Amar Das nicht gewesen sein, da sich viele Hindus dem Sikh-Guru anschlossen.

Zu Amar Das Lebzeiten legte sein Schüler Jetha den Grundstein für eine Stadt, die zunächst Ramdaspur hieß. Später sollte sie den Namen Amritsar erhalten.

Zu seinem Nachfolger bestimmte Guru Amar Das Jetha und nannte ihn Ram Das – »Diener Gottes«. Keinen seiner eigenen Söhne hatte er als geeigneten Nachfolger gesehen. Als Jetha im Jahre 1574 Nachfolger Guru Amar Das wurde, war er ungefähr vierzig Jahre alt. Seinem Wirken als Guru war nur kurze Dauer beschieden. Sieben Jahre später tat er seinen letzten Atemzug. Sein Hauptverdienst bestand darin, daß er seine Anhänger immer wieder darauf hinwies, ihr Leben nicht nur meditativ, sondern auch aktiv zu führen. In dieser Zeit begannen die Sikhs, außer bäuerlicher Arbeit auch andere Gewerbe zu erlernen.

Als Guru Ram Das am 1. September 1581 starb, stand sein Nachfolger schon fest: Arjun, der jüngste seiner drei Söhne. Mit Arjuns Wahl setzten Streitigkeiten ein, denn Prithi Chand, der älteste Sohn, mißgönnte dem Bruder die Ernennung zum Guru. Wiederholt versuchte er Arjun die Führung streitig zu machen.

Ramdaspur wuchs unterdessen zu einer größeren Stadt heran. In der Mitte eines großen Teiches legte Guru Arjun den Grundstock des Hari Mandirs, eines Heiligtums, das später als Goldener Tempel bekannt werden sollte. Alle Sikhs wurden angewiesen, ein Zehntel ihres Einkommens für Gemeinschaftszwecke abzugeben. Diese Abgaben lieferten jedes Jahr die *masands** bei ihrem Guru ab. Guru Arjun ließ den Hari Mandir mit vier offenen Seiten auf ei-

---

* »Vizeregenten«. Die Masands durchzogen die Distrikte und trieben die Abgaben ein. Diese Institution wurde von dem zehnten Guru abgeschafft, da die Masands korrupt geworden waren.

ner Ebene bauen, die niedriger als das umliegende Land war, so daß die Besucher herunterkommen mußten, um ihn zu betreten. Dies stand im Gegensatz zum hinduistischen Brauch, ein Heiligtum auf einer hohen Plinthe zu errichten.

»Mein Glaube steht den Menschen aller Kasten und aller Glaubensrichtungen offen, von welcher Richtung sie auch kommen und in welche sie sich auch verneigen.«

Der Teich um das Heiligtum war aber auch für die Gläubigen da:

»Er, der im Teich von Ram Das badet, dessen Seele wird gerettet werden und seine Herzenswünsche erfüllt. Er wird ewig werden, und sein Kommen und Gehen wird enden.«

Nach der Errichtung des Hari Mandirs machte sich Guru Arjun daran, die Worte seiner Vorgänger in einem Buch zusammenzufassen, um Verfälschungen vorzubeugen. Das Werk wurde schließlich im Spätsommer 1604 fertiggestellt. Es enthielt nicht nur die Aussagen der Sikh-Gurus, sondern auch ausgewählte Texte hinduistischer und muslimischer Herkunft. Die Eingangsstrophe drückte den rein geistigen Gottesbegriff aus:

»Einzig, Om, dessen Name die ewige Wahrheit ist, Täter, alldurchdringend, ohne Furcht und ohne Feindschaft, dessen Gestalt zeitlos ist, nicht erzeugt . . .«

Zunächst wurde das umfangreiche Werk *Pothi Granth* genannt. Später hieß es *Adi Granth* oder *Guru Granth Sahib*. Erster Hüter (*granthi*) des Werks wurde Bhai Buddha, ein demütiger Sikh, der Guru Nanak noch gekannt hatte. Im Gegensatz zu den hinduistischen Schriften stand das Buch der Sikhs den Menschen aller Kasten offen. Dieses Buch wurde den Sikhs einerseits zum geistigen Bindemittel und andererseits zur allmächtigen dogmatischen Trennung von den rechtgläubigen Hindus. Als am 17. Oktober 1605 der Mogulherrscher Akbar starb, ging ein Zeitalter der Harmonie zwischen Muslimen und Hindus zu Ende. Sein Thronfolger wurde Jahangir, ein genußsüchtiger und träger Mann. Die Macht lag in den Händen seiner energischen Frau, Nur Jahan, und ihrer persischen Verwandten. Als Prinz Khusro gegen den Vater opponierte, wurde auch Guru Arjun in den Machtkampf hineingezogen. Allein der Zulauf muslimischer Untertanen hatte den Mogulherrscher verärgert. In seinen Lebenserinnerungen schrieb Jahangir:

»In Goindwal, am Ufer des Flusses Beas, lebte ein Hindu mit Namen Arjun ... Er bezauberte viele Hindus, ja sogar dumme und alberne Muslime. Auf seine Art und Weise hatte er sich lautstark als religiöser und geistiger Führer ausgegeben. Man nannte ihn Guru, und von allen Seiten fühlten sich Narren und dumme Verehrer zu ihm hingezogen und bekundeten ihm ihre Treue ... Jahrelang habe ich mir gedacht, daß ich entweder dieses irrige Handeln beenden sollte, oder daß er in die Gemeinde des Islams gebracht werden sollte.«

Ein Treffen zwischen Guru Arjun, der inzwischen als *Saca Padsah* (wahrer König) angesprochen wurde, und dem Prinzen Khusro brachte den Sikh-Guru in den Verdacht, den aufsässigen Prinzen zu unterstützen. Guru Arjun wurde festgenommen und in die Festungsstadt Lahore überführt, die schon 630 n. Chr. der chinesische Reisende Hsuan Tsang als große Stadt erwähnte. Dort starb Guru Arjun am 30. Mai 1606 den Märtyrertod. Seine Festnahme und sein qualvolles Ende war in Lahore offensichtlich kein unbedeutendes Ereignis, denn auch ein Europäer, der Jesuit Pater Jerome Xavier, berichtete darüber. Sein Brief vom 25. September 1606 ist der erste bekannte Verweis eines zeitgenössischen Europäers in Indien auf einen Sikh-Guru. In seinem Brief erwähnte er nicht nur den Tod des Sikh-Gurus, sondern schilderte auch die Flucht des rebellischen Prinzen. Hier ein Auszug aus Pater Jerome Xaviers Brief:

»Als der Prinz aus Agra floh, gab es auf jenem Weg einen Heiden, genannt der Guru, der bei den Heiden wie unser Papst angesehen wurde. Man hielt ihn für einen heiligen Mann und erwies ihm als solchem die Ehre. Wegen seiner Würde und seines Rufs suchte der Prinz ihn auf, begierig, von ihm eine gute Prophezeiung zu hören. Der Guru beglückwünschte ihn zur Aneignung der Oberherrschaft und brachte drei Male auf seiner Stirn an. Obgleich der Guru ein Heide war, und der Prinz ein Muselman, war er dennoch froh, das heidnische Zeichen als Symbol für gutes Gelingen seines Unternehmens auf der Stirn des Prinzen anzubringen, da er den Prinzen für den Sohn einer heidnischen Mutter hielt.* Der Prinz nahm dieses Zeichen wegen des guten Rufs der Heiligkeit des Gurus entgegen. Der König erfuhr davon.«

Auf den Sikhismus selbst ging der Pater nicht ein. Wahrscheinlich hat er Guru Arjun weder gekannt noch gesehen. Vorsorglich hatte Guru Arjun die Anweisung gegeben, daß sein Sohn Hargobind sein Nachfolger werden sollte. Der Junge war elf Jahre alt, als sein Vater ein grausames Ende

---

* Khusros Mutter, Man Bai, war die Tochter des Radscha Bhagwan Das aus Amber

fand. Guru Arjuns gewaltsamer Tod veränderte die friedfertige Haltung der Sikhs. Der junge Guru ließ sich mit zwei Schwertern gürten und wies die Masands an, in Zukunft kein Geld, sondern Pferde und Waffen abzuliefern. Gegenüber dem Hari Mandir wurde eine Halle errichtet, die die Bezeichnung Akal Takht – »Thron des Zeitlosen« – erhielt. Außer geistigen Erörterungen führten die Sikhs dort auch Gespräche über politische Angelegenheiten.
Ziemlich bald stand Guru Hargobind eine Streitmacht von etwa tausend Reitern zur Verfügung. Auch kriegerische Jats aus Majha und Malwa schlossen sich ihm an. Das martialische Gehabe verunsicherte viele Sikhs, und nicht wenige fürchteten den Unwillen des Mogulherrschers Jahangir. Andere sahen in Guru Hargobinds Benehmen ein Abweichen vom Weg der früheren Gurus. Der junge Hargobind ließ sich jedoch nicht beirren.
»Der Herr, der alle Herzen sieht
Ist mein Beschützer.«
Was viele Sikhs befürchtet hatten, trat dann auch ein. Jahangir ordnete die Festnahme Guru Hargobinds und die Auflösung seiner Privatarmee an. Angeblich soll Guru Hargobind in Fort Gwalior zwölf Jahre lang als Gefangener gelebt haben, aber vermutlich ist er bereits nach einigen Jahren freigelassen worden. Laut der traditionellen Darstellung versuchte Jahangir sogar, Hargobind seine Freundschaft zu erweisen. Es ist anzunehmen, daß Guru Hargobind die Freiheit gegen eine entsprechende Summe Geld erlangt hat.
Nach seiner Entlassung nahm Guru Hargobind wieder sein martialisches Treiben auf, unternahm dabei aber auch wie Guru Nanak ausgedehnte Reisen. In Kaschmir befindet

sich noch heute ein *gurdwara**, der an seinen Besuch erinnert.
Guru Hargobinds Auftreten unterschied sich deutlich von dem seiner Vorgänger: Er umgab sich mit einer Leibwache, war hoch zu Roß unterwegs und kleidete sich wie ein Fürst. Dazu meinte er: »Königliche Würde zeige ich nur äußerlich, innen bin ich abgesondert wie ein Fakir. Guru Nanak hatte alle Anhänglichkeit an die Welt aufgegeben, nicht die Welt selbst.«
Am 28. Oktober 1627 starb Jahangir an den Folgen seiner Ausschweifungen, und Shah Jahan bestieg den Thron in Delhi. Die Bekehrung von Muslimen wurde nunmehr verboten. Aber es kam noch schlimmer. In Lahore wurde das Sikh-Heiligtum Baoli Sahib zerstört, an seiner Stelle eine Moschee erbaut.
Als sich 1628 bei einem Jagdausflug der weiße Falke Shah Jahans nach Amritsar verflog, weigerten sich Guru Hargobinds Gefolgsleute, den Greifvogel zurückzugeben. Wütend schickte Shah Jahan eine Abteilung Reiter aus, um das kostbare Tier mit Gewalt zurückzuholen. Am Stadtrand von Amritsar kam es in der Abenddämmerung zum Kampf. Das Gefecht ging wohl unentschieden aus, und Guru Hargobind zog sich mit seinen Truppen vorsichtshalber in die Sivalik-Berge, eine Bergkette, die das Pandschab vom Himalaja trennt, zurück. Die Sikhs rückten an der Beas entlang und gründeten Sri Hargobindpur, auch Gobindpur genannt. Eine Zeitlang ereigneten sich keine weiteren Zwischenfälle. Guru Hargobind sorgte sich um seine

---

*Heiligtum der Sikhs. Wörtlich: Tür des Gurus. Nicht nur ein Ort des Kultes, sondern auch ein Rasthaus.

Anhänger und suchte in Kartarpur und Goindwal die Nachkommen der ersten vier Gurus auf. Seit 1631 kam es jedoch zu dauernden Reibereien und Auseinandersetzungen mit Truppen des Großmoguls. Die Reize des Vagabundenlebens und die Aussicht auf Beute führten Guru Hargobind viele Abenteurer zu, die, so zusammengewürfelt sie auch waren, nach und nach zu einer homogenen Gruppe zusammenschmolzen. 1634 konnten die Sikhs sogar in einem größeren Gefecht das Schlachtfeld behaupten.

Seine letzten Lebensjahre verbrachte Guru Hargobind aber ohne Waffengeklirr. Zum Nachfolger ernannte er seinen Enkel Hari Rai, da sich sein Sohn Tegh Bahadur als Einsiedler zurückgezogen hatte.*

Als Guru Hargobind 1644 sein Leben in Kiratpur aushauchte, wurde der Leichnam verbrannt. Zwei ergebene Anhänger stürzten sich in die Flammen und starben den Feuertod. Andere Sikhs wollten ihnen in den Tod folgen, aber Hari Rai untersagte jedes weitere Selbstopfer.

Der vierzehnjährige Guru Hari Rai behielt die Reitertruppe seines Großvaters bei. Morgens und abends pflegte er im Beisein seiner Gefolgschaft andächtige Musik zu hören und über die Schriften zu sprechen. Leidenschaftlich gern ging er auf die Jagd, aber nicht, um Tiere zu töten, sondern um sie einzufangen und in Gehegen zu halten.

Die Sikhs wurden wieder in die inneren Machtkämpfe der Moguldynastie verwickelt, als Aurangzeb, der zweite Sohn Shah Jahans, mit seinem älteren Bruder Dara Shikoh um die Thronfolge kämpfte. Schon 1644 war die Spannung zwi-

---

*Sein anderer Sohn, Suraj Mal, kümmerte sich wenig um die Angelegenheiten der Sikhs. Drei weitere Söhne waren schon vorher gestorben.

schen den beiden Brüdern offenkundig geworden, und Aurangzeb hatte heftig gegen die Rolle Daras als Lieblingssohn opponiert. Geschlagen floh Dara Shikoh nach Westen und bat in Goindwal Guru Hari Rai um Unterstützung. Die Sikhs bezogen an der Beas Stellung und hielten die Verfolger auf, bis sich Dara Shikoh in Sicherheit gebracht hatte. Zu einem Kampf zwischen den Sikhs und den Soldaten Aurangzebs ist es dabei aber offensichtlich nicht gekommen. Dara Shikoh geriet allerdings später in Gefangenschaft und wurde hingerichtet.

Der siegreiche Aurangzeb ließ nun Guru Hari Rai vorladen, damit er sein Verhalten erkläre. Der Sikh-Guru lehnte es jedoch ab, in Delhi zu erscheinen und schickte seinen ältesten Sohn Ram Rai. Dem höflichen Ram Rai gelang es offenbar, Aurangzeb zu besänftigen. Als er gefragt wurde, warum der Islam im Buch der Sikhs geschmäht worden sei, erwiderte Ram Rai, daß die Worte Guru Nanaks falsch zitiert seien, und sich das ursprüngliche Wort nicht auf die Muselmanen, sondern auf Glaubenslose beziehe. Die Antwort schien zwar den Großmogul befriedigt zu haben, aber Guru Hari Rai geriet in Zorn, als er von dieser Interpretation hörte. Ram Rai, der als Geisel am Hofe Aurangzebs weilte, wurde daher von der Nachfolge ausgeschlossen. Der fünfjährige Hari Krishan wurde 1661 achter Guru der Sikhs. Aber auch sein älterer Bruder Ram Rai ließ sich zum Guru ausrufen. Daraufhin beorderte Aurangzeb beide Parteien nach Delhi. In Begleitung seiner Mutter und der meisten Masands machte sich Guru Hari Krishan auf den Weg. Als ihm unterwegs und in Delhi unzählige Sikhs huldigten, war die Streitfrage eigentlich schon entschieden. Aurangzeb hörte sich beide Seiten an und gab dann bekannt, daß er sich nicht in einen religiös bedingten Familienstreit einmischen würde.

Bald danach erlag der achtjährige Guru den Pocken. Bevor er starb, gab er noch zu verstehen, daß der nächste Guru in Bakala zu finden sei. Dort beanspruchten sogleich mehrere Sikhs den Titel des Gurus. Aufgrund einer Abstimmung wurde jedoch Tegh Bahadur, der Großonkel Guru Hari Krishans, zum neuen Guru erkoren. Als junger Mann hatte Tegh Bahadur sich einen ausgezeichneten Ruf als Schwertkämpfer erworben, aber dann hatte er sich doch für ein Leben in der Zurückgezogenheit entschieden. Das hatte ihm den Namen Tyag Mal – »Meister der Entsagung« – eingebracht.

Die Ernennung Tegh Bahadurs zum Guru war von Anfang an mit Schwierigkeiten verbunden. Sein Neffe Dhirmal glaubte sich um die Nachfolge betrogen und versuchte, ihn umzubringen. Zum Glück wurde Tegh Bahadur nur leicht verletzt. Der Attentäter kam ungeschoren davon. Erfolglos waren auch die Bemühungen Ram Rais seine Ansprüche auf die Nachfolge durchzusetzen. Ram Rai zog sich schließlich nach Dehra Dun zurück, wo er eine eigene Sekte gründete, die jedoch später von Guru Gobind Singh mit einem Bann belegt wurde.

Die Anfeindungen Tegh Bahadurs hörten jedoch nicht auf. In Amritsar verwehrten ihm die Masands den Zutritt zum Hari Mandir. Nach kurzem Aufenthalt in Bakala zog Tegh Bahadur nach Kiratpur, aber auch dort verweilte er nicht lange. 1665 gründete Guru Tegh Bahadur eine Siedlung, die zunächst Chak Nanaki (der Ort erhielt später den Namen Anandpur) hieß. Noch im gleichen Jahr durchquerte er das südöstliche Pandschab und gelangte nach Bagar, wo er mit seinen Gefolgsleuten den Bewohnern dieser dürren Gegend half, Brunnen zu graben. Danach wandte sich Guru Tegh Bahadur nach Osten und suchte die Städte Agra, Allahabad, Benares, Gaya und Patna auf. In Patna ließ er seine Familie zurück und besuchte Sikh-Zentren in Sylhet, Chittagong und Sondip. 1669 oder 1670 kam er wieder nach Patna. Dort scheint Guru Tegh Bahadur mehrere Jahre geblieben zu sein. Er kümmerte sich um die Erziehung seines Sohnes Gobind, der 1666 geboren worden war. Der Junge wurde nicht nur in der Sikh-Religion unterrichtet, sondern lernte auch Persisch und Sanskrit. Reiten, Fechten und Jagen gehörte ebenfalls zum Unterricht.

1671 oder etwas später kehrte Guru Tegh Bahadur nach Anandpur zurück. Zahlreiche Hindus und Muslime schlossen sich ihm unterwegs an.

Unterdessen ging Großmogul Aurangzeb daran, die alleinige Vorherrschaft des Islams in Staat und Gesellschaft wieder zu erzwingen. 1670 ließ er die Kopfsteuer, eine Art Einkommensteuer, wieder einführen – eine Diskriminierung der Hindus. Um der strengen Schlichtheit des Islams Nachdruck zu verleihen, wurde am Hofe Musik verboten. Geächtet wurden Alkohol, öffentliche Tänze und Prostitution. Laut Khafi Khan, dem Historiker der Regierungszeit Aurangzebs, ordnete der Großmogul die Zerstörung der Sikh-Tempel und die Ausweisung der Masands aus den Städten an. Guru Tegh Bahadur wurde in der Nähe von Ropar ergriffen und mehrere Monate in Sirhind festgehalten, denn er hatte offensichtlich Anspruch auf wunderbare Fähigkeiten erhoben. Dies und seine Eigenschaft als territorialer Führer machte ihn zu einer Bedrohung der Macht Aurangzebs im Pandschab. Der Sikh-Guru wurde nach

Delhi gebracht. Nach der Überlieferung forderte ihn der Großmogul auf, sich zum Islam zu bekehren, was Tegh Bahadur aber ablehnte: »Für mich gibt es nur eine einzige Religion – eines Gottes – und wer ihr auch immer angehört, ob Hindu oder Muslim, der besitzt mich und ich ihn. Ich bekehre weder andere mit Gewalt, noch unterwerfe ich mich der Gewalt, um meinen Glauben zu ändern.«

Damals soll Guru Tegh Bahadur dem Großmogul prophezeit haben, daß eine Macht aus dem Osten kommen und sein Reich in den Staub fegen würde.

Tegh Bahadur wurde gefoltert, und als dies nichts bewirkte, am 11. November 1675 enthauptet. Zuvor waren seine drei Begleiter hingerichtet worden.

Im Schutz der Dunkelheit brachten zwei Sikhs das Haupt und den Körper ihres Gurus beiseite. Den Torso steckte der eine Sikh zusammen mit seiner Hütte in Brand, um eine Entdeckung zu verhindern. Der andere brachte Tegh Bahadurs Kopf nach Anandpur, wo sich der Sohn des toten Gurus aufhielt.

Die Hinrichtung des Vaters muß den neunjährigen Gobind tief schockiert und aufgewühlt haben. Anstandslos wurde der Junge als Guru anerkannt. Seine Anhänger forderte er auf, möglichst Waffen und Pferde anstelle von Geld und Getreide als Abgaben zu liefern. Er wies seine Gefolgsleute an, sich nicht nur geistig zu betätigen, sondern auch den Körper zu stählen. Außerdem ließ Guru Gobind eine riesige Kriegstrommel herstellen, die dann morgens und abends ihm zu Ehren geschlagen wurde. Den Masands waren seine Aktivitäten nicht geheuer, aber Guru Gobind setzte sich über ihre Einwände hinweg.

Bereits nach wenigen Jahren kam es zu kriegerischen Verwicklungen. Mehrere Hinduherrscher der nahen Bergstaaten fühlten sich durch Guru Gobinds Treiben bedroht und ergriffen militärische Maßnahmen. 1686 erwarteten die Sikhs bei Bhangani den Angriff der Hindutruppen. Die Angreifer erlitten schwere Verluste und zogen eiligst ab. Guru Gobind begab sich nach dem siegreichen Gefecht nach Paonta, wo er sich einige Jahre aufhielt. Danach kehrte er nach Anandpur zurück und ließ den Ort befestigen. Um 1690 kämpften Sikh-Truppen erneut, diesmal auf der Seite eines Hindufürsten. Mian Khan, der Statthalter des Großmoguls in Jammu, hatte seine Truppen ausgeschickt, um überfälligen Tribut einiger Hinduherrscher einzutreiben. Aus Furcht, seine Unabhängigkeit könnte noch mehr eingeschränkt werden, war der Radscha von Kahlur daher mit Guru Gobind ein Bündnis eingegangen. Im Gefecht von Nadaun schlugen die Verbündeten das Herr des Moguls. Trotz des Sieges zahlten aber die Hinduherrscher den geforderten Tribut. Vermutlich hielten sie weiteren Widerstand nicht für ratsam.

Beunruhigt über den Zulauf zu Guru Gobinds Kriegern setzte der Provinzstatthalter des Pandschabs 1694 ein starkes Heer in Marsch, um die Sikhs tributpflichtig zu machen oder Anandpur zu plündern. Am Ufer des Sutlej - der Fluß wurde in alten griechischen Berichten Hesydrus oder Zaradrus genannt – bereiteten die Sikhs dem Heer des Moguls jedoch eine schwere Niederlage. Daraufhin schickte der Mogul Verstärkungen und forderte die Unterstützung seiner hinduistischen Vasallen. Bis auf den Radscha von Guler führten alle tributpflichtigen Hindufürsten dem Heer des Moguls ihre Truppen zu. Guru Gobind sandte dem Radscha von Guler einige Verstärkungen, und mit deren

Unterstützung gelang es diesem, die Armee des Moguls und deren Verbündete zu besiegen.
Aurangzeb beauftragte nunmehr seinen Sohn Muazzin, die Bergfürsten zur Räson zu bringen. Dieser schickte Mirza Beg und andere Heerführer aus. Gnadenlos brandschatzten deren Truppen die Gebiete aufsässiger Potentaten. Auf Eseln wurden die Gefangenen durch die Dörfer geführt.
Guru Gobind und seine Sikhs blieben von den Strafmaßnahmen Mirza Begs verschont. Scheinbar hatte der Anführer der Mogultruppen geheime Anweisungen, den Sikh-Guru in Ruhe zu lassen. Die Ursache dafür war vermutlich der Einfluß des Sikh-Poeten Nand Lal auf Prinz Muazzin. Der Prinz selbst hat dabei sicherlich an künftige Verbündete gedacht, da das fortschreitende Alter seines Vaters Aurangzeb einen baldigen Thronwechsel wahrscheinlich machte.
Guru Gobind faßte wahrscheinlich in dieser unruhigen Zeit jenen folgenschweren Entschluß, der die Umwandlung der Glaubensgemeinschaft in einen Kampfbund zur Folge hatte. Angesichts der unberechenbaren Politik der Hindufürsten hatte er erkannt, daß er sich nur auf seine Sikhs verlassen konnte. Allerdings stellten sie noch keine politische Kraft dar. Und zu einer solchen mußten sie werden, um in Zukunft überleben zu können. Das Band der Zusammengehörigkeit mußte fester geknüpft werden.
Als am ersten Tag des Monats Vaisakh im Jahre 1699 Tausende von Sikhs in Anandpur zusammenkamen, um ihrem Guru zu huldigen, ging Gobind daran, sein Vorhaben in die Tat umzusetzen. Mit einem blanken Schwert in der Faust donnerte er die versammelten Sikhs an: »Ich wünsche ei-

nen Sikh, der mir seinen Kopf darbringt, hier und jetzt. Mein Schwert lechzt nach jemandes Kopf, der die Lektion gelernt hat, sich mir hinzugeben.«

Guru Gobinds Aufforderung versetzte die Versammelten in ungläubiges Staunen. Erst nach einem dritten Aufruf löste sich ein Sikh namens Daya Ram aus der Menge und näherte sich seinem Guru mit gesenktem Haupt. »O König der Könige, hier biete ich dir meinen Kopf dar. Er gehörte dir immer. Wenn er dir irgendwie zu Nutzen ist, würde ich es als höchstes Vorrecht erachten und mich erlöst fühlen.« Guru Gobind führte den Mann in ein Zelt und schlachtete dort eine Ziege. Mit dem blutigen Schwert trat er vor die wartende Menge. Wiederum verlangte er einen Kopf. Dharam Das aus Delhi kam der Aufforderung nach und folgte dem Guru. Eine weitere Ziege wurde geschlachtet, und erneut trat Guru Gobind vor die entsetzten Sikhs. Noch dreimal forderte er einen Kopf, und jedesmal ging ein ergebener Sikh mit ihm ins Zelt. Danach führte er die fünf Männer vor die erstaunte Menge. Alle fünf trugen jetzt blaue Turbane und weite, gelbe Hemden. Schwerter blinkten an ihrer Seite. Guru Gobind nannte die fünf Sikhs seine fünf Geliebten. Einer der fünf Männer stammte aus der Kaste der Khatri, die anderen vier waren *Sudras* (Angehörige der vierten und niedersten Großkaste).

Guru Gobind ließ nun ein Gefäß mit Wasser bringen, versüßte es mit Zucker und rührte mit einem zweischneidigen Dolch um. Daraufhin reichte er den fünf Sikhs das Getränk, das er *Amrit* (Nektar) nannte, als Weihe (*Pahul*). Von den Getauften nahm der Guru dann seinerseits Amrit entgegen. Eide wurden geschworen, um den vollständigen Bruch mit den Resten der Hindutradition zu demonstrieren. Die Gläubigen durften ihr Haupthaar nicht schneiden (*kesa*), mußten einen Kamm (*kangha*) mitführen, um das Haar sauberzuhalten, hatten ein Schwert (*kripan*) als Waffe sowie einen stählernen Armreif (*kara*) zu tragen, der das Allumfassende Gottes symbolisierte. Ferner mußte ein gläubiger Sikh stets bis zum Knie reichende Hosen (*kachh*) tragen, wie sie der Kriegertracht der Zeit entsprachen.

»Meine *Khalsa* wird immer die Armen verteidigen, und die Gemeinschaftsküche wird ein genauso wichtiger Teil eueres Ordens sein wie das Schwert. Und von jetzt an werden alle männlichen Sikhs sich *Singh* (Löwe) und die Frauen sich *Kaur* (Fürst)* nennen und sich gegenseitig mit den Worten ›Die Khalsa gehört Gott: Der Sieg sei Gottes!‹ grüßen.«

Zusätzlich mußten die Gläubigen vier Verhaltensregeln (*rahat*) beachten: auf keinem Körperteil ein Haar zu schneiden; nicht zu rauchen, keinen Tabak zu kauen, keinen Alkohol zu sich zu nehmen; kein Tier zu verzehren, das durch Ausbluten geschlachtet worden war, sonder nur *jhatka*-Fleisch von Tieren, die durch einen Stoß getötet worden waren, und keine muslimischen Frauen zu vergewaltigen. Guru Gobind beendete die Verkündung dieser einschneidenden Neuerungen mit den Worten:

»Ich will, daß ihr euch zu einem Glauben bekennt und einem Wege folgt, und daß ihr alle Unterschiede des Glaubens auslöscht. Vergeßt die vier Hindukasten, denen in den *sastras* unterschiedliche Regeln vorgeschrieben sind,

---

* Bedeutet nicht Fürstin, da Guru Gobind Singh den Frauen männliche Würde verleihen wollte. Die Bewegungsfreiheit der Sikh-Frauen war nicht auf ihr eigenes Heim beschränkt, und die Männer hörten auf ihren Rat.

beschreitet den Weg der Zusammenarbeit, verbindet euch frei untereinander. Laßt niemanden sich einem anderen überlegen dünken. Folgt nicht den alten Schriften. Laßt niemanden die Ganga achten und andere Pilgerstätten, die im Hinduglauben als heilig gelten, und laßt niemanden die Hindugottheiten anbeten... Vielmehr sollten alle an Guru Nanak glauben und an seine Nachfolger. Laßt Männer der vier Kasten die Taufe empfangen, aus demselben Gefäß essen und keinen Ekel, keine Verachtung füreinander empfinden.«

Ein Augenzeuge berichtete über die Reaktionen der Versammelten:

»Als der Guru so zur Menge gesprochen hatte, erhoben sich mehrere Brahmanen und Khatris und sagten, daß sie die Religion Nanaks und der anderen Gurus anerkannten. Andere wiederum meinten, daß sie niemals eine Religion anerkennen würden, die den Lehren der Veden und Sastras ablehnend gegenüberstand und daß sie wegen des Geheißes eines Jungen dem alten Glauben nicht abschwören würden, der von ihren Vorfahren auf sie gekommen war. Obgleich sich mehrere weigerten, die Religion des Gurus anzuerkennen, erhoben sich zwanzigtausend und versprachen, ihm zu gehorchen, da sie völlig an seine göttliche Sendung glaubten.«

Bereits nach zwei Wochen soll die Khalsa, die neue Bruderschaft, aus 80 000 Mitgliedern bestanden haben. Das Hauptsymbol der neuen Gemeinschaft war das Tragen ungeschorenen Haupthaares und Bartes, ein Brauch, der in Indien bei Asketen seit unvordenklichen Zeiten üblich war. Möglicherweise haben auch alle Gurus nach Nanak und viele ihrer Schüler schon langes Haar getragen.

Beabsichtigte Guru Gobind Singh den Glauben Nanaks zu ändern? Ja und nein. Seine wesentlichen Anschauungen ließ der zehnte Sikh-Guru unverändert. Sein Sikhismus war der Nanaks, er glaubte an den einen Schöpfer ohne Gestalt und jenseits des menschlichen Begriffsvermögens. Guru Gobind Singh gab Gott verschiedene Namen, die den Aspekt der Macht hervorhoben, zum Beispiel *sarb loh* (All-Stahl). Seine Lieblingsbezeichnung war jedoch *akal purukh* (zeitloses Wesen). Guru Gobind Singh mißbilligte Götzenanbetung sowie Askese und verspottete das Kastensystem. Wie Nanak glaubte er, daß das Ende der Lebensreise das Aufgehen des Einzelnen in Gott sei:

»Wie Funken aus einer Flamme fliegen
Auf das Feuer zurückfallen, aus dem sie aufsteigen;
Wie Staub sich von der Erde erhebt
Fällt er auf die gleiche Erde zurück;
Wie Wellen auf den Kiesstrand schlagen
Zurücklaufen und mit dem Ozean sich verbinden
So kommen alle Dinge unter der Sonne von Gott
und zu Gott kehren sie zurück, wenn ihr Lauf vorüber ist.«

(Akal Ustat)

Während aber Guru Nanak um Güte geworben hatte, verdammte Guru Gobind Singh das Böse. Nanaks Gott liebte Seine Heiligen, Gobinds Gott vernichtete Seine Feinde.
Nur wenige Khatris waren gewillt, Amrit aus dem gleichen Gefäß zu trinken, wie Guru Gobind Singh es wünschte. Sie blieben einfach Sikhs, *Sahajdharis,* abgesondert von der *kesadhari* (haarig) Khalsa. Die meisten Mitglieder der Khalsa waren Jat-Bauern aus dem mittleren Pandschab. Der Aufstieg des militanten Sikhismus wurde der Aufstieg der Macht der Jats im Pandschab.

Es dauerte nicht lange, und die Hinduherrscher der Bergstaaten erfuhren von der Gründung der neuen Bruderschaft. Vor allem den Radscha von Bilaspur beunruhigte die Existenz dieser Gemeinschaft. Sicherlich wurde auch Großmogul Aurangzeb über die Khalsa unterrichtet und eine Abordnung der Hindufürsten brachte in Delhi ihre Bedenken gegenüber den Sikhs vor. Nach einiger Zeit setzte sich dann auch ein Heer des Moguls unter der Führung von Painde Khan und Din Beg in Bewegung. Für die Kosten der Aktion kamen die Radschas auf. In Ropar schlossen sich ihre Streitkräfte den mogulischen Scharen an. Als Guru Gobind Singh vom Anmarsch der feindlichen Streitmacht erfuhr, sammelte er seine Sikhs und erwartete den feindlichen Angriff. Als der Angriff der Mogultruppen und ihrer Verbündeten nicht recht vorankam, forderte Painde Khan, einer der beiden feindlichen Anführer, den Sikh-Guru zum Zweikampf heraus. Galant gewährte Guru Gobind Singh dem Pathanen* den ersten Hieb: »Es ist nicht Sitte meines Hauses, den ersten Schuß abzugeben. Ihr habt mich angegriffen. Daher überlasse ich Euch das Vorrecht!«
Der Sikh-Guru entging den Schwerthieben Painde Khans und tötete den Pathanen mit einem Bogenschuß. Wütend erneuerten die Truppen des Moguls ihren Angriff, aber die Scharen der verbündeten Hindufürsten ließen sie im Stich. Der schwer verwundete Din Beg ordnete daraufhin den

---

* Angehörige eines gefürchteten kriegerischen Volks im Nordwesten. Die Pathanen (mit den afghanischen Paschtunen identisch) werden in vier Gruppen zusammengefaßt: Sarbanri (größter Stamm Durrani), Bitani (größter Stamm Ghilzai), Ghurghust und Karlanri (u.a. Afridi zu beiden Seiten des Khaiberpasses).

Rückzug an. Die Sikhs jedoch setzten den abziehenden Truppen noch bis nach Ropar zu.

Die Radschas der Bergstaaten gingen nun dazu über, Anandpur zu belagern und auszuhungern. Zwei Monate lang berannten ihre Truppen das befestigte Anandpur, aber immer wieder warfen die verzweifelt kämpfenden Sikhs die Angreifer zurück. Als auch der Versuch scheiterte, mit einem Kriegselefanten den Einbruch zu erzielen, zogen die Belagerer wieder ab. Die Radschas gaben nicht auf. In einem Gefecht bei Anandpur erlitten ihre Streitkräfte aber so schwere Verluste, daß sie wiederum den Rückzug antreten mußten. Doch auch diese Niederlage hielt die Radschas nicht davon ab, erneut das Kriegsglück zu suchen. Als auch Truppen des Großmoguls in die Kämpfe eingriffen, wurde für die Sikhs die Lage kritisch. Sie gaben Anandpur auf und setzen sich von der feindlichen Übermacht ab. Für Unruhe sorgten sie aber weiterhin. Obwohl der Großmogul zu diesem Zeitpunkt einen Feldzug gegen die Sultanate des Dekhan führte, erreichten es die Hinduherrscher der Bergstaaten, daß alle verfügbaren Mogultruppen in Sirhind und Lahore unter der Führung Wazir Khans gegen die Sikhs aufgeboten wurden. Die Sikhs verschanzten sich in Anandpur, und ihr Artilleriefeuer hielt den Gegner auf Distanz. Die Mogultruppen richteten sich daher auf eine längere Belagerung ein.

In diesen Tagen kam es Guru Gobind Singh zu Ohren, daß ein Sikh namens Kanihya Verwundete jeder Seite mit Wasser versorgte. Der Sikh-Guru ließ den Mann rufen und fragte ihn, warum er verwundeten Feinden Wasser gebe. Kanihya antwortete ihm: »Seitdem Ihr mich gelehrt habt, zwischen Mensch und Mensch keinen Unterschied zu machen, sehe ich unter den Verwundeten niemand anders als Euch.«

Tag für Tag verschlimmerte sich die Situation der belagerten Sikhs. Die Wasservorräte gingen zur Neige, Mehl mußte mit Blättern und Rinde gestreckt werden. Als Guru Gobind Singh keinen Ausweg mehr sah, nahm er im Dezember 1704 das Angebot der Belagerer an, gegen freies Geleit Anandpur aufzugeben.

Mitten in der Nacht rückten die Sikhs ab. Die meisten machten in Sirsa halt, um die Verfolger aufzuhalten. Guru Gobind Singh versuchte unterdessen, sich mit einer Handvoll Leute in Sicherheit zu bringen. Bei Chamkaur schlugen sie sich mit Soldaten des Moguls herum, wobei der Großteil seiner Begleiter fiel. Unter den Gefallenen waren auch zwei seiner Söhne, Ajit Singh und Jujhar Singh. Ungefähr zur gleichen Zeit fielen die beiden jüngsten Söhne Guru Gobind Singhs dem *Nawab* (Provinzstatthalter) von Sirhind in die Hände. Als sich die beiden Jungen weigerten, ihrem Glauben abzuschwören, wurden sie lebendig eingemauert.

Nach dem Kampf bei Chamkaur gelang es Guru Gobind Singh mit Hilfe zweier Pathanen die feindlichen Linien unerkannt zu passieren.

Die Nachricht von dem gemeinen Mord an den jüngsten Söhnen des Gurus verbreitete sich rasch, und Tausende Sikhs versammelten sich in Guru Gobind Singhs Lager in Kot Kapura, um das Verbrechen zu rächen. Dort erfuhr Guru Gobind Singh vom Nahen der Truppen Wazir Khans. Bei den Dorf Khidrana trafen die Sikhs auf die gegnerischen Scharen und zerstreuten sie. Das Dorf wurde in Muktsar (»Teich der Rettung«) umbenannt.

Der Sikh-Guru begab sich nunmehr nach Talwandi Sabo, wo er sich längere Zeit aufhielt. Guru Gobind Singh fügte an diesem Ort dem Adi Granth die Hymnen seines Vaters hinzu und laut Überlieferung einen seiner Verse. Das Werk wurde später im Goldenen Tempel von Amritsar aufbewahrt, ging jedoch verloren, als Ahmad Shah Abdali 1762 das Heiligtum zerstören ließ. Mehrere Abschriften waren aber vorher angefertigt worden. Guru Gobind Singh ergänzte auch sein Werk, den *Dasam Granth* (auch *Dasven Padsah Ka Granth* – »Granth des zehnten Königs« – betitelt), in dem sich neben Hymnen nach Art des Adi Granth auch solche auf den Krieg und die Kriegswaffen finden. Gott wurde für Guru Gobind Singh durch Stahl symbolisiert und in Form des Schwertes verehrt. Es war also kein Zufall, sondern symbolische Handlung gewesen, daß er das Weihungswasser mit einer Waffe umgerührt hatte. Talwandi Sabo (heute Dam Dama genannt) wurde das Benares der Sikhs.

Nach diesem schöpferischen Zwischenspiel verließ Guru Gobind Singh Talwandi Sabo. Vermutlich wollte er versuchen, die Führer der Marathen* und Radschputen** als Bündnispartner gegen den Großmogul zu gewinnen. Unterwegs hörte er aber von Aurangzebs Tod.

Der Tod des Großmoguls löste sogleich Thronwirren aus. Bahadur Shah, der älteste Sohn Aurangzebs, bat durch einen Vermittler Guru Gobind Singh um Beistand. Der

---

* Im allgemeinen Sprachgebrauch die Bewohner der gebirgigen Gegenden südlich und südwestlich von Bombay. Die politische Führungsschicht der Marathen stammte aus Familien, die schon lange den Dekhan-Sultanaten gedient hatten. Die Heerführer der Marathen bildeten im Lauf der Zeit eigene Staaten, die bis zum Ende der britischen Herrschaft in Indien Bestand hatten.

Sikh-Guru erklärte sich einverstanden und schickte ihm eine Abteilung Reiter unter Dharam Singh. Im Juni 1707 entschied Bahadur Shah die Nachfolgefrage zu seinen Gunsten: Seine Truppen besiegten das Heer seines jüngeren Bruders Mohammed Azam. Angeblich war es ein Sikh, der Mohammed Azam tötete. Bahadur Shah ließ Guru Gobind Singh nach Agra kommen und ehrte ihn mit einem Gewand und einem juwelenbesetzten Dolch. Dem Sikh-Guru wurde sogar die Ehre zuteil, in Gegenwart des Großmoguls Waffen tragen zu dürfen.

Als Bahadur Shah nach einiger Zeit in den Süden aufbrach, um die Rebellion seines Bruders Kam Baksh niederzuschlagen, folgten ihm Guru Gobind Singh und seine Begleiter. Im September 1708 erreichten sie Nanded im Dekhan. Hier überzeugte Guru Gobind Singh einen Einsiedler namens Madho Das, der aus Kaschmir stammte, von seiner Lehre. Möglicherweise kannten sich die beiden von früher. Madho Das nannte sich jedenfalls fortan Banda – »Sklave des Meisters«. Zusammen mit 25 Sikhs schickte Guru Gobind Singh Banda in das Pandschab, um dort eine Revolte vorzubereiten. Die Ursache für diesen Entschluß war Bahadur Shahs Zögern, den für den Tod der beiden Kinder Guru Gobind Singhs verantwortlichen Wazir Khan anzuklagen.

** Große Stammeskaste, die sich von der Kaste der *Khsatriya* ableitet. Vielleicht sind die Radschputen skythischer Herkunft. Sie selbst leiteten nachträglich ihre Geschlechter von der Sonnen-, Mond- oder Feuer-Dynastie ab. Die Mehrzahl der Radschputen überlebte das Vordringen des Islams in den Wüsten und Bergen des Westens und bewahrte ihre Freiheit mit Wagemut, der zahlreiche Legenden von romantischer Ritterlichkeit und von Untreue und Verrat entstehen ließ. Die Radschputen hatten keine Bedenken, Fleisch zu essen, sowie alkoholische Getränke und Opium zu sich zu nehmen.

Wenig später suchten eines Abends zwei junge Pathanen Guru Gobind Singh in seinem Zelt auf und stachen ihn nieder. Das Motiv für den Anschlag blieb unbekannt, da die Attentäter sofort getötet wurden. Mit großer Wahrscheinlichkeit aber waren die beiden Pathanen gedungene Mörder im Sold Wazir Khans. Guru Gobind Singhs Wunden wurden sofort behandelt und genäht. Als Bahadur Shah von dem Anschlag erfuhr, soll er einen englischen Arzt namens Call geschickt haben, um den Sikh-Guru zu behandeln. Dieser schien sich von den Verletzungen rasch zu erholen, aber am vierten Tag nach dem Attentat brachen die Wunden wieder auf. Guru Gobind Singh fühlte, daß er dem Tod nahe war: »Was die Menschen am meisten fürchten, ist der Tod. Ich habe immer in seiner Nähe gelebt und ihm ins Gesicht gesehen. Das sollte jeder von euch, der vorgibt, mir zu folgen. Ich werde in meinen Tod reiten wie ein Bräutigam zu seiner Braut. Grämt euch deshalb nicht wegen mir. Denn wo auch immer sich fünf Reine von euch aufhalten, die sich Gott geweiht haben, werde auch ich sein.«

Als ihn seine Gefolgsleute nach der Nachfolge fragten, erwiderte er: »Das Wort, wie es im Granth Sahib verwahrt ist. Jeder, der mich dort sucht, findet mich. In Zukunft werdet ihr es als die sichtbare Verkörperung der Gurus ansehen. Ich war gekommen, um Gott auf Erden Geltung zu verschaffen, und daher vertraue ich euch Ihm an. Er wird ständig euer Führer, euer Beschützer und euere Zuflucht sein, solange ihr auf Seinem Pfad bleibt.«

Eineinhalb Stunden nach Mitternacht des 7. Oktober 1708 hauchte Guru Gobind Singh sein Leben aus. Der Adi Granth genoß fortan kultische Verehrung.

Kampf um das Pandschab

Banda, von dem man nicht sicher weiß, ob er Amrit genommen hat, brauchte mit seinen Gefährten fast ein Jahr, bis sie das Pandschab erreichten. Von einem Dorf in der Nähe Delhis schickte er Schreiben an die Khalsa und forderte die Sikhs darin auf, sich ihm anzuschließen. Vielleicht war Banda nur einer von mehreren Sikhs, die Guru Gobind Singh geschickt hatte, um eine Erhebung zu entfachen. Auf alle Fälle war er der erfolgreichste Aufwiegler. Um seiner Erhebung eine breitere Basis zu geben, ließ er verkünden, er werde jeden schützen, der von Dieben und Räubern bedroht, von muslimischen Fanatikern behelligt oder irgendwie sonst ungerecht oder schlecht behandelt werde. Bandas Aufruf veranlaßte sicher nicht wenig Unzufriedene, zu ihm zu stoßen. Vor allem schlossen sich ihm aber zahlreiche Sikhs an, die die Ermordung ihres Gurus mit Zorn und Bitterkeit erfüllt hatte. Banda, dem man nachsagte, er verfüge über magische Kräfte, schien der geeignete Mann zu sein, sie zu führen.
Am 26. November 1709 fielen Bandas Scharen über die Stadt Samana her und brannten sie nieder. Etwa zehntausend Menschen sollen dabei ums Leben gekommen sein. Weitere Kleinstädte des östlichen Pandschabs erlitten das-

selbe Schicksal. In den Gebieten, die er beherrschte, beschlagnahmte Banda die *jagirs* (Lehen) und verteilte sie an arme Bauern.

Unterdessen hatte Wazir Khan, der Nawab von Sirhind, seine Truppen zusammengezogen. Obwohl Banda weder über Artillerie noch über Elefanten verfügte, griff er Wazir Khan in der Nähe von Sirhind an. Bandas Männer waren wahrscheinlich nicht einmal ausreichend bewaffnet, aber ihren wiederholten Angriffen waren die Truppen des Nawabs nicht gewachsen. Wazir Khan fiel im Kampf, der Widerstand seiner Leute brach zusammen. Khafi Khan berichtete, daß Reiter und Fußsoldaten unter den Schwertern der Ungläubigen fielen, die sie bis nach Sirhind verfolgten. Wazir Khans Leichnam wurde in einen Baum gehängt und den Krähen und Geiern überlassen.

Zwei Tage später nahmen Bandas Scharen Sirhind ein und richteten unter den Einwohnern ein Blutbad an. Fast alle Grabmale wurden zerstört. An der Stelle, wo die beiden jüngsten Söhne Guru Gobind Singhs gestorben waren, wehte nun die gelbe Fahne der Sikhs. Baj Singh, einer der Männer, der Banda in das Pandschab begleitet hatte, wurde zum Statthalter Sirhinds ernannt. Banda selbst wählte Mukhlisgarh als Hauptstützpunkt und ließ für seinen Herrschaftsbereich Münzen schlagen.

Er war sich natürlich darüber im klaren, daß Bahadur Shah, der zu jener Zeit in Rajputana einen Feldzug führte, sein Treiben nicht ungestraft lassen würde. Zunächst aber griff die Empörung weiter um sich. Sikhs aus Majha eroberten Batala, Kalanaur und Pathankot. Sie bedrohten sogar Lahore. Das östliche Pandschab stand in Flammen, die Reichen flüchteten nach Oudh oder in die Berge im Norden. Im Juni

1710 führte jedoch Bahadur Shah seine Truppen persönlich in das Aufruhrgebiet. Die Sikhs gaben Sirhind auf und zogen sich nach Mukhlisgarh zurück. Von dort aus gingen sie zum Angriff über. Am 4. Dezember 1710 lieferten sie den Truppen des Moguls bei Sadhaura ein Gefecht und kehrten dann in das alte Fort Mukhlisgarh zurück. Die Streitkräfte Bahadur Shahs schlossen das Fort ein und begannen die Sikhs auszuhungern. Als sie ihre Vorräte aufgebraucht hatten, durchbrachen Bandas Männer im Schutz der Nacht den Belagerungsring und flohen in die Berge von Nahan. Sechs Monate später wagten sich seine Scharen wieder in die Ebenen, mußten aber erneut in den Bergen Zuflucht suchen.

Bahadur Shahs Tod am 18. Februar 1712 hatte die üblichen Thronwirren zur Folge. Die Machtkämpfe um die Nachfolge ermöglichten es Banda und seinen Sikhs, wieder in die Ebenen vorzustoßen. Sie besetzten Sadhaura und Mukhlisgarh. Im Oktober 1713 mußten sie sich allerdings wieder in die Berge zurückziehen. Anfang 1715 tauchten Bandas Scharen erneut auf und nahmen Kalanaur und Batala ein. Aber auch hier konnten sie sich nicht lange halten. Die Übermacht des Moguls war zu groß, und die Sikhs zogen sich in ein Fort bei Gurdaspur zurück. Banda ließ die Umgebung des Forts unter Wasser setzen. Dadurch konnten die Verfolger ihre Artillerie nicht einsetzen, aber die Sikhs saßen in der Falle. Mehrere Monate hielten sie aus, dann ergaben sie sich dem Feldherrn des Moguls, Abdus Samad Khan. Über zweihundert Sikhs wurden sofort hingerichtet. Banda und 740 engere Gefolgsleute trafen am 27. Februar 1716 in Delhi ein. An der Spitze des Gefangenenzuges wurden die Köpfe der hingerichteten Sikhs auf Bambusrohren getragen. Auf einer Stange zeigte eine tote Katze an, daß im Fort von Gurdaspur jede lebende Kreatur umgekommen war. Banda saß in einem eisernen Käfig auf einem Elefanten. Seine Gefolgsleute wurden auf ungesattelten Kamelen transportiert. Ein Augenzeuge schrieb über das Verhalten der Gefangenen: »Jene Sikhs, die bis zum Äußersten erschöpft worden waren, waren tatsächlich froh und mit ihrem Schicksal zufrieden; nicht das geringste Zeichen von Niedergeschlagenheit oder Demut war auf ihren Gesichtern zu erkennen. Tatsächlich schienen die meisten von ihnen glücklich und fröhlich zu sein und sangen freudig die heiligen Hymnen ihrer Schrift, als sie auf ihren Kamelen vorbeizogen. Und wenn irgend jemand aus den Gassen und Basaren ihnen zurief, daß ihre eigenen Ausschreitungen sie in diesen Zustand gebracht hätten, entgegneten sie lebhaft, daß der Allmächtige es so gewollt hatte und daß ihre Gefangennahme und Mißgeschick mit Seinem Willen übereinstimmte. Und wenn jemand sagte: ›Jetzt werdet ihr getötet werden‹, riefen sie: ›Tötet uns. Wann hatten wir vor dem Tod Angst?‹«

Den Gefangenen wurde Gnade versprochen, falls sie ihrem Glauben abschwören, aber keiner von Bandas Männern ging auf das Angebot ein. Daraufhin wurden eine Woche lang jeden Tag hundert Sikhs enthauptet. Ihre Leiber karrte man nachts aus Delhi und hängte sie an Bäumen auf. Am 9. Juni 1716 kamen Banda und seine restlichen Gefährten an die Reihe. Auf einem Elefanten wurde Banda um das Grabmal Bahadur Shahs geführt – eine erzwungene Huldigung des toten Großmoguls. Nachdem seine letzten Begleiter hingerichtet worden waren, wurde Banda mit glühenden Zangen das Fleisch vom Leib gerissen, bis er starb.

Sein schreckliches Ende ließ die Sikhs für eine Weile ohne Führer. Die Empörung war gescheitert. Ein Edikt des Großmoguls befahl, die Mitglieder der Khalsa wo auch immer festzunehmen und bei Widerstand zu töten. Viele Sikhs wandten sich äußerlich dem Hinduismus zu, es kam unter ihnen zu Spannungen. Die Khalsa zerfiel in zwei Gruppen: die Parteigänger des toten Banda (*bandai*), die ihr Idol zum Gott erheben wollten, und die *tat khalsa*, die den Versuch, ihn zu vergöttlichen, mißbilligte. Schließlich verbanden sich aber die meisten Bandai auf Gedeih und Verderb mit der Tat Khalsa. Die Sikhs begannen nun mit der Tradition, Angelegenheiten, die die Gemeinschaft betrafen, bei den alle zwei Jahre eintretenden Treffen in Amritsar Anfang April und beim Fest des Lichtes (*Divali*) zu entscheiden. Diese Versammlungen wurden als *Sarbat Khalsa* (»Ungeteilte Khalsa«) bekannt. Ein angenommener Beschluß wurde als *gurmatta* (Erlaß des Gurus) verkündet. Die Sarbat Khalsa ernannte Gruppenführer (*jathedars*), wählte Vertreter und betraute sie mit der Vollmacht, im Namen der Sikhs zu verhandeln.

Als 1719 in Delhi erneut Thronwirren ausbrachen, rebellierten alsbald mehrere Gebiete des Nordwestens. In Kasur erhoben sich die Pathanen, in Kaschmir sorgte der Aufstand eines Mullas für Unruhe. Aber auch die Khalsa blieb nicht untätig. Annähernd zweitausend Sikhs führten von den entlegenen Gebieten des nördlichen Pandschabs, den Sandflächen der Malwa-Wüste und dem Lakhi-Dschungel aus einen grimmigen Kampf sowohl gegen die Unbilden der Natur als auch gegen das Mogulreich. Sie plünderten Kaufmannszüge aus, brandschatzten muslimische Grundbesitzer, überfielen Rasthäuser und Fähren. Unabhängig

voneinander operierten die einzelnen Sikh-Banden. Einige Jahre konnten sie verhältnismäßig ungestört ihr Unwesen treiben, aber als 1726 Zakriya Khan Statthalter des Pandschabs wurde, brachen für die Khalsa harte Zeiten an. Zakriya Khan betrachtete die Bedrohung durch die Sikhs in erster Linie als ein Problem von Recht und Ordnung. Auf die Sikhs wurde ein Kopfgeld ausgesetzt. Hunderte von Hindus und Muslimen schlossen sich zu Gruppen zusammen und machten Jagd auf die Sikhs. Die Hinrichtungen fanden auf dem Pferdemarkt von Lahore statt, die abgeschlagenen Köpfe wurden zu Pyramiden zusammengesetzt. Der Platz erhielt später von den Sikhs den Namen *sahidganj* (»Ort des Märtyrertodes«). In dieser Zeit wurde jenes Reimpaar bekannt, daß noch heute bei allen Versammlungen der Sikhs vorgetragen wird:
»Die Khalsa wird herrschen, und niemand wird ihre Autorität herausfordern. In der Niederlage gedemütigt, werden sich alle ihren Reihen anschließen, und der allein wird gerettet werden, der bei ihnen Zuflucht sucht.«
Die überlebenden Sikhs retteten sich in die Jammu-Kangra-Berge. Als Zakriya Khan gerade dabei war, die Sikhs endgültig niederzuwerfen, erhielt er aus Delhi die Aufforderung, die Rückstände des jährlichen Tributs an den Großmogul zu zahlen. Um dieser Forderung gegebenenfalls Nachdruck zu verleihen und den Tribut sicher zu überbringen, erschienen in Lahore zweitausend Soldaten des Moguls. Lahores Kassen aber waren fast leer, und Zakriya Khan mußte Geld eintreiben. Die Operationen gegen die Sikhs wurden daher vorläufig eingestellt. Dies gab der Khalsa die Gelegenheit, wieder die Initiative zu ergreifen. Als die Sikhs erfuhren, daß ein Teil des Tributs nach Delhi

gebracht werden sollte, beschlossen sie, den Transport zu überfallen. Ein offener Kampf schied aus, also griffen sie zu einer Kriegslist. Eine Schar Sikhs näherte sich der lagernden Eskorte und eröffnete das Feuer. Daraufhin stürmten ihrerseits fast alle Mogulsoldaten auf die Angreifer los, die sich zurückzogen, aber mit den Verfolgern Fühlung hielten. Unterdessen fiel eine andere Sikh-Bande über die zurückgebliebenen Wachen her, machte sie nieder und verschwand mit dem Tribut. Nach einiger Zeit löste sich, wie vereinbart, die erste Sikh-Gruppe von den Verfolgern und setzte sich ab. Den Soldaten des Moguls blieb nichts anderes übrig, als umzukehren und dann festzustellen, daß sie einer List aufgesessen waren.

Die Mogulbehörden ordneten nun eine gnadenlose Jagd auf die Sikhs an. Diese waren aber nicht aufzuspüren, da sie sich in die fernen Sivalik-Berge zurückgezogen hatten. Der wütende Zakriya Khan befahl daher, alle Dörfer niederzubrennen, die in dem Verdacht standen, Sikhs Unterschlupf gewährt zu haben. In kurzer Zeit wurden zahlreiche Dörfer entvölkert. Hunderte von Bauern suchten im Dschungel Zuflucht und verbanden sich auf Gedeih und Verderb mit der Khalsa. – Als sich die Unruhe etwas gelegt hatte, erkannte Zakriya Khan die militärische Sinnlosigkeit seines Vorgehens und beschloß, den Sikhs einen Friedensvorschlag zu machen, um den andauernden Feindseligkeiten ein Ende zu bereiten. Im März 1733 schickte er seine Unterhändler aus. Das Angebot beinhaltete eine allgemeine Amnestie für die Khalsa, die als Gegenleistung alle Feindseligkeiten und Raubzüge einstellen sollte, freie Religionsausübung für alle, die Verleihung einer Jagir für die Khalsa und des Titels eines Nawabs für deren Führer.

Die Amnestie trat sofort in Kraft. Die einzelnen Sikh-Gruppen erhielten freies Geleit nach Amritsar, wo sie sich zu einer allgemeinen Versammlung zusammenfanden, um über Zakriya Khans Angebot zu diskutieren. In der Debatte lehnten zunächst die meisten Sikhs den Friedensvorschlag entschieden ab, aber schließen nahmen sie ihn doch an. Da die Khalsa keinen Führer hatte, wurde ein verdienter Sikh namens Kapur Singh kurzerhand zum Führer ernannt. Kapur Singh nahm den Titel eines Nawabs an, und die Sikhs stellten ihre räuberischen Streifzüge ein.

Die Khalsa reorganisierte in der Folgezeit ihre bewaffnete Macht. Zwei große Abteilungen wurden gebildet. Die eine, der *Budha Dal*, setzte sich aus den älteren Männern zusammen. Die jüngeren Sikhs wurden in der *Taruna Dal* zusammengefaßt. Der Taruna Dal erhielt in Amritsar fünf Zentren, jedes mit eigener Fahne und Trommel. Eine Besoldung gab es nicht. Einkünfte kamen in eine Gemeinschaftskasse.

Zakriya Khan verfolgte diese Entwicklung mit Argwohn und versuchte Kapur Singh zu überreden, seine Sikhs der Armee des Moguls als Rekruten zuzuführen. Dies wurde jedoch abgelehnt.

1735 verließ der Taruna Dal Amritsar und zog nach Hissar und Hansi. Ungeniert begannen die jungen Sikhs dort Steuern zu erheben. Sogleich ordnete Zakriya Khan die Einziehung der Khalsa-Jagir an und widerrief alle Abmachungen. Wieder herrschte offene Feindschaft zwischen den Sikhs und Zakriya Khan. Erneut brachen Kämpfe aus, aber bevor es zu einer Entscheidung kam, griff eine dritte Macht in die Geschicke des Pandschabs ein.

Nadir Shah, ein Feldherr, der die Safavidendynastie in Persien entthront hatte, fiel 1738 in Nordwestindien ein. Den Grund für seine Invasion bildeten bloße Vorwände, in Wirklichkeit hoffte Nadir Shah auf die Reichtümer Indiens, mit denen er die Expansion seines Reiches zu finanzieren hoffte. Seine Truppen fegten die Aufgebote Zakriya Khans zur Seite und durchquerten rasch das Pandschab. Im Februar 1739 besiegten sie das hastig aufgestellte Heer des Moguls bei Karnal. Das Mogulreich mußte große Gebietsverluste hinnehmen. Nadir Shah erzwang einen Vertrag, demzufolge alles Land westlich des Indus an Persien fiel. Der berühmte Pfauenthron wurde nach Persien entführt. Als sich die beutebeladenen Truppen Nadir Shahs auf den Rückweg machten, schlugen die Sikhs zu. Immer wieder griffen ihre Reiter an und erleichterten manchen Perser um seine erbeuteten Kostbarkeiten. Aber auch verschleppte Frauen und Kunsthandwerker wurden befreit. Die Vorfälle verärgerten Nadir Shah, aber er ergriff keine Gegenmaßnahmen. In Lahore soll er Zakriya Khan gefragt haben, wer diese »langhaarigen Barbaren« seien, die es gewagt hatten, ihn zu belästigen.

Nach dem Abzug Nadir Shahs ging Zakriya Khan wieder daran, die Sikhs zu unterdrücken. Sie wurden gejagt wie wilde Tiere. Karren voller abgeschlagener Köpfe rollten nach Lahore. Im Amritsar wurde der Sikh-Tempel als Tanzhalle genutzt. Der dafür verantwortliche Massa Ranghar konnte sich aber seines Triumphs nicht lange erfreuen. Zwei Sikhs verkleideten sich als Muslime und drangen in ihr entweihtes Heiligtum ein. Mit gezogenem Schwert fiel Mehtab Singh über den Tempelschänder her und schlug ihm den Kopf ab, während sein Mitverschwörer den Eingang bewachte. Bevor die Wachen richtig begriffen, was geschehen war, hatten die beiden Sikhs schon das Weite gesucht. Mehtab Singh wurde jedoch später gefaßt und gerädert. Viele Sikhs versuchten in jenen Tagen, sich nach Amritsar durchzuschlagen. Ein zeitgenössischer Muslim berichtete darüber: »Man sah berittene Sikhs in vollem Galopp auf ihr Lieblingsheiligtum zureiten. Oft wurden sie bei dem Versuch getötet und manchmal gefangengenommen; aber anstatt der Gefahr zu entgehen, pflegten sie bei solchen Gelegenheiten nach der Krone des Märtyrertodes zu trachten ... Kein Fall wurde von einem auf seinem Weg nach Amritsar gefangengenommenen Sikh bekannt, der sich bereit erklärt hätte, seinem Glauben zu entsagen.«

Zakriya Khans Tod im Jahre 1745 stürzte das Pandschab in heillose Verwirrung. Die Stelle des Statthalters blieb sechs Monate lang unbesetzt, was die Khalsa weidlich ausnützte. Die Sikhs plünderten Hunderte von Dörfern und Kleinstädten. Ihre Scharen wagten sich bis nach Lahore.

Im Januar 1746 wurde Yahiya Khan zum Statthalter ernannt und dieser machte sich sogleich daran, wieder Frieden und Ordnung herzustellen. Sein oberster Berater, der Hindu Lakhpat Rai, bereitete einen regelrechten Feldzug vor. Seitdem sein Bruder bei einem Scharmützel von Sikhs getötet worden war, hatte er der Khalsa blutige Rache geschworen. Lakhpat Rai beging nicht den Fehler Zakriya Khans, die Sikhs nur als Räuberbanden zu betrachten. Um Lahore wurden starke Verbände zusammengezogen, und Lakhpat Rai wies die Radschas der Bergstaaten an, ebenfalls gegen die Sikhs vorzugehen. Yahiya Khan selbst führte die Strafexpedition an. Diesmal wurden auch die Sahajdharis gejagt, jene Sikhs also, die nicht die äußeren Merkmale der Khalsa aufwiesen.

Das Unternehmen, von vornherein als Vernichtungsfeldzug gedacht, wurde konsequent und planvoll ausgeführt. An der Ravi umzingelten Yahiya Khans Truppen ein großes Sumpfgebiet, in dem sich an die 15 000 Sikhs versammelt hatten, um ihre Einheiten für eine Schlacht zu gruppieren. Nachdem den Eingeschlossenen die Lebensmittel ausgegangen waren, durchbrachen sie den Ring der Belagerer und strebten den Jammu-Bergen zu. Dort jedoch hielten die Streitkräfte der Radschas die Pfade besetzt. Etwa tausend Sikhs gelang es, sich durchzukämpfen, die Masse wandte sich nach Süden, um in die Richtung Malwa-Wüste zu fliehen. Es entwickelte sich ein aufreibendes Rückzugsgefecht mit den nachsetzenden Truppen Yahiya Khans, in dessen Verlauf nur einige tausend Sikhs die rettende Wüste erreichten. Annähernd siebentausend fielen im Kampf, dreitausend wurden gefangengenommen und auf dem Pferdemarkt in Lahore hingerichtet.

Die Katastrophe ging in die Annalen der Sikhs als *ghallughara* (Massentod) ein.

Der überwältigende Sieg des Statthalters führte nur deshalb nicht zur Vernichtung der Sikhs, weil Yahiya Khan kurz darauf in einen Bürgerkrieg mit seinem Bruder Nawaz Khan verwickelt wurde und unterlag. Der siegreiche Nawaz Khan jedoch entließ mit Lakhpat Rai den entschiedensten Feind der Sikhs.

Die Sikhs erholten sich inzwischen von den Strapazen ihrer Flucht. Jassa Singh Ahluwalia, der Schritt für Schritt die Führung von dem alternden Kapur Singh übernommen hatte, wurde oberster Befehlshaber. Die Sikhs gliederten ihre Banden nunmehr in elf große Gruppen, die als *misls* (Gefolgschaften) bekannt geworden sind. Die Bezeichnung

Misl soll erstmals von Guru Gobind Singh anläßlich der Schlacht von Bhangani 1686 verwendet worden sein. Die Kampfkraft der Misls war sehr unterschiedlich. Manche konnten mehr als zehntausend Mann aufbieten. Die einzelnen Gruppen nannten sich nach ihren Anführern oder deren Heimatdörfern. Die Mitglieder der Bhangi-Misl hatten ihren Namen von ihrer Gewohnheit, das berauschende Getränk Bhang zu sich zu nehmen, das aus den Blättern des Cannabis sativa zubereitet wurde. Ein Sikh konnte sich jeder beliebigen Misl anschließen. Die Bezeichnung aller elf Gruppen lautete *Dal Khalsa* (»Vereinigtes Heer der Khalsa«). Eine zwölfte Gruppierung bildeten die Sikhs der Cis-Sutlej Gruppen Patiala, Nabha und Jind, die sich aber gegen die Dal Khalsa wandten.

Währenddessen vollzog sich unaufhaltsam der Zusammenbruch der Mogulherrschaft. Die Provinzstatthalter kämpften untereinander um die Sicherung ihrer Gebiete, während im Nordwesten ein neuer Eindringling auf den Plan trat. Das große Reich, das Nadir Shah in Persien aufgebaut hatte, war 1747 mit seiner Ermordung auseinandergebrochen. In den afghanischen Gebieten hatte der General Ahmad Khan Abdali die Macht an sich gerissen. Dieser versuchte nun ein Reich aufzubauen, das sowohl die Bergländer der afghanischen Stämme als auch das Pandschab umfassen sollte. Seine Raubzüge zielten auf Delhi.

Das Heer des Moguls konnte zwar bei Manupur seine Truppen zum Rückzug zwingen, die Gefahr war damit aber nicht beseitigt. Der im Volksmund als Mir Mannu bekannte Muin-ul-mulk übernahm nach der siegreichen Abwehrschlacht in Lahore die Amtsgewalt. Seine Truppen machten wiederum Jagd auf die Sikhs. Brunnen wurden mit den

Köpfen getöteter Sikhs aufgefüllt. Doch die Khalsa nahm scheinbar den Ausrottungsfeldzug gleichmütig hin.
»Mannu ist wie eine Sichel,
wir sind wie ein immergrüner Baum.
Je mehr Zweige er abhackt,
desto besser wachsen und bestehen wir.«
Als Mir Mannu 1753 bei einem Jagdunfall ums Leben kam, – laut einer anderen Quelle starb er an den Folgen einer Vergiftung – ging nach einem kurzen Zwischenspiel die Macht in die Hände seiner Witwe über. Mughlani Begum hatte gute Vorsätze, doch bald mißtraute sie ihren Höflingen. Das Pandschab verfiel immer mehr. Im April 1755 wurde Mughlani Begum schließlich abgesetzt. In ihrer Bedrängnis aber rief sie Ahmad Shah Abdali zu Hilfe. Dessen Truppen besetzten Lahore am 22. November 1756. Ein Jahr später zog der afghanische Herrscher in Delhi ein und bezeichnete sich als königlicher »Gast«. In seinem Heer brach jedoch die Cholera aus, und die Afghanen machten sich schnellstens auf den Rückweg. Bei Sirhind fielen die Malwa-Sikhs unter Baba Ala Singh über die afghanische Vorhut her und jagten ihr Beute und Pferde ab. In einem Zirkular der Marathen wurden diese Ereignisse der Nachwelt überliefert:
»Ende März 1757 hatte Ala Singh gemeinsam mit anderen Sikh-Räubern der Vorausabteilung von Abdalis Heer unter Prinz Taimur, die den geraubten Reichtum Delhis nach Lahore transportierte, den Weg bei Sanawa (zwischen Ambala und Patiala) verlegt und ihm die Hälfte seiner Schätze geraubt und ihn wieder bei Malerkotla angegriffen und beraubt. Der Erfolg dieser Räuber war so groß gewesen, daß Gerüchte ihn dahingehend übertrieben hatten, der Prinz

wäre gefangengenommen und durch sie sogar getötet worden.«

Wutentbrannt schickte Ahmad Shah Abdali eine Strafexpedition aus, um die Sikhs zu züchtigen. Amritsar wurde von den Afghanen geplündert, der Hari Mandir zerstört und der heilige Teich mit Abfall gefüllt. Der wegen seiner Religiosität bekannte Baba Deep Singh rief einige Zeit danach die Sikhs auf, nach Amritsar zu marschieren, um das Heiligtum wieder aufzubauen. Über fünftausend Sikhs folgten seinem Aufruf. In der Nähe der Stadt griffen afghanische Scharen den Zug an und töteten fast alle. Dem schwer verletzten Baba Deep Singh gelang es, den Hari Mandir zu erreichen. Dort erlag er seiner Verletzung.

Sein Opfergang wühlte die Sikhs auf. Erbittert bekämpften sie die afghanischen Besatzungstruppen. Zusammen mit den Truppen Adina Begs, der als Statthalter von Jullundur-Doab fürchtete, in die Hände der Afghanen zu fallen, lieferten die Sikhs bei dem Dorf Mahilpu in Hoshiarpur den Afghanen ein Gefecht und besiegten sie. Prinz Taimur sandte zwanzigtausend Reiter und Fußsoldaten aus Lahore, um die Niederlage wettzumachen, aber auch diese Truppen wurden von den Sikhs geschlagen. Im afghanischen Lager in Lahore brach Panik aus. Miskin, ein ehemaliger Leibdiener Mir Mannus, schrieb darüber:

»Danach kam jede Streitmacht, in welche Richtung auch immer geschickt, besiegt und geschlagen zurück. Sogar die Umgebung von Lahore war nicht sicher. Jede Nacht pflegten Tausende von Sikhs die Stadt zu überfallen und die Vororte außerhalb der Mauern zu plündern; aber keine Streitmacht wurde ausgeschickt, sie zurückzuschlagen, und die Stadttore wurden eine Stunde nach Einbruch der

Nacht geschlossen. Es brachte der Regierung äußerste Schande, und völlige Gesetzlosigkeit herrschte vor.«
Im Bündnis mit Marathensoldaten, die Adina Beg angeworben hatte, plünderten Sikhs Sirhind völlig aus. Am 10. April 1758 zogen Einheiten der Marathen und Sikhs in Lahore ein und machten dabei eine Unmenge von Gefangenen. Diese wurden von den Sikhs zur Reinigung des heiligen Teichs von Amritsar eingesetzt, den die Afghanen verunreinigt hatten.
Lange freilich konnten sich die Verbündeten ihres Erfolges nicht erfreuen. Ahmad Shah Abdali überschritt im Oktober 1759 mit 60 000 Mann den Indus, um die Macht der Marathen in Nordindien zu vernichten. Hastig zogen sich deren Truppen aus dem Pandschab zurück. Die Afghanen besetzten Lahore, Taimur wurde zum Vizekönig erklärt.
Am 14. Januar 1761 schlug das afghanische Heer die Armee der Marathen bei Panipat. Einer Quelle zufolge sollen dabei zweihunderttausend Marathen gefallen und zwanzigtausend Kinder als Sklaven verschleppt worden sein. Andere Quellen berichten allerdings von einem Kräfteverhältnis von 60 000 Afghanen zu nur 45 000 Marathen. Ahmad Shah Abdali zeigte jedoch trotz dieses großen Sieges keine Neigung, den Platz des Großmoguls einzunehmen. Die afghanischen Sieger zogen wieder ab. Kaum war das Heer Ahmad Shah Abdalis abgerückt, schlossen Tausende von Sikhs Lahore ein. Erst gegen eine Zahlung von 30 000 Rupien brachen sie die Belagerung ab. Sie durchstreiften nunmehr das Pandschab und legten neue Schlupfwinkel an. Mirza Khan, der Statthalter von Char Mahal, versuchte die Aktivitäten der Sikhs zu unterbinden, aber seine Streitmacht wurde vernichtet.

Die Sikhs waren außer den Marathen die einzigen Krieger Indiens, die hoch zu Roß mit Musketen kämpften. Die Khalsa war in erster Linie eine Kavallerietruppe. Artillerie taugte nicht für ihre bewegliche Art der Kriegsführung. Gewöhnlich griffen die Sikh-Reiter in vollem Galopp an, feuerten ihre Musketen ab und wendeten, um der nächsten Welle Platz zu machen. Diese Angriffe stifteten beim Gegner besonders dann große Verwirrung, wenn er sich auf dem Marsch befand oder auf freiem Feld war. Eine wirksame Waffe, die vor allem die *Akalis* (»Diener des zeitlosen Gottes«) einsetzten, waren Chukkars, scharf geschliffene Rundeisen, die auf den Gegner geschleudert wurden. Bei den Akalis handelte es sich um eine Gruppe verwegener, oft fanatischer Sikhs, die als eine Art Mönchsorden lebte und unter den Sikhs das Feuer der religiösen Begeisterung wachhielt.

Aufgrund der beunruhigenden Vorkommnisse im Pandschab wies Ahmad Shah Abdali seinen General Nurud-Din Bamzai an, mit 12 000 Reitern dem Unwesen der Sikhs ein Ende zu machen. Die afghanische Kavallerie kam jedoch nur bis zur Chenab. Ein starker Verband Sikhs unter Charat Singh Sukerchakia schlug die Afghanen in die Flucht. Triumphierend kehrten Charat Singh Sukerchakia und seine Männer nach Gujranwala zurück.

Im September 1761 unternahm der afghanische Statthalter des Pandschabs einen weiteren Versuch, Charat Singh Sukerchakias Truppe unschädlich zu machen, aber sein Unternehmen endete in einem Fiasko. Charat Singh Sukerchakia war jetzt so etwas wie ein Nationalheld der Sikhs. Ermutigt durch diesen Erfolg griffen Einheiten der Sikhs Lahore an. Die Stadt ergab sich im November. Das Fort

von Lahore blieb allerdings in afghanischer Hand. Der Sikh-Führer Jassa Singh Ahluwalia wurde zum König (*Sultan-ul-Quam*) ausgerufen. Einige Münzen wurden geprägt, deren Inschrift lautete:
»Nahrung für unser Leben und den sicheren Sieg unseres Schwertes erlangten wir durch die Gurus Nanak und Gobind Singh.«
Die Sikhs beherrschten nun das Pandschab vom Sutlej bis zum Indus. Aber schon im Januar 1762 war es mit ihrer Herrschaft vorbei. Ahmad Shah Abdali fiel erneut im Pandschab ein. Eiligst ließ Jassa Singh Ahluwalia Lahore räumen und erlaubte seinen Kriegern, ihre Frauen und Kinder in die Hariana-Wüste in Sicherheit zu bringen. Als Ahmad Shah Abdali der Abzug der Sikhs in Richtung Süden gemeldet wurde, rückte er mit seinen Truppen in Eilmärschen nach. Innerhalb von 36 Stunden legten die Afghanen 240 Kilometer zurück. Die Sikhs wurden völlig überrascht. Tausende von ihnen kamen bei dem afghanischen Angriff ums Leben. Die Überlebenden wichen in Richtung Barnala aus, doch am 5. Februar 1762 holten die Afghanen die Fliehenden ein. Dem folgenden Massaker fielen über zehntausend Sikhs, vor allem Frauen, Kinder und alte Männer zum Opfer. Das Gemetzel hieß bei den Sikhs fortan *Vada Ghallughara,* das »Große Massaker«. In Amritsar entweihten die Afghanen den heiligen Teich mit dem Blut von Kühen und füllten ihn mit Abfall und Dreck auf. Das Heiligtum sprengten sie mit Schießpulver in die Luft. Als der Tempel zusammenkrachte, traf ein Ziegelbrocken Ahmad Shah Abdali an der Nase. Vermutlich starb der Afghanenherrscher an den Spätfolgen dieser Verletzung, denn die Nasenwunde wurde krebsig. Im Juni 1773

erlag Ahmad Shah Abdali in Murghab der tückischen Krankheit.

Im Oktober 1762 versammelten sich an die 60 000 Sikhs in Amritsar und beschlossen, die Schmähungen der Afghanen zu rächen. Wenig später plünderten Sikh-Banden das Land von Sirhind bis Sialkot. Daraufhin griff Ahmad Shah Abdali am 16. Oktober 1762 Amritsar an, obgleich seine Hauptstreitmacht zu diesem Zeitpunkt in Kaschmir stand. Die Sikhs hielten seinem Ansturm stand. Beide Seiten räumten schließlich das Schlachtfeld.

Im Dezember des gleichen Jahres veranlaßten Unruhen in Kandhar den Afghanenherrscher, Lahore den Rücken zu kehren. Kaum hatten die afghanischen Truppen die Chenab überschritten, raubten die Sikhs das reiche Kasur und Malerkotla aus. Sirhind brannten sie nieder. Sie zerschlugen die Ziegel und pflügten die Trümmer mit Eseln um. An der Stelle, wo die beiden jüngsten Söhne Guru Gobind Singhs elend gestorben waren, errichteten sie einen Gurdwara (Fatehgarh Sahib). Im Amritsar bezog der Taruna Dal Stellung, die Heeresgruppe der jüngeren Sikhs. Sie reinigten den heiligen Teich und bauten das Heiligtum wieder auf. Jassa Singh Ahluwalia legte den Grundstein. Die älteren Sikhs durchstreiften unterdessen das Land und errichteten zahlreiche Militärposten. Bald war auch der Taruna Dal wieder unterwegs und verunsicherte weite Landstriche.

Obleich er den Sikhs gewiß nicht gewogen war, zollte der muslimische Schreiber Nur Mohammed einigen Verhaltensweisen der Sikhs Anerkennung:

»In keinem Fall würden sie einen Feigling töten, auch keinen Flüchtling Hindernisse in den Weg legen. Sie rauben nicht das Vermögen und den Schmuck einer Frau, sei sie eine wohlhabende Dame oder eine Dienerin. Unter diesen Hunden gibt es keinen Ehebruch, auch bestehlen sich diese schädlichen Leute nicht. Ob eine Frau jung oder alt ist, sie nennen sie eine *buriya* und bitten sie, aus dem Weg zu gehen. Das Wort *buriya* bedeutet in der indischen Sprache ›eine alte Dame‹. Unter diesen Hunden gibt es überhaupt keinen Dieb, auch wurde unter diesen Schurken kein Einbrecher geboren. Sie schließen mit Ehebrechern und Einbrechern keine Freundschaft, obwohl ihr Verhalten im großen und ganzen nicht lobenswert ist.«

Im Oktober 1764 brach das afghanische Unwetter erneut über das Pandschab herein. Die Sikhs zogen sich zunächst in den Lakhi-Dschungel zurück, da sie eine offene Feldschlacht vermeiden wollten. Die afghanische Vorhut wurde aber attackiert. Die Afghanen zerstörten wiederum das Sikh-Heiligtum im Amritsar und kehrten dann nach Lahore zurück, um von dort aus nach Sirhind vorzurükken. Auf ihrem Vormarsch verwüsteten sie das Land. Den Sikhs sollte jegliche Lebensbasis entzogen werden. In diesen entsetzlichen Wochen entstand die Redensart: »Nur das ist dein, was du essen und trinken kannst, denn den Rest wird Ahmad Shah erbeuten.«

Die Verwüstung des Landes konnte jedoch den Widerstand der Sikhs nicht brechen. Am Sutlej lieferten sie den Afghanen sogar ein größeres Gefecht. Ahmad Shah Abdali hatte seine Truppen zwar davor gewarnt, aber der rechte Flügel der Afghanen setzte trotzdem den scheinbar fliehenden Sikhs nach. Prompt gerieten sie in einen Hinterhalt und erlitten schwere Verluste. Als die Dunkelheit einbrach, zogen sich die Scharen der Sikhs in den nahen Dschungel zurück. Auch in den nächsten Tagen zermürbten sie die afghanischen Kolonnen immer wieder durch wiederholte überfallartige Angriffe. Über die Taktik der Sikhs berichtete ein Teilnehmer dieser Kämpfe: »Sie zogen sich genauso zurück, wie sie gekommen waren. Sie waren wie Löwen gekommen und wichen wie Füchse zurück. Wie am ersten Tag kamen diese unwürdigen Ungläubigen jeden Tag regelmäßig, um eine Schlacht zu liefern. Als die Kämpfe einsetzten, wichen sie zurück, da sie eine offene Feldschlacht nicht bestehen würden. Sie schämten sich eines Rückzuges nicht, noch schlugen sie eine offene Feldschlacht. Sie kamen, feuerten ihre Musketen aus einiger Entfernung ab und zogen sich vom Schlachtfeld zurück. Ohne jegliches Schamgefühl tauchten sie immer wieder auf und wichen genauso oft zurück.«

Die Sikhs waren einfach nicht zu stellen. Des Kleinkrieges überdrüssig, verließ Ahmad Shah Abdali im März 1765 das Pandschab. Einen Monat später besetzten die Sikhs Lahore. Diesmal nahmen sie auch das Fort ein. Der Afghanenherrscher war jedoch nicht gewillt, diesen Zustand hinzunehmen. Abermals rückten seine Truppen in das Pandschab ein. Sofort gaben die Sikhs Lahore auf und wichen zurück. Ungehindert konnten die Afghanen die Stadt besetzen. Als Ahmad Shah Abdali erfuhr, daß die Einwohner der Stadt mit den Sikhs durchaus sympathisierten, da diese Hindus und Muslime rücksichtsvoll behandelt hatten, ließ er dem Sikh-Führer (*sardar**) Lehna Singh kostbare Geschenke senden und bot ihm die Statthalterschaft von La-

---

* »Sardar« wird heutzutage als Anrede für alle Sikh-Männer gebraucht. Der entsprechende Titel für eine Sikh-Frau lautet »Sardarani«.

hore an. Lehna Singh lehnte das Angebot höflich ab und ließ die Geschenke zurückbringen. Daraufhin verließ Ahmad Shah Abdali Lahore und rückte in Richtung Sirhind vor. Er ließ mehreren Sikh-Führern ein Friedensangebot zukommen, aber die Sikhs lehnten es spöttisch ab. Während Ahmad Shah Abdalis Truppen weiter in Richtung Sirhind vorrückten, ritten an die 20 000 Sikhs nach Lahore und plünderten dort das afghanische Lager. Als Ahmad Shah Abdali davon hörte, zog er mit seinem Heer in die Hauptstadt zurück. Die Sikhs hatten sich aber längst schon nach Amritsar zurückgezogen. Jehan Khan jagte ihnen mit 15 000 Reitern hinterher. Da sich die Sikhs den Verfolgern zahlenmäßig gewachsen fühlten, ließen sie sich auf eine Feldschlacht ein, und Jehan Khans Reiter erlitten eine empfindliche Niederlage. Als der Afghanenherrscher von dem Debakel erfuhr, eilte er mit seinen Truppen nach Amritsar. Aber geschickt wichen die Sikhs der Übermacht aus und bedrohten erneut Lahore. In Eilmärschen trieb Ahmad Shah Abdali den Großteil seines Heeres nach Lahore zurück, aber wiederum stellten sich die Sikhs nicht zum Kampf. Ständig trieben sie sich jedoch in der Nähe der Afghanen herum. Mit Vergnügen nahm Robert Lord Clive of Plassey, der Gouverneur der britischen Ostindischen Kompanie in Bengalen, den erfolgreichen Widerstand der Sikhs zur Kenntnis:

»Falls sie fortfahren, seinen Nachschub abzuschneiden und seinen Troß zu plündern, wird er ohne Kampf zugrundegehen; und dann wird er entweder in sein Land zurückkehren oder Schmach und Schande erleiden. So lange er die Sikhs nicht besiegt oder sich mit ihnen einigt, kann er nicht nach Indien eindringen. Und keiner dieser Fälle ist wahrscheinlich, da die Sikhs sich eine so wirksame Taktik zu eigen gemacht haben und den Shah wegen seiner Zerstörung Amritsars hassen.«

Der Afghanenherrscher brach nun wieder in Richtung Sirhind auf. Die Sikhs folgten seinen Truppen. Nach einer Unterredung mit hindustanischen Potentaten kehrte Ahmad Shah Abdali um und schickte gegen die Sikhs mehrere Strafexpeditionen aus. Jehan Khan gelang es schließlich, eine große Abteilung Sikhs zu stellen und zu schlagen. Etwa neuntausend Sikhs fielen in dieser Schlacht. Die Niederlage schüchterte die anderen Sikh-Gruppen aber nicht ein. Unermüdlich beunruhigten sie die Afghanen.

Ahmad Shah Abdali hatte sich mittlerweile dazu entschlossen, den verlustreichen und ergebnislosen Kampf gegen die Khalsa einzustellen. Die Moral seiner Truppen hatte gelitten, sie hatten keine Beute gemacht und drängten auf die Rückkehr in die heimatliche Bergwelt. Als ein Kontingent seines Heeres eigenmächtig den Rückweg antrat, fürchtete Ahmad Shah Abdali, daß das Beispiel Schule machen würde, und brach daher im Mai 1767 nach Afghanistan auf. Die Führer der Sikhs ließen sogleich ihre Scharen ausschwärmen und die befestigten Orte einnehmen, die noch von Verbündeten Ahmad Shah Abdalis gehalten wurden. Lehna Singh und seine Leute schlossen Lahore ein, das sich aber ohne Kampf ergab. Der Afghanenherrscher hatte die Sikhs nicht bezwingen können, sie im Gegenteil in ihrer Einheit und in ihrem Selbstbewußtsein gestärkt. Allerdings hatten Tausende von Sikhs ihr Leben für das Überleben ihrer Glaubensgemeinschaft gegeben.

Die kriegerische Verunsicherung jener Jahre hatte die Macht der Moguldynastie gebrochen. Ihr Herrschaftsbereich beschränkte sich nunmehr auf Delhi und die umliegenden Gebiete. Der Großmogul hielt sich in Allahabad auf, Delhi wurde von dem Rohilla-Führer Najibuddaulah im Namen des Moguls verwaltet. Außerhalb dieses Kernbereiches anerkannten die umherziehenden Banden von Sikhs, Jats, Rohillas*, Radschputen und Marathen nur ihre eigenen Führer. 1772 brachten die Marathen Shah Alam II. nach Delhi zurück.

Die größten Gebiete des Pandschabs beherrschten die Bhangi-Sikhs. Ihr Einfluß reichte von Lahore und Amritsar bis zur Jehlum. Diese Sikh-Misl hatte annähernd zwanzigtausend Mann unter Waffen.

Die Bündnisse unter den einzelnen Sikh-Gruppen waren wechselhaft. Mit dem Ende der afghanischen Heimsuchung traten interne Streitigkeiten in den Vordergrund. Die Sarbat Khalsa verwandelte sich in ein vielköpfiges Gebilde. Jassa Singh Ahluwalia dehnte seine Macht entlang des Sutlej aus und besetzte Sultanpur und Kapurthala. Die Ramgarhias, deren Gründer Khoshal Singh von Banda Pahul empfangen haben soll, und die Kanhayas wandten sich nach Norden. Die Ramgarhias erhoben in Kangra, Nurpur, Chamba, Basohli und Mandi Abgaben. Ihrem Beispiel folgten die Kanhayas, die auch das Fort von Kangra einnahmen.

Zu einem Zankapfel unter den Sikhs wurde das Dogra-Reich von Jammu. Als erste machten die Bhangis die Dogras** tributpflichtig. Die Kanhayas und die Sukerchakias,

---
*Afghanisches Volk, das sich zu Beginn des 18. Jahrhunderts in Hindustan niederließ.
** Bergvolk, dessen Name vielleicht mit dem persischen Wort *dogla* – Mischling – zusammenhängt.

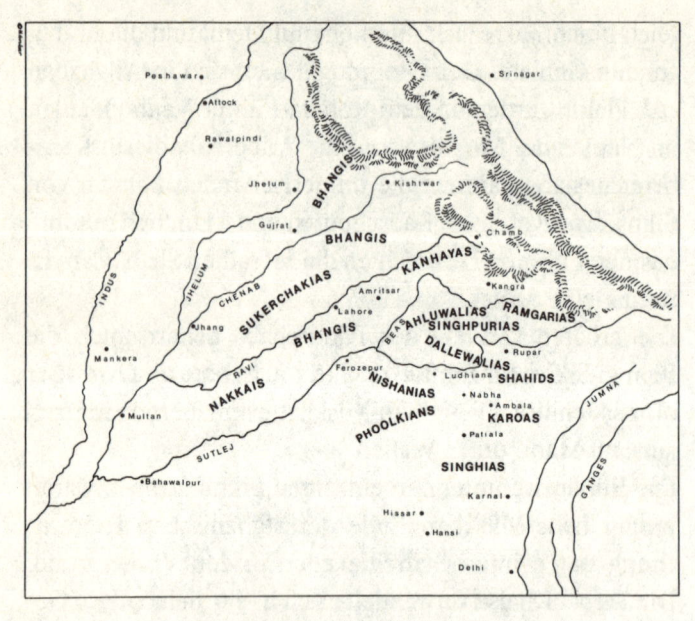

Verteilung der Sikh-Misls um 1780

die den Bhangis folgten, entzweiten sich wegen der Beute aus Jammu. 1772 eroberten die Bhangis Multan, acht Jahre später nahmen es ihnen die Afghanen wieder ab.
Südlich des Sutlej schlugen sich die Malwais mit den Marathen, die nach Sirhind gekommen waren, und vertrieben sie aus Malwa. 1773/74 wurden die Malwais noch offensiver und erhoben in vielen Dörfern und Städten zwischen der Jumna und der Ganga Abgaben. Im März 1783 schlug Baghel Singh sogar sein Lager in einem Vorort Delhis auf und begann damit, Tempel zur Erinnerung an die Gurus, die die Stadt besucht hatten, zu bauen. Einer wurde an der Stelle errichtet, wo der neunte Guru, Tegh Bahadur, hingerichtet worden war.

Die Briten, die unterdessen ihre Fühler nach Oudh, den fruchtbaren Ebenen nördlich der Ganga zwischen Muradabad und Patna, ausgestreckt hatten, nahmen nun ihrerseits mit den Sikhs Kontakte auf, um deren mögliches Eindringen nach Oudh zu verhindern. An allen Furten der Ganga wurden vorsichtshalber britische Feldwachen aufgestellt. Denn trotz ihrer Fehden schätzten die Briten die militärische Schlagkraft der Sikhs nach wie vor hoch ein. So schrieb der britische Major James Browne in einem Brief vom 17. September 1787:
»Ihre Kavallerie ist bemerkenswert gut. Die Männer sind sehr ausdauernd und mit Säbeln und ausgezeichneten Luntenschloßgewehren gut bewaffnet. Sie gebrauchen sie mit großer Geschicklichkeit. Die in ihrem Land gezüchteten Pferde gehören zu einer der besten Züchtungen. Das ist der früheren Verwendung von arabischen und persischen Hengsten und irgendwie der Temperatur von Luft und Wasser dieses Landes zuzuschreiben. Die meisten dieser Soldaten haben jeder zwei oder drei Pferde, wodurch sie ihre Raubzüge mit großer Schnelligkeit ausführen. Ihre Heere legen am Tag achtzig bis hundertzwanzig Kilometer zurück. Ihre Kleidung ist dunkelblau, wie es Guru Gobind befohlen hat, und verleiht ihnen in großen Gruppen ein sehr düsteres Aussehen.«
Bezüglich der Kleidervorschrift irrte sich Major Browne. Guru Gobind Singh hat den Sikhs wohl niemals eine bestimmte Farbe für ihre Kleidung vorgeschrieben. Die gefürchteten Akalis oder *Nihangs* (»Krokodile«) trugen jedoch Dunkelblau, das dann auch bei vielen anderen Sikhs sehr beliebt wurde. Ursprünglich waren die Nihangs eine Art Elitetruppe für Himmelfahrtskommandos im Mogul-

heer. Die Sikhs hatten ihren Namen und ihre Kleidung übernommen.

Im Januar 1784 durchquerten über dreißigtausend Reiter unter Jassa Singh Ramgarhia und Kharam Singh die Jumna und begannen, in den Dörfern und Städten des Doab (Zweistromland) Abgaben (*rakhi*) einzuziehen. Allerdings wagten sie es nicht, Delhi unter ihre Schutzherrschaft zu stellen. Shah Alam II. wandte sich an die Briten um Hilfe. Die britischen Nachbarn jedoch versagten sich, da sie sich nicht sicher waren, ob die Direktoren der Ostindischen Kompanie in London eine Machtausdehnung über die Ganga gutheißen würden. Die große Periode der britischen Expansion in Indien setzte ja erst 1798 ein, als Lord Wellesley Generalgouverneur wurde.

Shah Alam II. bat nun die Marathen um Beistand, die ihm Jahre zuvor die Rückkehr nach Delhi ermöglicht hatten. Und in der Tat befahl der Marathenführer Madhaji Sindhia seinen Truppen, die Plünderer zu verjagen, aber bereits nach dem ersten Scharmützel erkannte Madhaji Sindhia, daß Verhandlungen mit den Sikhs mehr Erfolg versprachen. Am 9. Mai 1785 schlossen die Sikh-Führer und Madhaji Sindhia einen Vertrag, der jedoch schon nach wenigen Wochen in Vergessenheit geriet, da beide Seiten nach wie vor einander mißtrauten. Der Kampf um das Doab ging weiter.

Um 1795 erreichte die Expansion der Sikhs nach Osten ihren Höhepunkt. Danach geboten die Marathen ihrem Andrang nicht nur Einhalt, sondern drängten sie auch nach Malwa zurück. Die Malwais zerstritten sich derart, daß es ihnen beträchtliche Schwierigkeiten bereitete, den englischen Abenteurer George Thomas, der in Hansi ein eigenes Reich gegründet hatte, vom Sikh-Territorium zu vertreiben. Das Fehlen einer Zentralgewalt im Pandschab wirkte sich für die Sikhs ungünstig aus. Nachdem sie endlich das lang angestrebte Ziel ihrer Unabhängigkeit erreicht hatten, gerieten sie in größte Gefahr, sich durch innere Kämpfe gegenseitig aufzureiben.

Einer der geschicktesten Intriganten unter den Sikhs war Maha Singh, der Führer der Sukerchakias. Sein Urgroßvater Budh Singh soll noch von Guru Gobind Singh persönlich bekehrt worden sein. Dank der Beute aus Jammu verfügte er über ein beträchtliches Familienvermögen. Maha Singh Sukerchakia war auf dem besten Weg, einer der mächtigsten Sikh-Führer zu werden, als er 1792 bei der Belagerung Sahib Singh Bhangis in Sodhra während eines Angriffs auf seinem Elefanten in Ohnmacht fiel. Die Belagerung mußte aufgehoben werden, Maha Singh Sukerchakia starb zwei Tage später in Gujranwala. Sein Erbe übernahm sein junger Sohn Ranjit Singh.

Im November 1795 fielen die Afghanen unter Shah Zaman in Nordwestindien ein. Zwei Jahre zuvor war Shah Zaman schon bis Multan vorgestoßen, hatte sich dann aber wieder nach Kabul zurückgezogen. Die Uneinigkeit der Sikhs war inzwischen zur Genüge bekannt, und darauf setzte der Afghanenherrscher seine Hoffnung, als er nach Delhi vordrang. Ranjit Singh Sukerchakia ließ Fort Rohtas an der Jehlum räumen. Die Bevölkerung flüchtete bereits in Panik nach Amritsar, da machten die Afghanen unvermittelt kehrt: Shah Zaman hatte von einer Empörung in Herat erfahren. Seine Indienpläne wurden dadurch aber nur aufgeschoben. Am 6. Dezember 1796 überquerten seine Truppen erneut den Indus.

Die Bewohner des Pandschabs suchten in den Bergen Zuflucht. Ende Dezember 1796 besetzten die Afghanen Lahore, im Januar rückten sie in Richtung Amritsar ab. Die Mehrheit der Sikh-Führer plädierte für einen Rückzug in die Berge. Später sollten die beutebeladenen Afghanen auf ihrem Rückweg überfallen werden. Ranjit Singh, der als Junge infolge einer Pockenerkrankung auf dem linken Auge erblindet war, setzte sich jedoch für ein Ausharren in den Ebenen und sofortigen Kampf ein. Seine Kühnheit gab den Ausschlag. Viele Sikh-Führer willigten ein, ihn zu unterstützen. Ranjit Singh übernahm die Führung der Truppen und verjagte die Afghanen aus der Umgebung Lahores.
Wie in alten Zeiten gingen die Sikhs nun dazu über, die Afghanen andauernd zu beunruhigen. Sie schnitten sie vom Nachschub ab und fingen ihre Kuriere ab.
Als im afghanischen Herat abermals eine Rebellion ausbrach, eilte Shah Zaman in sein Reich zurück. Im Pandschab blieb als Statthalter Ahmad Khan. Dieser wollte größeren Aktionen der Sikhs zuvorkommen und durchquerte mit seinen Truppen die Jehlum. Bei Gujrat stießen die Afghanen auf die Sikhs. In dem Gefecht fielen über dreitausend afghanische Krieger. Unter den Toten war auch ihr Anführer Ahmad Khan. Sein Kopf wurde abgeschnitten und Ranjit Singh überbracht.
Im Oktober 1797 griff Shah Zaman wieder in das Geschehen ein. Ranjit Singh sandte dringende Hilferufe an mehrere Sikh-Führer in Amritsar, aber es kam keine Unterstützung. Schließlich blieb ihm nichts anderes übrig, als sich persönlich nach Amritsar zu begeben. Als Shah Zaman von der Versammlung der Sikhs in Amritsar Kenntnis bekam, schickte er gegen sie zehntausend Mann aus. Den zahlen-

mäßig unterlegenen Sikhs gelang es jedoch in einem dreistündigen Gefecht, die Afghanen zum Rückzug zu zwingen. In Amritsar trafen nun immer mehr Sikhs ein, so daß sie ihrerseits zur Offensive übergehen konnten. Kasur wurde von ihnen eingeschlossen, aber die Belagerung mußte abgebrochen werden, als afghanische Entsatztruppen anrückten. Shah Zamans Streitkräfte wurden nunmehr ständig aus dem Hinterhalt angegriffen und zermürbt.
Der Afghanenherrscher versuchte daraufhin, mit politischen Mitteln zu einer Lösung zu kommen. Er ließ den Sikh-Führern in Amritsar wertvolle Geschenke zukommen, und sein Unterhändler schlug ihnen vor, Shah Zaman als Oberherrscher über das Pandschab anzuerkennen. Interne Angelegenheiten würden den Sikhs überlassen werden. Einige Sikh-Führer waren dem Angebot nicht abgeneigt, aber man einigte sich schließlich darauf, nicht einzeln zu verhandeln. Die Gespräche dauerten noch an, als unheilvolle Nachrichten Shah Zaman erreichten: Sein Bruder Mahmud hatte sich erneut empört. Shah Zaman machte sich mit seinem Heer sogleich auf den Weg nach Kabul. Unaufhörliche Regenfälle erschwerten den Rückmarsch seiner Truppen. Beim Überschreiten der Jhelum verloren die Afghanen den Großteil ihrer Bagage und zwölf Geschütze. Wilde Bergstämme griffen ihre Nachhut an. Am 30. Januar 1799 traf Shah Zaman in Peshawar ein, zwei Monate später erreichte er Kabul. Sikhs unter der Führung von Chait Singh und Milkha Singh besetzten unterdessen Lahore.

Der »Löwe des Pandschabs«

In Lahore übernahmen drei Sikhs aus der Führungsgruppe der Bhangis die Macht. Dort walteten sie nach Gutdünken. Aufgrund des launenhaften Verhaltens der Bhangi-Sikhs faßten mehrere vornehme Bürger Lahores eine Bittschrift ab und sandten sie an Ranjit Singh. In ihrem Gesuch forderten sie den jungen Anführer der Sukerchakias auf, Lahore zu besetzen. Nachdem Ranjit Singh sich von der Echtheit der Bittschrift überzeugt hatte, traf er seine Vorbereitungen. Er zog alle seine verfügbaren Gefolgsleute zusammen und schloß mit den Scharen seiner Schwiegermutter Sada Kaur Lahore ein. Mit der Hilfe einiger Bürger drangen Ranjit Singhs Männer am 6. Juli 1799 durch das Lahori-Tor ein und überwältigten nach kurzem Kampf die wenigen Bhangi-Sikhs, die Widerstand leisteten. Strikte Befehle untersagten jegliches Plündern, und bereits nach einigen Tagen konnten die Einwohner Lahores wieder ihren normalen Beschäftigungen nachgehen.
Beunruhigt durch den Erfolg des Sukerchakia-Führers verbündete sich der Nawab des pathanischen Kasur mit Gulab Singh Bhangi, Sahib Singh Bhangi und Jassa Singh Ramgarhia. Zwei Monate lang trieben sich ihre Scharen bei Lahore herum. Ihr Bündnis zerfiel jedoch, als Gulab Singh an

den Folgen seiner alkoholischen Ausschweifungen starb. Eine Zeitlang hatte auch die Gefahr eines Eingreifens Shah Zamans bestanden, aber ein Einfall der Perser im Afghanenreich enthob Ranjit Singh dieser Sorge.

Ranjit Singh richtete nun sein Augenmerk auf das reiche Jammu. Der Radscha der Stadt unterwarf sich ohne Kampf. Danach zwang der Führer der Sukerchakias Sialkot und Dilawargarh seinen Willen auf und kehrte nach Lahore zurück.

Im Frühjahr 1801 nahm Ranjit Singh formal den Titel eines Maharadschas an. Zunächst hatte er gezögert, diesen Schritt zu vollziehen, da er befürchtete, daß dies den anderen Sikh-Führern Anlaß für Komplotte gegen ihn geben würde. Aber schließlich war er zu der Überzeugung gekommen, daß die Vorteile eines formalen Titels doch überwiegen würden. Die Bevölkerung des Pandschabs hatte seit langem keinen heimischen Herrscher gehabt und würde den Schritt zweifellos begrüßen.

Am 12. April 1801 bestrich Sahib Singh Bedi die Stirn Ranjit Singhs mit Safran und rief ihn zum Maharadscha des Pandschabs aus. Noch im gleichen Jahr wurde in Lahore eine Münzstätte eingerichtet. Die dort geprägten Kupfer- und Silbermünzen hießen *Nanak sahi*-Münzen. Eine Seite zeigte ein Bildnis Guru Nanaks und seines Begleiters Mardana, die andere trug in Persisch und Gurmukhi die Inschrift »Möge uns Guru Nanak beschützen«. Die Münzen des ersten Prägungstages wurden an die Armen und Bedürftigen verteilt.

Ranjit Singh glaubte, daß die Vorsehung die Sikhs zur Herrschaft ausersehen habe (*Raj Kare ga Khalsa*) und daß er von den Gurus zum Werkzeug ihres unergründlichen

Planes auserwählt worden sei. Als Anrede zog Ranjit Singh das schlichte und einfache *Singh Sahib* vor. Sein Hauptberater in militärischen Angelegenheiten wurde Fateh Singh, der Führer der Ahluwalias. Andere Sikh-Führer fand er klugerweise mit Grundbesitz ab.

Als der Maharadscha erfuhr, daß Dal Singh, der ein Gefährte seines Vaters gewesen war, ein Bündnis mit Sahib Singh Bhangi geschlossen hatte, lud er diesen nach Lahore ein, um mit ihm Unternehmungen zu planen und auszuführen. Dal Singh gab die Sache seines Verbündeten auf und begab sich nach Lahore. Ranjit Singh empfing ihn ehrenvoll und brachte ihn komfortabel unter. Nachts jedoch ließ er Dal Singh festnehmen. Wenig später machte sich der Maharadscha an der Spitze seiner Truppen auf den Weg nach Akalgarh, um das Territorium Dal Singhs einzuziehen. Ranjit Singh hatte aber nicht mit der Entschlossenheit von Dal Singhs Frau Tehju gerechnet, die sich ihm mit ihren Gefolgsleuten widersetzte. Einige Scharmützel gingen unentschieden aus, und die Rani nahm mit Sahib Singh Bhangi Verbindung auf. Daraufhin zogen Ranjit Singhs Einheiten nach Gujrat, wo Sahib Singh den Herrscher Lahores mit seiner Streitmacht erwartete. Die Kämpfe dauerten drei Tage. Am vierten Tag gaben die Krieger Sahib Singhs das Terrain preis und verschanzten sich in ihrem Fort. Beide Seiten schlossen schließlich einen Kompromiß: Ranjit Singh hob die Belagerung auf und verpflichtete sich, Dal Singh freizulassen; Sahib Singh Bhangi erklärte sich einverstanden, eine Kriegsentschädigung zu zahlen.

Zurück in Lahore ließ der Maharadscha seinen Gefangenen unverzüglich frei. Als jedoch kurz darauf Dal Singh in Akalgarh starb, reagierte Ranjit Singh blitzschnell. Unter dem Vorwand, der Rani sein Beileid zu bezeigen, besetzte er Akalgarh und ließ Dal Singhs Witwe in Gewahrsam nehmen. In der allgemeinen Verwirrung leisteten ihre Gefolgsleute keinen Widerstand, und Ranjit Singh beschlagnahmte die Schätze und die militärische Ausrüstung. Zu ihrem Unterhalt erhielt die Rani zwei Dörfer zugeteilt.

1802 fiel Fort Chiniot an Lahore, Multan unterwarf sich im gleichen Jahr. Aber noch gehörte Amritsar, das sich inzwischen zu einem Handelszentrum entwickelt hatte und unter der Herrschaft verschiedener Familien stand, nicht zu Ranjit Singhs Machtbereich. Im Dezember 1802 führte er aber seine Truppen nach Amritsar und brachte mit Hilfe der Ahluwalia-Sihks die Stadt in seine Gewalt.

Im Frühjahr 1804 ernannte Maharadscha Ranjit Singh bewährte Sikhs zu Befehlshabern der verschiedenen Waffengattungen seines Heeres. Die Hindufürsten der Bergstaaten erklärten sich überdies bereit, ihm in Krisenzeiten Kontingente zu stellen. Zum Verdruß vieler Sikh-Führer wurde 1806 Mohkam Chand, der Sohn eines Khatri-Händlers, oberster Befehlshaber der Truppen Ranjit Singhs. Dieser hatte zuvor im Dienst Sahib Singh Bhangis gestanden, und er hat das in ihn gesetzte Vertrauen voll erfüllt.

Ende Juli 1806 überschritt Maharadscha Ranjit Singh mit zwanzigtausend Reitern den Sutlej und zog in Patiala ein. Dort sprach er den Patiala-Sikhs das Dorf Doladhi zu, das die Nabha-Sikhs ebenfalls beanspruchten. Auf dem Rückweg griffen die Truppen des Maharadscha Ludhiana an, das die beiden Witwen eines muslimischen Radschas beherrschten. Der Radscha von Jind übernahm nun die Verwaltung der Stadt. Danach wurden Jandiala, Ranikot, Jagraon, Baddowal, Talwandi, Dakha und Basia besetzt und an die Herrscher von Jind und Nabha sowie an Fateh Singh, Bhanga Singh und andere Sikh-Führer verteilt. Eindrucksvoll hatte Maharadscha Ranjit Singh südlich des Sutlej seine Macht demonstriert.

Auf dem Rückweg nach Lahore erschien ein Gesandter des Radscha Sansar Chand und bat um Unterstützung gegen die Gurkhas*, die das bergige Gebiet zwischen der Jumna und dem Sutlej besetzt hatten und das Fort von Kangra belagerten. Ranjit Singh befürchtete eine Bedrohung des Pandschabs, falls Kangra an die Gurkhas fiel, und entsandte seine Truppen zum Entsatz des Forts. Angebote des Gurkha-Führers Amar Singh Thapa wies er verächtlich zurück. Geschwächt durch Hitze und Cholera ließen sich die Gurkhas auf kein Gefecht ein und zogen sich nach Mandi zurück.

Für neue Unruhe sorgte Qutad-ud-Din, der Nawab Kasurs, als er eine starke Streitmacht sammelte, um Lahore anzugreifen. Maharadscha Ranjit Singh kam ihm jedoch zuvor. Die Sikhs schlossen Kasur ein, und ihre Artillerie zerschoß die Befestigungen der Stadt. Kasur fiel nach mehrstündigem Kampf. Qutad-ud-Din versuchte zu entkommen, wurde jedoch ergriffen und in Ketten gelegt. Doch zur allgemeinen Überraschung ließ Maharadscha Ranjit Singh den Nawab frei und gewährte ihm sogar eine Jagir am Sutlej. Als Gegenleistung mußte Qutad-ud-Din Lahore hundert Reiter stellen.

---

* Hinduistisches Volk, das 1768/69 Nepal erobert hatte. Die Stämme der Thakur und Tschetri bildeten die herrschende Schicht. Nach dem Gurkha-Krieg von 1814/16 wurde Nepal Schutzstaat Großbritanniens, das fortan Gurkha-Krieger (zunächst Magars und Gurungs) für seine indischen Truppen anwarb.

Im September 1808 erhielt der Maharadscha unerwarteten Besuch in der Person Sir Charles Matcalfes, des politischen Agenten der Ostindischen Kompanie. Das letzte Mal hatte sich der Brite acht Jahre zuvor um Kontakte zu Ranjit Singh bemüht. Der Maharadscha wurde reich beschenkt, denn Sir Matcalfes Besuch hatte den Zweck, die Beziehungen zu den Sikhs zu verbessern. Großbritannien war in der Zwischenzeit zur dominierenden Macht in Indien aufgestiegen. Fast alle Küstengebiete zwischen Kalkutta im Osten und Bombay im Westen sowie große Territorien im Innern Südindiens standen unter britischer Herrschaft. Der Marathenbund war durch innere Wirren zugrunde gegangen, 1803 hatten die Briten auch Agra und Delhi besetzt. Die zunehmende Machtfülle Maharadscha Ranjit Singhs beobachteten die Briten daher mit Mißtrauen.
Eine günstige Gelegenheit, dem Machtstreben Ranjit Singhs Einhalt zu gebieten, ergab sich wenig später, als die Führer der Cis-Sutlej Sikhs dem britischen Residenten in Delhi eine diplomatische Note überreichten, in der sie aus Furcht vor ihren Glaubensbrüdern um britischen Schutz baten. Ein alter Malwa-Sikh brachte die Auffassung der Führer der Cis-Sutlej Sikhs drastisch zum Ausdruck:
»Wir haben kein sehr langes Leben, da die Briten und Ranjit Singh vorhaben, uns zu schlucken. Während der britische Schutz wie Auszehrung sein wird, die lange zum Töten braucht, wird Ranjit Singhs Kommen wie ein Lähmungsanfall sein, der uns in wenigen Stunden töten wird.«
Zunächst sicherten ihnen die Briten nur in einem Gespräch ihren Schutz zu. Jedoch im Januar 1809 schickten sie tatsächlich Militär unter General Sir David Ochterlony an den Sutlej. Sir Ochterlony erklärte öffentlich, daß die Cis-Sutlej

Gebiete unter britischem Schutz standen und jedem Übergriff Maharadscha Ranjit Singhs mit Waffengewalt begegnet werden würde. Den Maharadscha beeindruckte wohl das entschlossene Verhalten der Briten, denn er willigte ein, mit ihnen einen Vertrag über die Abgrenzung der Herrschaftsbereiche zu schließen. In diesem Vertrag, der von beiden Seiten am 25. April 1809 unterzeichnet wurde, versicherte man sich immerwährende Freundschaft und anerkannte den Sutlej als Grenze. Allerdings verblieben dem Sikh-Maharadscha noch einige Ländereien südlich des Sutlej. Dort jedoch durfte er nicht mehr Truppen stationieren, als für die Aufrechterhaltung der Ordnung notwendig waren. Maharadscha Ranjit Singhs Expansionsdrang nach Süden hatte somit unvermittelt ein Ende gefunden. Es war wohl übermäßiger Respekt vor den durchaus nicht unbegrenzten Machtmitteln der Briten, die den Maharadscha zur Zurückhaltung bewogen.

Infolgedessen wandte sich Maharadscha Ranjit Singh dem Norden und Nordwesten zu. Auf Ersuchen des Radschas von Kangra besetzten seine Truppen am 24. August 1809 das Fort von Kangra und schlugen Amar Singh Thapas Gurkhas, die einen ungeordneten Rückzug antraten. Befehlshaber des Forts von Kangra wurde Desa Singh Majithia.

Als sich kurze Zeit später im mittleren Pandschab Widerstand gegen die Vorherrschaft Lahores regte, griff Ranjit Singh hart durch. Gujrat und alle Forts der Bhangis wurden im Namen des Hofes von Lahore eingezogen. Während Maharadscha Ranjit Singh die Stämme der Baluchen in den Wüstengebieten von Shahpur und Bhera unterwarf, übernahm sein Heerführer Mohkam Chand die Besitzungen

Budh Singhs, des Führers der Singhpuria-Sikhs. Dann kam die Reihe an die Nakkai-Sikhs, mit deren Führungsgruppe Ranjit Singh durch seine zweite Frau verwandt war. Kahan Singh Nakkai erhielt eine Jagir, sein ehemaliger Machtbereich einschließlich Dipalpurs und Kamalias wurde dem Reich Ranjit Singhs einverleibt.
Den nächsten größeren Kampf fochten die Truppen Ranjit Singhs im Februar 1810 gegen die Stadt Multan im Südwesten aus. Die festgesetzten Tributzahlungen waren ausgeblieben, und daher besetzten die Sikhs am 25. Februar 1810 die Stadt. Ohne Verzug gingen sie nunmehr daran, das Fort zu belagern, in dem sich Muzaffar Khan, der Nawab Multans, verschanzt hatte. Doch die Mauern des Forts trotzten dem Artilleriefeuer der Angreifer. Das heiße Klima setzte beiden Seiten arg zu, man nahm Verhandlungen auf und Muzaffar Khan erklärte sich schließlich bereit, Tribut zu zahlen. Die Sikhs hoben die Belagerung im April 1810 auf.
Machtkämpfe im Reich der Afghanen boten Maharadscha Ranjit Singh eine günstige Gelegenheit, den Herrschaftsbereich der Sikhs abermals auszudehnen. Kabuls mächtiger *wazir* (leitender Minister) Fateh Khan erbat die Waffenhilfe der Sikhs, um die afghanischen Statthalter Attocks und Kaschmirs zu Fall zu bringen, die nahezu unabhängig regierten. Fateh Khans Bevollmächtigter bot als Gegenleistung die Hälfte der Beute und jährliche Zahlungen. Maharadscha Ranjit Singh erklärte sich einverstanden und schickte seinen Feldherrn Mohkam Chand mit pandschabischen Truppen in den Norden. Mohkam Chand hatte besondere Anweisungen, denn die Situation war äußerst delikat: In Kaschmir wurde nämlich der entthronte Shah Shuja im Fort von Shergarh gefangengehalten. Seine Fa-

milie, der Ranjit Singh in Rawalpindi Asyl gewährt hatte, befürchtete nun, daß Fateh Khan es nicht zuletzt auf den Gefangenen abgesehen hatte. Um ihr Familienoberhaupt zu retten, hatten die Angehörigen Shah Shujas dem Maharadscha als Belohnung für dessen Befreiung den Koh-i-Nur versprochen, jenen berühmten Diamanten, der als drittes Auge des Schicksalsgottes Schiwa beschrieben wurde. Tatsächlich glückte es Mohkam Chand, mit seinen Truppen vor den Afghanen das Fort von Shergarh zu erreichen und nach kurzem Widerstand zur Übergabe zu zwingen. Während die afghanischen Verbündeten eifrig plünderten, durchsuchten Mohkam Chands Männer die Verliese des Forts und brachten Shah Shuja in ihr Lager. Der wütende Fateh Khan verweigerte daraufhin die versprochene Beuteteilung und eine Umstellung der Fronten kündigte sich an. Ranjit Singh aber erhielt nach einigem Widerstreben der Familie Shah Shujas am 1. Juni 1813 in Lahore den kostbaren Koh-i-Nur.

In Attock gelang es dem Maharadscha ebenfalls, die Pläne Fateh Khans zu durchkreuzen. Attocks Statthalter, Jahan Dad Khan, nahm das Angebot einer Jagir in Wazirabad an und überließ Fort Attock Azizuddin, dem Gesandten Ranjit Singhs. Unverzüglich besetzten die Sikhs das strategisch wichtige Fort. Ein Bruder Fateh Khans eilte zwar mit viertausend Reitern herbei, konnte aber die Attock nicht überqueren, da die Sikhs alle Boote in ihren Besitz gebracht hatten. Bei Hassan Abdal versprengten die Afghanen jedoch eine Abteilung Sikhs. Aufgrund dieser Schlappe wurde der bewährte Mohkam Chand sogleich in das Kampfgebiet entsandt. Am 26. Juni 1813 (als Datum wird in anderen Quellen auch der 13. Juli 1813 angegeben) kam es zur

Schlacht. Die Afghanen wurden geschlagen und ergriffen die Flucht.

Attock erhielt nun eine starke Garnison, und einige Wochen später wagten sich Sikh-Truppen unter Ram Dyal, dem zwanzigjährigen Enkel Mokham Chands, nach Kaschmir. Doch Fateh Khans Bruder Azim Khan hielt mit seinen Afghanen den Vormarsch bei Shupaiyan auf. Alle entbehrlichen Einheiten wurden zur Unterstützung Ram Dyals aufgeboten. Maharadscha Ranjit Singh selbst drang über Poonch nach Kaschmir vor. Dem »Löwen des Pandschabs« erging es aber nicht besser. Denn die Afghanen blockierten die Paßhöhe, so daß er mit seiner Streitmacht wieder umkehren mußte. Auch Ram Dyal und die Verstärkungen unter Bhai Ram Singh traten schließlich den Rückzug an. Als dann im November auch noch Mohkam Chand starb, der den nächsten Feldzug leiten sollte, rückte eine Besetzung Kaschmirs in weite Ferne.

Aber auch so fand Maharadscha Ranjit Singh keine Ruhe. Der Nawab von Multan machte erneut Schwierigkeiten. 1816 und 1817 schickte Ranjit Singh Truppen aus, um ihn zur Botmäßigkeit zu zwingen, und jedesmal leistete Muzaffar Khan feierliche Versprechen, an die er sich jedoch niemals hielt.

Im Februar 1818 brach daher Kharak Singh, der älteste Sohn des Maharadschas, mit einem starken Heer auf, um Multan zu annektieren. Hartnäckig verteidigten sich die Krieger Muzaffar Khans, doch sie waren auf die Dauer der Übermacht der Sikhs nicht gewachsen. Im Juni führte der Nihang Sadhu Singh seine Leute in einem verwegenen Angriff durch eine Bresche und fiel über die Verteidiger her. Muzaffar Khan, fünf seiner Söhne und ein Neffe fielen im Kampf, der älteste und jüngste Sohn gerieten in Gefangenschaft. Multan gehörte jetzt direkt zum Machtbereich Maharadscha Ranjit Singhs.

Mitte Oktober 1818 führte der Maharadscha seine Truppen in den Nordwesten. Das Ziel hieß Peshawar. Die Gelegenheit für eine Gebietserweiterung war äußerst günstig, denn zwei Monate zuvor hatte Prinz Kamran, der Sohn Shah Mahmuds, den Wazir Fateh Khan aus Eifersucht ermorden lassen und dadurch Afghanistan in einen Bürgerkrieg gestürzt. Der Marsch der pandschabischen Truppen führte durch Rohts, Rawalpindi und Hassan Abdal. In Hazara, das Lahore tributpflichtig war, überfielen Stammesangehörige der Khattak einen Spähtrupp der Sikhs, der die Attock überquert hatte, aus dem Hinterhalt und vernichteten ihn. Die Nachricht von dem Überfall löste bei Ranjit Singh einen seiner seltenen Wutanfälle aus. Er zog seinen Säbel, schleuderte eine Schale voller Goldmünzen in die Attock und trieb seinen Elefanten in die Fluten. Stürmisch folgten seine Truppen nach. Dem Ansturm der Sikhs waren die Khattaks nicht gewachsen. Als sich ihr Anführer Firoz Khan unterwarf, erwies sich Ranjit Singh jedoch als großzügiger Sieger und verzieh ihm.

Der Erfolg der Sikhs entmutigte Yar Mohammed, den afghanischen Statthalter Peshawars, und er flüchtete aus der Stadt. Maharadscha Ranjit Singh untersagte eine Plünderung Peshawars und ernannte Jahan Dad Khan, der fünf Jahre zuvor Fort Attock den Sikhs überlassen hatte, zum neuen Statthalter.

Am 20. April 1819 stießen die Sikhs erneut nach Kaschmir vor. Dreißigtausend Mann wurden für dieses Unternehmen aufgeboten. Die Situation war günstig, denn Azim

Khan hatte sich nach Afghanistan begeben, um den Tod seines Bruders zu rächen, und nur eine kleine Streitmacht unter Jabbar Khan zurückgelassen. Rasch fielen Rajouri, Bhimbar und Poonch. Die Afghanen wehrten sich verbissen, aber die Sikhs drängten ungestüm vorwärts. Am 4. Juli 1819 zogen sie in Srinagar ein – Kaschmir war an die Sikhs gefallen. Maharadscha Ranjit Singh machte sich bald danach auf den Weg nach Amritsar und brachte 125 000 Rupien dar, um die Kupferplatten des Heiligtums mit Blattgold* überziehen zu lassen.

Erster Statthalter des eroberten Kaschmirs wurde Moti Ram, ein gutmütiger Verwalter. Seine Milde führte allerdings binnen eines Jahres zu Gewalttätigkeiten und Aufruhr, sowie zu Rückständen bei der Steuereintreibung.

Am 24. August 1820 löste ihn daher Hari Singh Nalwa ab. Bald normalisierte sich die Lage. Hari Singh Nalwa bemühte sich besonders um die wirtschaftliche Hebung Kaschmirs. Eine Senkung der Abgaben ging auf ihn zurück, Maße und Gewichte wurden vereinheitlicht. Als einziger Sikh-Führer in Kaschmir durfte er Münzen mit seinem Namen prägen lassen. Die eine Seite war mit seinem Namen auf Persisch versehen, die andere Seite trug die Inschrift »Möge Gott, der Unsterbliche, uns beschützen«.

Aber schon im Dezember 1821 führte auch Hari Singh Nalwa wieder Krieg – nicht in Kaschmir, sondern an der Attock. Ermutigt durch den erfolgreichen Kaschmirfeldzug der jüngsten Vergangenheit, griffen die Sikhs Monghyr jenseits der Attock an, ein Afghanistan tributpflichtiges Ge-

---

* Gewöhnlich nennen die Sikhs ihr bedeutendstes Heiligtum *Darbar Sahib*. Die Bezeichnung Goldener Tempel ist weitgehend auf englischsprachige Quellen beschränkt.

biet. Monghyr wurde innerhalb von vier Tagen erobert. Die Kriegsbeute war nicht unbeträchtlich: 22 schwere und siebzig leichte Geschütze sowie eine Anzahl Gewehre und Säbel.

In diesen Jahren permanenter Feldzüge zur Sicherung der Herrschaft des Maharadschas und zur Erweiterung seines Machtbereichs vollzog sich auch ein grundlegender Strukturwandel innerhalb der Streitkräfte: der allmähliche Übergang von den Reiterscharen zur regulären Armee nach europäischem Vorbild. Drei nach europäischer Art ausgebildete Bataillone gab es bereits seit 1807.

Im März 1822 tauchten dann zum ersten Mal auch einige europäische Offiziere im Pandschab auf, die in den Napoleonischen Kriegen gekämpft hatten und nun eine neue Beschäftigung suchten. Unter ihnen befanden sich auch zwei französische Oberste namens Ventura und Allard, die sich in Persien vergeblich bemüht hatten, eine Anstellung zu finden. Die beiden wurden freundschaftlich aufgenommen und nach einiger Zeit zu Generalen der Sikh-Truppen ernannt. Ventura kam zur Infanterie, Allard zur Kavallerie. Gemäß den vertraglichen Vereinbarungen erhielt jeder das beträchtliche Gehalt von 2 500 Rupien im Monat. Dafür hatten sie folgende Verpflichtungen:

(1) Sie werden sich im Kriegsfall zwischen dem *Khalsa Darbar* [der Hof zu Lahore] und einer europäischen Macht ihren Brotgebern als dienlich erweisen.

(2) Sie werden mit keiner europäischen Macht in einen Briefwechsel treten.

(3) Sie werden sich Vollbärte zulegen, kein Rindfleisch essen und keinen Tabak rauchen.

Insgesamt traten zwölf Franzosen, sieben Angloinder, vier

Italiener, vier Deutsche, drei Amerikaner, zwei Spanier, ein Russe, ein Schotte und drei Engländer in die Dienste Maharadscha Ranjit Singhs. Der Maharadscha bestand darauf, daß sich die europäischen Offiziere verheirateten und als Haushaltsvorstände im Pandschab niederließen. Der Italiener Paolo de Avitabile erhielt die Berufung zum Statthalter von Wazirabad. Später übte er dieses Amt in Peshawar aus. Dort zwang er mit eiserner Faust die Stammesangehörigen zu Ruhe und Gesetzestreue, indem er während der ersten Tage seiner Amtsführung jeden Morgen fünfzig Räuber öffentlich hängen ließ.

Anfänglich sträubten sich die einheimischen Soldaten, unter den Ausländern zu dienen, da diese hoch bezahlt und mit Jagirs begünstigt wurden, aber schließlich fügten sie sich doch ihrem Schicksal.

General Ventura erkannte schnell, daß die langen Bärte der ihm zur Ausbildung anvertrauten Sikhs im Gefecht sehr unpraktisch und sogar gefährlich waren. Sie konnten beim Kampf sehr leicht Feuer fangen oder sich im Schloß der Musketen verfangen. Er befahl daher den Sikh-Soldaten, ihr Barthaar, das sie ja nicht scheren lassen durften, über eine Seidenschnur aufgerollt zu tragen.

Zu Beginn des Jahres 1823 stürzte sich der zuverlässige Hari Singh Nalwa mit seinen Truppen erneut ins Kampfgetümmel. Jenseits der Attock fürchteten die Afghanen eine weitere Expansion des Sikh-Reiches und hatten deshalb Streitkräfte zusammengezogen. Hari Singh Nalwa und Prinz Sher Singh konnten ihre Einheiten über die Attock bringen, aber dann gelang es den Afghanen, die aus Booten zusammengesetzte Brücke zu zerstören und die übergesetzten Sikhs in Bedrängnis zu bringen. Die nachfolgenden

Sikh-Verstärkungen trieben jedoch ihre Pferde in die reißende Attock und durchschwammen den Fluß. Hals über Kopf flüchteten daraufhin die Afghanen und konzentrierten bei Nowshera alle verfügbaren Truppen. Die Sikhs warteten ab, bis ihre schwere Artillerie nachgekommen war, und lieferten dann den afghanischen Truppen die Schlacht. Völlig aufgelöst gaben die Afghanen das Schlachtfeld preis.

Trotz dieses Sieges blieb aber die Grenze zum Afghanenreich unsicher. 1827 kreisten afghanische Scharen das mit einer Sikh-Garnison belegte Fort von Khariabad ein und belagerten es. Die Besatzung konnte sich des Ansturms nur mit Mühe erwehren. Glücklicherweise befand sich Hari Singh Nalwa mit achttausend Mann in der Nähe und eilte in einem Tagesmarsch zum Entsatz heran. Obwohl an Zahl überlegen, konnten die Afghanen den gut ausgebildeten Truppen Hari Singh Nalwas nicht standhalten. Sikh-Reiter setzten den Flüchtenden nach und brachten ihnen schwere Verluste bei.

Im Sommer 1827 suchten zwei Gesandte Maharadscha Ranjit Singhs Lord Amherst, den britischen Generalgouverneur, in Simla auf. Im Namen ihres Herrschers überbrachten sie ihm wertvolle Geschenke. Den Gegenbesuch stattet Captain Wade als Vertreter Lord Amhersts ab. Die Briten waren aber nicht die Einzigen, die mit dem »Löwen des Pandschabs« diplomatische Verbindungen unterhielten. So hatte im Vorjahr auch der Nizam (Titel des Fürsten von Haiderabad bis 1948) von Haiderabad einen Gesandten nach Lahore geschickt. Aus Herat und Baluchistan erschienen ebenfalls Abgesandte.

Am 26. Oktober 1831 trafen sich Maharadscha Ranjit Singh

und der britische Generalgouverneur in Ropar. Bei dieser Gelegenheit wohnte Ranjit Singh nicht nur Militärparaden bei, sondern auch der Gefechtsausbildung britischer Einheiten und den Schießübungen der britischen Artillerie. Die Vorführungen der Briten beeindruckten ihn tief. Infolgedessen ließ er seine Streitkräfte reorganisieren und die Brigadegliederung einführen, die die Briten erst wenige Jahre zuvor bei den Truppen ihrer Präsidentschaften (Madras, Bombay und Bengalen) eingeführt hatten. Der Sikh-Maharadscha gestattete der Ostindischen Kompanie die Schiffahrt auf der Chenab und stellte dem britischen Generalgouverneur seinen ältesten Sohn Kharak Singh als Thronfolger vor.

Diese Thronfolge war nicht unumstritten. Viele Höflinge hielten Kharak Singh für unfähig, eine solche Verantwortung zu tragen, jedoch nur Hari Singh Nalwa wagte es, diese Ansicht öffentlich zu vertreten:

»Dieser Staat gehört nicht einem Einzelnen, sondern der Khalsa. Durch die Opfer eines ganzen Volkes, über ein Jahrhundert lang, gesegnet durch die Gunst des Gurus, haben wir ein Reich gewonnen. Seine Führung gehört dem ganzen Sikh-Volk. Laßt sie durch eine allgemeine Zustimmung feststellen. Kharak Singh ist mein Freund, aber nicht fähig, diese große Last zu tragen. Laßt unser Volk nicht im Stich, wenn es unsere sachliche Führung am dringendsten braucht!«

Aufgrund seiner Äußerungen wurde Hari Singh Nalwa in die pathanischen Grenzgebiete geschickt. Am 30. April 1837 fiel er bei Jamrud.

Captain Wade, der politische Agent des britischen Generalgouverneurs, hielt ebenfalls nicht allzuviel von Kharak

Singh. Aber auch dessen Bruder Sher Singh beurteilte er sehr ungünstig:
»Auch wenn Kharak Singh dumm ist und wenig Verstand zeigt, ist es ein Fehler anzunehmen, daß Sher Singh geeigneter ist, die Zügel der Regierung zu halten. Er ist ein Mann mit liederlichen und verkommenen Gewohnheiten und schätzt wegen seiner Liebe zur Trägheit Arbeit gering. Die französischen Offiziere waren für Sher Singh, werden aber von Kharak Singh verachtet.«
Zufrieden über den Ausgang der Unterredungen trennten sich beide Seiten. Maharadscha Ranjit Singhs nächstes territoriales Ziel hieß Peshawar, das wieder in den afghanischen Machtbereich geraten war. Seine Truppen nahmen am 6. Mai 1834 die Stadt ein. Als der damalige Herrscher Afghanistans, Dost Mohammed Khan, von der Okkupation erfuhr, wollte er zunächst militärisch eingreifen, hielt es dann aber doch für ratsam, zunächst einen Gesandten zu schicken, der Verhandlungen über eine Grenzregelung zwischen beiden Reichen anbieten sollte. Maharadscha Ranjit Singh, der unterdessen in Peshawar eingetroffen war, erklärte sich einverstanden und sandte seinerseits zwei Unterhändler nach Kabul. Dost Mohammed Khan ließ die beiden jedoch in Gewahrsam nehmen. Erzürnt befahl der »Löwe des Pandschabs« daraufhin, gegen Jalalabad vorzurücken. Umgehend wurden die beiden Gesandten freigelassen, und Maharadscha Ranjit Singh unterließ es seinerseits, gegen Kabul vorzugehen.
Noch im selben Jahr besetzten Sikh-Truppen unter Zorawar Singh das Hinterland Kaschmirs, Ladakh, und Maharadscha Ranjit Singh beging eine verzeihliche Übertreibung, wenn er Gott dafür dankte, daß er seinem Diener

Macht über ein Reich gegeben habe, das sich bis an die Grenzen Chinas und des afghanischen Reiches erstreckte, einschließlich Multans und der reichen Besitzungen jenseits des Sutlej.

Wirkliche Verwaltungskontrolle übten die Sikhs freilich nur im Stammland um Amritsar und Lahore aus. Die anderen Gebiete unterstanden Vasallen, die an den Maharadscha Tribute zahlten. Die Leistungen Ranjit Singhs waren trotzdem beachtlich, was auch von britischer Seite gewürdigt wurde. So schrieb der britische Leutnant Alexander Burnes, der 1831 dem Maharadscha fünf Pferde als Geschenk überbracht hatte, über den Herrscher Lahores:

»Ohne Bildung und ohne einen Führer handhabt er alle Angelegenheiten seines Reiches mit außerordentlicher Energie und Kraft, und dennoch übt er seine Macht mit einer Mäßigung aus, die für einen östlichen Fürsten beispiellos ist.«

Das politische System ähnelte dem vieler anderer indischer Reiche, aber die moderne Armee der Sikhs war einzigartig. Das Sikh-Heer gliederte sich in zwei große Blöcke. Der eine bestand aus der regulären, nach europäischer Art ausgebildeten Infanterie, dazu den *Ghorchurras* (die Reiter der aufgelösten Einheiten der Misls), den Festungsbesatzungen und den Sicherheitsorganen. Den zweiten Block bildeten die Feudalaufgebote (*jagirdari fanj*), auf die hier nicht näher eingegangen werden soll. Die größten Verbände der europäisch ausgebildeten Truppen waren die Brigaden. Eine Brigade setzte sich aus drei bis vier Bataillonen Infanterie, ein oder zwei Batterien Artillerie und einem regulären Kavallerieregiment zusammen. Es gab dreizehn solcher Brigaden mit einer Stärke von vier- bis fünftausend Mann.

Anfänglich hatte die Aufstellung regulärer Fußtruppen Schwierigkeiten bereitet, denn die Ausbildung zum Infanteristen entsprach keineswegs der traditionellen Kampfweise der Sikhs. Sie haßten das Exerzieren, das sie »Tanz der Straßenmädchen« nannten. Aus diesem Grund stellten zunächst Afghanen, Gurkhas und Hindus aus dem Osten die Mehrheit bei der Infanterie. Im Lauf der Zeit kamen dann aber immer mehr Sikhs zu den Fußtruppen. Nach der Angabe des Hauptmanns Burnes gab es kaum tapferere Asiaten als die Sikhs: »Jeder ist für sich tapfer und greift zu Fuß einen Tiger oder Löwen mit dem Säbel an. Ihre Körperkraft übertrifft weit die der Einheimischen Hindustans.« Die erste Brigade wurde 1822 von den Europäern Ventura und Allard aufgestellt. Ihre Trikolore trug die Aufschrift »Sieg dem Schwert, das die Armen ernährt«. Ihre Uniform lieferte der Staat. Als Uniformierungsvorbild dienten die Truppen der Ostindischen Kompanie. Zu einem Bataillon gehörten außerdem noch über siebzig Nichtkombattanten wie Wasserträger, Köche und Zeltaufschläger.

Ähnlich gegliedert wie die Infanterie waren die Kavallerieregimenter. Ein Regiment umfaßte rund fünfhundert Reiter und gliederte sich in acht Schwadronen, deren jede eine Standarte führte. Ein Stabstrompeter und sechzehn Trompeter gehörten dazu. Köche wurden von den Reitern selbst in Dienst genommen. Besonders farbenprächtig waren Allards Dragoner. Sie trugen rote Röcke, dunkelblaue Hosen mit rotem Seitenstreifen und karmesinfarbene Turbane aus Seide. Das Lederzeug war schwarz. Ihre Offiziere waren von Kopf bis Fuß in hellrote Seide gekleidet und trugen als Bewaffnung nur einen Säbel.

Pferde und Kamele wurden ab 1834 mit Brandzeichen versehen. 1836 brachte General Allard aus Frankreich eine Anzahl Kürasse mit, die die Sikh-Führer voller Stolz trugen.

Eine außerordentliche Schlagkraft besaß die Artillerie. Es gab reitende und Feldbatterien, schwere Belagerungsbatterien und Kamelgeschützbatterien. Die Geschützführer waren *Jemadars* (entspricht dem Rang eines Leutnants). Einem jeden standen ein Feldwebel, ein Unteroffizier und zehn Kanoniere zur Seite. Alle Kommandos wurden auf Französisch erteilt. Wie bei der berittenen Artillerie der britischen Präsidentschaft von Bengalen ritten mehrere Kanoniere auf Handpferden. Offiziere, Unteroffiziere und Trompeter hatten eigene Pferde, der Rest der Kanoniere fuhr auf Protzen und Munitionswagen. Oft zogen allerdings Ochsen und Kamele die Munitionswagen, was die Beweglichkeit stark herabsetzte. Die Belagerungsartillerie bestand aus neun- bis fünfzehnpfündigen Kanonen, Haubitzen und Mörsern. Der Bedarf an Zugvieh war gewaltig. So benötigte eine Neunpfünderbatterie mit sechs Geschützen 118 Ochsen – 48 für Geschütze und Protzen, 48 für Munitionswagen und Protzen, sieben für den Vorratswagen und fünfzehn als Reserve.

Den Ghorchurras waren Kamelgeschützbatterien als schnellbewegliche leichte Artillerie zu deren Feuerunterstützung zugeteilt. Jede Batterie hatte fünfzig bis hundert Geschütze; Einpfünder, die auf einer Privotlafette drehbar auf dem Kamelsattel angebracht waren. Außerdem beförderte jedes Kamel ein bis zwei Kanoniere. Decken, Sattel und Zaumzeug waren in den buntesten Farben gehalten und mit Muscheln verziert. Fünf Geschützgießereien befanden sich im Pandschab.

Die Briten hatten wiederholt Gelegenheit, die Fortschritte der Sikh-Truppen zu beobachten. Auf seinem Weg nach Amritsar besichtigte Lord Auckland an die neuntausend Sikh-Soldaten und bestätigte ihre guten Leistungen: »Was die Ausrüstung, die Beständigkeit und die Präzision der Manöver betrifft, schienen sie in keiner Hinsicht unserer eigenen Armee unterlegen.«
Aber auch in der zivilen Verwaltung hatte Maharadscha Ranjit Singh eine glückliche Hand. Die Einkünfte kamen aus vier Hauptquellen: dem Land der Khalsa, den Jagirs, den tributpflichtigen Gebieten und den Zöllen. In der Landwirtschaft wurden die Einkünfte nach einem System erhoben, das seit der Mogulherrschaft verbreitet war: Danach hatte jedes Dorf einen Steuereinnehmer (*muquaddam*), und für eine Gruppe von Dörfern war ein Vorsteher (*caudhri*) verantwortlich. Außerdem gab es einen Verwalter der fiskalischen Unterlagen (*quanungo*). Die Steuerbeauftragten waren selbst Landbesitzer in ihren jeweiligen Dörfern. Ihre Leistungen wurden durch eine Steuerermäßigung vergütet. Die Abgaben wurden direkt bei den Bauern abgeholt. Die Höhe und Art der Zahlung war verschieden, aber man achtete darauf, daß alle regelmäßigen und unregelmäßigen Forderungen niemals mehr als die Hälfte des Gesamtertrages betrugen, der nach einer Schätzung vor oder nach der Ernte berechnet wurde. Erfolgte die Zahlung in Bargeld, wurde die Summe nach dem Wert der Hälfte des Ertrages berechnet. Man betrachtete den Satz als nicht überhöht, und er ermöglichte ein Gedeihen der Landwirtschaft. Bei schlechten Ernten oder Hungersnot wurden die Abgaben erlassen und für Hilfe gesorgt. Auch sonst bemühten sich die Sikhs um eine Verbesserung der Wirt-

schaft: Brunnen und Bewässerungskanäle wurden gegraben, Zuchtbullen zur Verfügung gestellt, Karawansereien errichtet und das Räuberunwesen bekämpft.
Das Pandschab war in vier Provinzen (*subas*) eingeteilt: Lahore, Multan, Kaschmir und Peshawar. Persisch blieb Hofsprache, Urkunden wurden in der gleichen Sprache abgefaßt.
In Glaubensangelegenheiten zeigte sich Maharadscha Ranjit Singh als toleranter Herrscher, was ein Wiederaufleben des Hinduismus zur Folge hatte. Vermutlich hat er sich niemals als Oberhaupt einer Religionsgemeinschaft gefühlt. Er, der Maharadscha, war ein gepriesener Führer, und Führer waren Männer des Staates, damit bestenfalls Schirmherren der Religion. Persönlich war Ranjit Singh zwar ein eifriger Sikh, aber seine Hingabe zum Sikhismus hielt ihn nicht davon ab, manchem Aberglauben anzuhängen, in Hindutempeln zu beten und sich mit Wahrsagern, Sterndeutern und anderen Scharlatanen zu umgeben. Der Anblick des Neumondes veranlaßte ihn zu einem wahren Begeisterungstaumel, und er pflegte eine Kanone abfeuern zu lassen, um sein Erscheinen zu ehren.
In gleicher Weise achtete er den Islam und ärgerte sich über die Voreingenommenheit der Akalis gegenüber den Muslimen. Sein Hof spiegelte das säkulare Muster seines Reiches wider: der Wazir Dhian Singh gehörte zum Bergvolk der Dogras, der Außenminister, Azizuddin, war ein Muslim und der Finanzminister, Dina Nath, ein Brahmane. Erzwungene Bekehrungen gab es nicht. Die muslimischen Frauen, die Ranjit Singh heiratete – Bibi Mohran, Gulbahar Begam und andere –, blieben ihrem Glauben treu.
War einmal Ranjit Singhs Mißtrauen gegen jemanden

erwacht, so hielt er jede List für erlaubt, um seinen Gegner zu bezwingen. Aber niemals grollte er lange. Der Maharadscha verzieh Menschen, die ihm Schaden zugefügt hatten, und stellte den Ruf besiegter Feinde wieder her. Er haßte es, Strafen aufzuerlegen, und er hat in seinem ganzen Leben keinen Menschen zum Tode verurteilt – nicht einmal einen Fanatiker der Akalis, der versucht hatte, ihn zu ermorden.

Wie viele Sikhs der breiten Masse war auch Ranjit Singh Alkohol und Bhang verfallen. Lediglich die Akalis machten von diesen Rauschmitteln keinen Gebrauch und unterließen – wie alle anderen Sikhs – das Rauchen. Viele Sikhs waren mutige Männer, aber oft erwachte ihre Tapferkeit nur unter dem Einfluß der Droge Bhang. Unter Ranjit Singh erreichte der Sikhismus somit gewiß nicht die Verwirklichung seiner sittlichen Ideale. Viele Sikhs trugen noch immer ihre Kastennamen, und ein Besuch Amritsars war beinahe zu einer religiösen Pflicht geworden, obgleich Guru Gobind Singh Pilgerstätten mißbilligt hatte. Verboten war ebenfalls der Götzendienst – aber wurde dem Adi Granth nicht in diesem Sinne gehuldigt? Das große Versäumnis war jedoch sittliche Gesinnung.

Die größten Freiheiten erlaubte sich der Maharadscha auf sexuellem Gebiet. Freilich war seine Zügellosigkeit nicht typisch für das Betragen der Khalsa im allgemeinen. Die Familien der einfachen Bauern hatten guten Grund, ihre Reinheit zu erhalten. Haushalt und Misl-Bindungen besaßen einen besonderen sozialen und wirtschaftlichen Eigenwert. Eigentumsrechte und deren Vererbung wurden strikt bewahrt und so hochgeschätzt, daß darin wohl der eigentliche Grund für eine eigentümliche Gepflogenheit im

Eherecht der Sikhs zu suchen ist, einer Eigentümlichkeit, die deutlich dem Hindubrauch zuwiderlief und darauf abzielte, den Familienbesitz zu erhalten: Eine Witwe durfte den Bruder ihres toten Gatten heiraten oder konnte auch alleinstehend bleiben und ihren eigenen Besitz verwalten. Als Frau oder Witwe durfte sie sogar einer Misl vorstehen und deren Angelegenheiten verwalten. Zügellosigkeit war also unter der Bauernschaft keineswegs üblich, obgleich es bei den Sikhs weder den Schleier (*pardah*) gab wie bei den höheren Hinduschichten noch – mit einigen Ausnahmen – die Abgeschiedenheit (*harim*) wie bei den Muslimen. Auf den Feldern und in der Tenne arbeiteten viele unverschleierte Frauen – in der Regel von Jat-Herkunft – neben den Männern und behielten doch ihre Keuschheit. Die Führungsschicht der Sikhs verfiel jedoch immer mehr hinduistischen Gewohnheiten.

Maharadscha Ranjit Singh dachte wohl öfters an eine Eroberung des afghanischen Reiches, aber in dieser Hinsicht waren die Briten schneller. Zwar wollte sich Großbritannien nicht in die internen Angelegenheiten Afghanistans einmischen, aber in London wuchs die Sorge, das Afghanenreich könnte in die russische Machtsphäre geraten. Unter dem Eindruck eines scheinbaren russisch-afghanischen Einverständnisses erinnerte sich Lord Auckland des von Dost Mohammed Khan entthronten Shah Shuja, der in Ludhiana als politischer Flüchtling lebte. Lord Auckland beschloß, diesen mit britischer Waffenhilfe als Shah von Afghanistan einzusetzen, aber auch die Sikhs herbeizuziehen. Zögernd hieß Maharadscha Ranjit Singh den Plan gut, gestattete den Briten jedoch nicht, durch das Pandschab zu ziehen. Diese mußten dadurch den Umweg über Sind machen. Damit wurde der Stein ins Rollen gebracht, der den ersten Afghanenkrieg Großbritanniens auslöste und in der Folge zu einer der schwersten Niederlagen der Briten in Asien führte.*

Ranjit Singh erlebte diese Ereignisse aber nicht mehr. Am 27. Juni 1839 schloß der »Löwe des Pandschabs« für immer seine Augen. Die Kriegstrommel Guru Gobind Singhs, als die er sich bezeichnet hatte, schlug nicht mehr.

---

* Die Afghanen erhoben sich 1841 und dezimierten die abziehenden Briten. Die Reste des 44. Fußregiments stellten sich am 13. Januar 1842 bei Gandamak zum letzten Gefecht. Nur ein halbes Dutzend der Soldaten geriet in Gefangenschaft, keiner entkam. 1878 erfolgte eine zweite Invasion der Briten, die glücklicher ausging. Den Briten gelang es, die Kontrolle über die auswärtigen Angelegenheiten und den Khaiberpaß zu erhalten.

Dämmerung des Reiches

Unmittelbar nach dem Tod seines Vaters bestieg Kharak Singh den Thron – ein träger, leichtlebiger Wüstling ohne die rastlose Energie, die seinen berühmten Vater beseelt hatte. Kharak Singh behauptete, daß er der einzig legitime Sohn Ranjit Singhs sei. Bei allen anderen – Sher Singh, Tara Singh, Kashmira Singh, Peshaura Singh, Multana Singh und Dalip Singh – sei die Vaterschaft Ranjit Singhs fragwürdig. Die Krönungsfeier fand am 1. September 1839 statt. Nunmehr setzten auf der kleineren Bühne des Pandschabs die gleichen Vorgänge ein, die nach Aurangzebs Tod zum Untergang des Mogulreichs geführt hatten: Parteienhader am Hofe und Unabhängigkeitsbestrebungen der Vasallen. Es bildeten sich zwei bedeutende Fraktionen. Die einflußreichere war die der Dogras: die drei Brüder Gulab Singh, Dhian Singh und Suchet Singh sowie Dhian Singhs Sohn Hira Singh. Ihnen stand die Sikh-Aristokratie gegenüber. Drei Familien waren hierbei führend: die Sandhawalias, Attariwalas und Majithias. Da das Bergvolk der Dogras dem Hinduismus anhing, während die Sikh-Aristokraten der Khalsa angehörten, bekamen die Meinungsverschiedenheiten zwischen ihnen oft einen religiösen Anstrich. Hinzu kam, daß die Armee mehr und mehr zum Unsicher-

Maha Singh
1760–1792

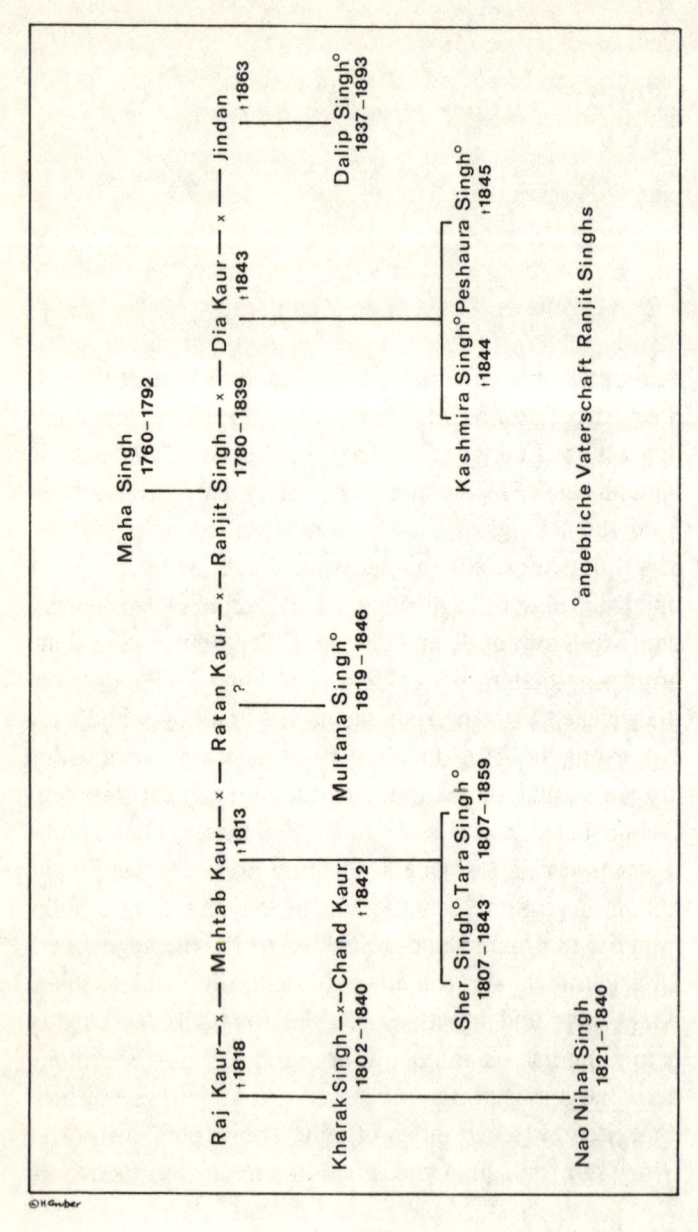

Raj Kaur —×— Mahtab Kaur —×— Ratan Kaur —×— Ranjit Singh —×— Dia Kaur —×— Jindan
†1818   †1813   1780–1839   †1843   †1863

Kharak Singh —×— Chand Kaur
1802–1840   †1842

Multana Singh°
1819–1846

Sher Singh° Tara Singh°
1807–1843   1807–1859

Kashmira Singh° Peshaura Singh°
†1844   †1845

Dalip Singh°
1837–1893

Nao Nihal Singh
1821–1840

°angebliche Vaterschaft Ranjit Singhs

108

heitsfaktor wurde, da die Besoldung der Soldaten in Rückstand geriet. Manche Einheiten erhielten über zwei Jahre lang keinen Sold. Folglich gingen die Soldaten dazu über, Zivilisten auszurauben und ihre Dienste dem Meistbietenden zu verkaufen. Ungehorsam gegenüber Offizieren machte sich breit, und die Soldaten wählten *pances* (Älteste, Stellvertreter), die für sie Verhandlungen führten. Ohne Erlaubnis verließen die Männer ihre Einheiten, um Familienfeiern beizuwohnen oder ihren Angehörigen beim Einbringen der Ernte zu helfen, die Disziplin verfiel. Dies beunruhigte die ausländischen Offiziere, und viele nahmen ihren Abschied. Die Mehrzahl derer, die blieben, deponierten ihr Geld und ihre Juwelen bei indischen Banken. Auch zögerten diese Offiziere nicht, britischen Agenten Informationen zu beschaffen.

In Lahore gab es bald Spannungen mit dem alten Wazir Dhian Singh Dogra, als sich Maharadscha Kharak Singh mit Chet Singh Bajwa, einen Verwandten seiner Lieblingsfrau Ishar Kaur, als Hauptberater für den politischen Bereich holte. Seinem alten Wazir verbot Kharak Singh den Zutritt zu seinen privaten Gemächern – ein Privileg, das Dhian Singh Dogra unter Maharadscha Ranjit Singh erhalten hatte. Chet Singh Bajwa spielte mit dem Gedanken, den Dogra aus dem Weg räumen zu lassen, aber dazu sollte er nicht mehr kommen. Der tief gekränkte Dhian Singh setzte in der Armee und in der Stadt Gerüchte in Umlauf, die besagten, daß Kharak Singh mit den Briten einen geheimen Briefwechsel unterhalte und deren Oberhoheit anerkannt hätte. Geschickt intrigierte der Wazir weiter. Er gewann die Unterstützung Chand Kaurs, der Mutter des Prinzen Nao Nihal Singh, und lud deren Sohn, der als Statthalter Peshawars fungierte, nach Lahore. Nach dessen Ankunft berief Dhian Singh Dogra eine geheime Unterredung ein. Den zehn Geladenen präsentierte er gefälschte Papiere, die den Kontakt des Maharadschas mit den Briten bewiesen. Einstimmig beschloß man, Kharak Singh von der Exekutive zu entfernen und seinen Sohn Nao Nihal Singh einzusetzen. Im Morgengrauen des 9. Oktober 1839 drangen die Verschwörer in das Fort von Lahore ein, wo der Maharadscha und sein Berater Chet Singh Bajwa residierten. Zwei Wachen, die Widerstand leisteten, wurden niedergemacht, Chet Singh Bajwa starb durch den Dolch Dhian Singhs. Die Verschwörer nahmen Kharak Singh in Gewahrsam, und der achtzehneinhalb Jahre alte Nao Nihal Singh übernahm die Herrschaft. Nominell blieb Kharak Singh Maharadscha. Alle wichtigen Papiere trugen seinen Namenszug. Obgleich Nao Nihal Singh mit der Hilfe des Dogra an die Macht gekommen war, mißtraute er ihm. Aus diesem Grund besetzte er sein Kabinett so, daß keine Fraktion der anderen überlegen sein konnte. An den Militärparaden nahm Nao Nihal Singh regelmäßig teil, um seinen guten Kontakt zu den Soldaten zu wahren. Die Briten wurden aufgefordert, den Intriganten Captain Wade aus Lahore abzuberufen, was auch geschah.

Nao Nihal Singh war sich der lästigen Macht der Dogras bewußt. Ein erheblicher Teil ihres Reichtums kam aus dem Abbau der Salzbergwerke, auf die sie ein Monopol hatten. Nao Nihal Singh wollte das Monopol aufheben, um zum einen die hohen Salzpreise zu drücken, und zum anderen die finanziellen Möglichkeiten der Dogras einzuschränken. Bevor er jedoch in dieser Richtung konkrete Schritte unternehmen konnte, stiftete Gulab Singh Dogra seinen Nachbarn, den Radscha von Mandi, zu einer Revolte gegen den Hof von Lahore an. Nao Nihal Singh beauftragte zwei den Dogras feindlich gesinnte Offiziere, Ajit Singh Sandhawalia und Ventura, in Mandi die Ordnung mit Waffengewalt wiederherzustellen. Der Radscha wurde als Gefangener nach Amritsar gebracht.

Am Morgen des 5. November 1840 starb Kharak Singh, der seine Gesundheit durch übermäßigen Genuß von Alkohol und Opium ruiniert hatte, im Alter von nur 38 Jahren an der Ruhr. Möglicherweise ist er aber auch vergiftet worden. Nach der Feuerbestattung, bei der zwei der Ranis und elf Hofdamen in den Flammen gestorben waren, machten sich Nao Nihal Singh, seine Höflinge und die anderen Trauernden auf den Rückweg in das Fort von Lahore. Als Nao Nihal Singh und der ihn begleitende Mian Udham Singh, ein Sohn Gulab Singh Dogras, das Roshni-Tor passierten, geschah das Unglück: Die Tragbalken und Ziegel des Torweges brachen krachend auf die beiden Männer herunter und begruben sie. Mian Udham Singh war sofort tot, aber Nao Nihal Singh atmete noch, als man ihn aus den Trümmern hervorzog. Er wurde sogleich in das Fort gebracht. Dhian Singh Dogra und einige andere kümmerten sich um den verletzten Prinzen. Wenig später wurde Nao Nihal Singhs Tod bekanntgegeben. Hatte er schwere innere Verletzungen erlitten, die nicht bemerkt worden waren? Oder ist er kurz darauf umgebracht worden? Die Umstände seines Todes konnten nie eindeutig geklärt werden. Aller Wahrscheinlichkeit nach war es ein Unglücksfall. Maharadscha Kharak Singh war einige Stunden nach seinem Ableben auf einem Platz verbrannt worden, der sich neben einer öffentlichen Durchgangsstraße befand. Es ist äußerst unwahrscheinlich, daß irgend jemand bei Tageslicht am Roshni-Tor ein Attentat vorbereiten konnte. Von einer späteren Ermordung des Prinzen berichtete aber der Amerikaner Gardner in seinen Lebenserinnerungen. Als man Nao Nihal Singh in das Fort brachte, sickerte laut Oberst Gardner nur aus dem Ohr des Prinzen Blut. Später sei der Boden des Raumes, in dem sich Nao Nihal Singh befand, voller Blut gewesen. Gardner schloß daraus, daß der Prinz von Dhian Singh Dogras Leuten erschlagen worden ist. Für einen Mord sprechen jedenfalls der spätere gewaltsame Tod zweier Vertrauter Dhian Singh Dogras und die Flucht zweier anderer auf britisches Gebiet. Wahrscheinlich sollten mit diesen vier Männern unbequeme Mitwisser beseitigt werden.

Am Nachmittag trug man Nao Nihal Singhs Leichnam auf den Bestattungsplatz, wo die Asche seines Vaters noch glühte. Zwei seiner Gemahlinnen bestiegen den Scheiterhaufen. Die eine schmückte den Turban Sher Singhs, des Onkels des toten Prinzen, mit dem königlichen Würdezeichen. Die andere bestrich Dhian Singh Dogras Stirn mit Safran, um kundzutun, daß er der Wazir sei. Bevor sie in den Flammen starben, nahmen die Frauen den beiden Männern den Treueid gegenüber dem Reich ab. Die Öffentlichkeit erfuhr erst nach drei Tagen von Nao Nihal Singhs Tod.

Nao Nihal Singhs Mutter, Chand Kaur, wurde am 2. Dezember 1840 zur Maharani des Pandschabs ausgerufen. Sie und die Sandhawalias erlangten die vollständige Kontrolle der Regierung. Sher Singh kehrte auf seinen Besitz in Batala zurück, und Dhian Singh Dogra begab sich nach Jammu. Über die Vorgänge in Lahore ließ sich letzterer laufend unterrichten und bestellte schließlich Sher Singh zu einer Unterredung in die Shalimar-Gärten von Lahore. Sher Singh erschien mit dreihundert Reitern, aber Dhian Singh Dogra ließ sich nicht blicken. Überzeugt, daß er von Dhian Singh Dogra verraten wurde und dieser seinen eigenen Sohn Hira Singh an die Macht bringen wollte, versuchte Sher Singh nun durch seinen vertrauten Jawala Singh direkt mit der Armee zu verhandeln. Dieser arrangierte ein Treffen in der Nähe von Lahore zwischen Sher Singh und Vertretern der Truppen. Die Armee akzeptierte Sher Singh als Maharadscha, nachdem den Soldaten eine höhere Besoldung zugesichert worden war, und der Großteil der Truppen schloß sich ihm an.

Die Maharani Chand Kaur war jedoch keinesfalls bereit, ihre Ansprüche aufzugeben. Sie ernannte Gulab Singh Dogra zum Befehlshaber der ihr verbliebenen Streitkräfte und beauftragte ihn, Lahore zu verteidigen. Dem Dogra standen aber lediglich fünftausend Mann, einige Geschütze und eine begrenzte Menge Pulver zur Verfügung. Sher Singh konnte hingegen 26000 Infanteristen, 8000 Reiter und 45 Kanonen einsetzen.

Am 14. Januar 1841 befahl Sher Singh bei Sonnenuntergang den Sturm auf Lahore. Noch im Verlauf der Nacht brachte er die Stadt unter seine Kontrolle. Nur das Fort wurde noch von Gulab Singh Dogra verteidigt. General Ventura verlor keine Zeit, um Sher Singh seine Ergebenheit zu versichern. Andere Offiziere taten es ihm gleich. Am Abend des 17. Januar traf Dhian Singh Dogra vor dem belagerten Fort ein und vermittelte eine Waffenruhe. Um weiteres Blutvergießen zu verhindern, erklärte sich Maharani Chand Kaur bereit, ihre Thronansprüche abzutreten. Sher Singh versprach dafür freies Geleit ohne irgendwelche Durchsuchungen. Um Mitternacht rückten Gulab Singh und seine Dogras ab – mit fünfhundert Pferden und sechzehn Ochsenkarren, die das Gold und die Juwelen aus der Schatzkammer transportierten. Ajit und Attar Singh Sandhawalia flüchteten auf britisches Gebiet.

Sher Singh bestieg am 27. Januar 1841 den Thron. Sein Wazir wurde Dhian Singh Dogra. Das Pandschab brauchte eine starke Hand, aber anstelle eines energischen Herrschers bekam es einen wohlmeinenden Stutzer, der mehr von französischen Weinen und Parfüm verstand als von Staatskunst. Sein Versprechen einer Solderhöhung für die Armee konnte Sher Singh nicht einlösen. Daraufhin wurden die Soldaten gewalttätig. Es kam zu Dienstvergehen, blutigen Ausschreitungen und offener Meuterei; mehrere europäische Offiziere wurden ermordet. Für General Ventura mußten besondere Sicherheitsvorkehrungen getroffen werden. Einige ältere Pances wurden so mächtig, daß sie Offizierposten versteigern konnten. Sie ernannten Beauftragte (*kar pances*), um ihre Entscheidungen den Truppen zu übermitteln und deren Zustimmung zu sichern. Die Folgen waren katastrophal. Die Armee verlor nicht nur ihre Diziplin, sondern auch die Mehrzahl ihrer kriegserfahrenen Offiziere.

Im Juni 1841 drangen Truppen der Dogras über Garo nach Tuklakote im gebirgigen Nordosten ein. Eine ihnen entgegengeschickte tibetanische Streitmacht wurde aufgerieben, und einige Tage später wehte die Fahne des Hofs von Lahore in Tuklakote. Dieser Erfolg beunruhigte die Briten, und ihr Agent verlangte den Abzug der Sikhs aus dem besetzten Gebiet. Während die Verhandlungen noch hin und her gingen, umzingelten chinesische Truppen die Eindringlinge. Als den Dogras Lebensmittel und Heizmaterial ausgingen, versuchten sie, die Einkesselung zu durchbrechen. Am 12. Dezember 1841 fiel ihr Anführer Zorawar Singh, und die Reste seiner Truppen legten die Waffen nieder. Sie wurden kaltblütig niedergemetzelt. Rasch sandte Gulab Singh Dogra Verstärkung in das Kampfgebiet und eine Kolonne vernichtete einen chinesischen Verband, der aus Lhasa angerückt war. Beide Seiten schlossen schließlich am 17. Oktober 1842 den Vertrag von Ladakh und Lhasa, in dem die Unantastbarkeit der Grenzen vereinbart wurde.

Um den Zwist am Hof zu beenden, ließ Maharadscha Sher Shingh nach einer Weile Chand Kaur wissen, daß er sie zu heiraten gedenke. Chand Kaur erklärte sich grundsätzlich einverstanden, hielt jedoch den richtigen Zeitpunkt für eine Heirat noch nicht gekommen und wartete ab. Gleichzeitig machte sie aber kein Hehl aus ihrer Verachtung für Sher Singh wegen dessen unsicherer Abstammung von Ranjit Singh. Später wurde ein Termin für die Hochzeit festgesetzt, aber eine Woche davor bewirkte Gulab Singh Dogra durch den Bruder der Braut, Chanda Singh, daß Chand Kaur ihre Zustimmung zurückzog. Der Dogra hatte befürchtet, daß er im Fall einer Vermählung die im Namen Chand Kaurs weggeschafften Reichtümer herausgeben müßte. Im Juni 1842 fiel Chand Kaur dann einem Mordanschlag zum Opfer. Die Drahtzieher des Anschlages waren vermutlich die beiden Dogras, Dhian Singh und Gulab Singh.

Die Briten ersuchten unterdessen den Maharadscha, den Führern der Sandhawalias, die gegen Dhian Singh Dogra opponierten, die Rückkehr ins Pandschab zu gestatten und ihnen ihre Besitzungen zurückzugeben. Sher Singh, dem die Machtfülle Dhian Singh Dogras ein Dorn im Auge war, willigte ein. Ajit Singh Sandhawalia traf im November 1842 in Lahore ein und wurde mit offenen Armen empfangen. Wie der Maharadscha vielleicht sogar selbst erhofft hatte, stellten die Sandhawalias am Hof bald die probritische und gegen die Dogras gerichtete Partei. Doch sein Großmut wurde schlecht gelohnt. Denn als die Sandhawalias erkannten, daß sie Dhian Singh Dogras Stellung nicht ernstlich erschüttern konnten, griffen sie zur Gewalt. Am 15. September 1843 erschoß Ajit Singh Sandhawalia den Maharadscha in Shan Bilawal (im Osten Lahores) und schlug ihm den Kopf ab. Sher Singhs zwölfjähriger Sohn Pratap Singh wurde von seinem eigenen Onkel, Lahna Singh, umgebracht. Ajit Singh und seine Mitverschwörer stießen vor dem Fort von Lahore auf Dhian Singh Dogra und dessen Eskorte. Angesichts der Übermacht begleitete der Dogra die Verschwörer in das Fort und wurde dort mit seinen Begleitern ermordet. Suchet Singh und Hira Singh wurden im Namen des Wazirs aufgefordert, im Fort zu erscheinen, aber sie durchschauten die Finte. Als die beiden Dogras von dem Blutbad hörten, wandten sie sich an die Armee, um die Morde zu rächen. Durch Lahore ging ein Schrei des Entsetzens. Die Pances beschlossen, die Stadt unter ihren Schutz zu stellen und die Mörder zu bestrafen. Das Fort wurde eingeschlossen, und die ganze Nacht hindurch feuerte Artillerie auf die Wälle. Am Morgen stürmten Nihangs durch die Breschen und nahmen die Zitadelle ein. Ajit Singh flüchtete aus dem Fort, aber ein muslimischer Soldat erkannte den Führer der Sandhawalias und tötete ihn. Sechshundert Gefolgsleute wurden im Fort hingerichtet. Lahna Singh Sandhawalia entdeckte man mit einem gebrochenen Bein in einem Keller des Forts. Sein Gefolgsmann Rah Singh verteidigte ihn mit blanker Klinge und tötete dreizehn Angreifer, bevor er der Übermacht erlag. Lahna Singh wurde auf der Stelle erschossen.

Zum neuen Maharadscha rief man den siebenjährigen Dalip Singh, den siebten Sohn Ranjit Singhs, aus. Hira Singh Dogra übernahm das Amt des Wazirs, Dalip Singhs Mutter, die anmutige Rani Jindan, amtierte in der Rolle einer Königinmutter. Die wirkliche Macht übte der Wazir aus, unterstützt von dem brahmanischen Wahrsager Jalla. Aufgrund der Thronwirren im Pandschab begannen die Briten nunmehr Truppen an den Sutlej zu verlegen – gegebenenfalls zur Wiederherstellung der Ordnung. Diese Truppenbewegungen verschlechterten wiederum die Situation im Pandschab. Denn viele Sikh-Führer nahmen mit den Briten Verhandlungen auf, um sich ihre Jagirs bestätigen zu lassen. Hira Singh Dogra ging die enstandenen Probleme jedoch energisch an. Er entließ europäische Offiziere, von denen man wußte, daß sie mit den Briten konspirierten, und schickte Kundschafter über den Sutlej, um Einzelheiten über die militärischen Vorbereitungen der Briten zu erfahren.

Als nächstes Problem erwies sich Hira Singhs Onkel Suchet Singh Dogra, der dem Neffen das Amt des Wazirs mißgönnte. Deshalb begab er sich nach Lahore und forderte die Entlassung Hira Singhs und Jallas. Das *pancayat* der Armee (ein Quorum von fünf Vertretern aus jedem Bataillon) entschied, gegenüber dem Wazir loyal zu bleiben. Suchet Singh Dogra floh, aber er wurde eingeholt und mit seiner Eskorte niedergemacht.

Die nächste Krise führte der Wahrsager Jalla herbei. Selbst kein Kind von Traurigkeit, schmähte er öffentlich den Ruf der Rani Jindan. Die Rani und ihr Bruder Jawahar Singh wandten sich daraufhin an die Pances, die ihr und ihrem Sohn zujubelten und schworen, Hira Singh und Jalla aus dem Pandschab zu jagen. Der Wazir bat in seiner Bedrängnis seinen Onkel Gulab Singh um Hilfe, der daraufhin mit siebentausend Dogras aus Jammu herbeieilte. Erbost beschlossen die Militärs in Lahore, Hira Singh und seinen Wahrsager in Gewahrsam zu nehmen. Die beiden erfuhren aber von dem Vorhaben, stellten eine starke Eskorte aus Dogras zusammen und flohen aus der Hauptstadt. Khalsa-Truppen nahmen sofort die Verfolgung auf. Sie holten die Flüchtenden ein und es entwickelte sich ein Gefecht, in dessen Verlauf über tausend Dogras getötet wurden. Der völlig erschöpfte Jalla fiel von seinem Pferd und wurde von den Verfolgern sogleich in Stücke gehauen. Wenig später ereilte auch Hira Singh Dogra sein Schicksal. Als er in einem kleinen Dorf seinen Durst löschen wollte, holte ihn und seine Begleiter eine Gruppe Dragoner ein, die das Dorf in Brand setzte. Hira Singh und seine Begleiter versuchten auszubrechen, wurden aber dabei bis auf sechs Männer, die sich auf ihren schnellen Pferden retten konnten, niedergehauen. Hira Singhs und Jallas Köpfe wurden in den Straßen Lahores auf Lanzen zur Schau gestellt. Jallas Kopf warf man danach auf einen Abfallhaufen, wo ihn Vorübergehende bespuckten. Jawahar Singh ließ ihn schließlich Hunden vorwerfen.

Nach dem Tod Hira Singh Dogras blieb das Amt des Wazirs eine Zeitlang verwaist. Nach und nach brachte dann die Maharani Jindan den Hof unter ihre Kontrolle, beraten von ihren Bruder Jawahar Singh, der sich schließlich auch den Titel des Wazirs aneignete. Sein Hauptberater wurde Radscha Lal Singh, den viele für den Liebhaber Jindas hielten. Gulab Singh Dogra nützte die Verwirrung in Lahore aus und erklärte Jammu als unabhängig. Daraufhin setzte sich allerdings im Februar 1845 eine Armee gegen ihn in Bewegung, und er unterwarf sich. Gulab Singh Dogra zahlte einen Tribut von 400 000 Rupien, bewirtete die Soldaten festlich und schickte sie mit Geschenken beladen nach Lahore zurück. Wenig später gerieten sie jedoch in einen Hinterhalt der Dogras, die ihnen den Tribut abjagten. Die Truppen kehrten daraufhin nach Jammu zurück und brachten den Dogras mehrere Niederlagen bei. Wieder kapitulierte Gulab Singh. Er begab sich in das Lager der Sikhs, legte Säbel und Schild nieder und beteuerte seine Loyalität. Gold und Schmeicheleien stimmten die leichtgläubigen Pances um. Ein Friedensvertrag wurde abgefaßt, in dem sich Gulab Singh Dogra verpflichtete, 3 500 000 Rupien (35 *lac*) zu zahlen, davon 500 000 sofort. Außerdem hatte er die Truppen der Maharani nach Lahore zu begleiten. Dort beschuldigte er nach einigen Wochen Lal Singh, ihn ermorden zu wollen. Gulab Singh Dogra wurde inhaftiert, aber gegen die Zusage einer immensen Geldstrafe wieder freigelassen. Zurück in Jammu begann er sogleich erneut gegen den Hof in Lahore zu agitieren.

In der Zwischenzeit hatte Prinz Peshaura Singh, der fünfte Sohn Ranjit Singhs, die unübersichtliche Situation in Lahore dazu genutzt, in Sialkot einen Gegenhof zu errichten. Dieses Ereignis wirkte auf gesetzlose Elemente wie ein Signal. Banden von Nihangs durchstreiften Manjha und drohten, Amritsar und Lahore zu plündern. Um die bedrohliche Situation zu meistern, bemühte sich Maharani Jindan, die Familien mächtiger Sikh-Führer für ihren Sohn Dalip Singh zu gewinnen. Sie löste dessen Verlobung mit einer Nakkai-Sikh, und Dalip Singh wurde mit der Tochter Chattar Singh Attariwalas verlobt. Prinz Peshaura Singh ließ sich aber dadurch nicht abschrecken. Er nahm das Fort von Attock ein, erklärte sich zum Maharadscha und bat die Afghanen um Hilfe. Chattar Singh Attariwala begab sich daraufhin mit Heeresmacht nach Attock.

Peshaura Singhs Versuche, afghanische Unterstützung zu erhalten, blieben erfolglos. Sein Kontrahent Chattar Singh Attariwala versprach ihm persönliche Sicherheit, und der Prinz willigte ein, ihn in die Hauptstadt zu begleiten. Außerhalb Attocks wurde Peshaura Singh jedoch ergriffen, in das Fort gebracht und ermordet.

Den Pances mißfiel allerdings, daß die Armee dazu mißbraucht worden war, die Fraktionskämpfe des Hofes blutig auszufechten, und sie hielten Jawahar Singh für den Initiator des Mordes an Prinz Peshaura Singh. Am 21. September 1845 wurde der Wazir daher aufgefordert, sich vor den Militärs zu verantworten. Der zu Tode erschrockene Jawahar Singh nahm den jungen Maharadscha zu sich auf einen Elefanten und erschien vor dem Quartier des Pancayat. Als er sich weigerte, vom Elefanten zu steigen, entrissen ihm die Wachen den Jungen und töteten ihn. Der Leichnam wurde am nächsten Morgen verbrannt. Jawahar Singhs vier Frauen, die Sati begingen, verfluchten sterbend die Khalsa und prophezeiten, daß die Frauen der Sikh-Soldaten bald Witwen sein würden und das Pandschab verwüstet werde. Auch Maharani Jindan schwor, sich an der Armee zu rächen.

Die Staatsgeschäfte übernahm nun das Pancayat der Armee und handelte im Namen der Khalsa. Seine Anordnungen trugen das Siegel *Akal Sahai* – »Gott ist unser Helfer«. Anfang November 1845 übernahm schließlich Radscha Lal Singh den Posten des Wazirs. Tej Singh wurde als Oberbefehlshaber der Armee bestätigt. Das Sikh-Reich trieb endgültig dem Untergang zu.

Die Anglo-Sikh-Kriege

Die Sikh-Armee hatte die Ernennung Lal Singhs zum Wazir und die Bestätigung Tej Singhs gebilligt. Dennoch blieben Spannungen zwischen Hof und Armee. Das Militär setzte den Hof unter Druck, um höhere Soldzahlungen zu erpressen, obwohl die finanzielle Lage der Sikh-Armee ungewöhnlich gut war. So war der Sold eines pandschabischen Soldaten fast doppelt so hoch wie der eines Sepoy (eingeborener Soldat) der Ostindischen Kompanie.
Die Briten wurden von der Sikh-Armee verdächtigt, die Minister und höheren Offiziere zu bestechen, um dadurch ihre Eroberungspläne zu erleichtern. Obgleich die Sikh-Armee die Hauptursache für das Chaos im Reich war, gelang es den Pances trotzdem, ein gewisses Maß an Disziplin aufrechtzuerhalten und das Gießen neuer Geschützrohre sowie das Anlegen von Vorräten an Pulver, Musketen und Säbeln zu organisieren. Auch brachten sie es fertig, unter den einfachen Soldaten patriotische Gefühle zu wecken und den Mythos von der Unbesiegbarkeit der Khalsa wieder aufleben zu lassen. Der amerikanische Oberst Gardner berichtete, daß man in Lahore ernsthaft glaube, die Briten hätten aggressive Absichten. Öfters waren die Worte zu hören: »Wir werden uns opfern!«

Die Macht, die nun eine entscheidende Rolle spielte, war die Ostindische Kompanie. Aufmerksam hatten die Briten die Entwicklung im Pandschab verfolgt, besonders nach dem Einmarsch der Sikhs in Tibet 1841. Generalgouverneur Lord Ellenborough war überzeugt, daß es zum Krieg kommen werde. Als 1843 britische Truppen Sind besetzten, nahmen die Spannungen zu, da auch die Sikhs an eine Okkupation Sinds gedacht hatten. Im Sommer 1845 überquerten Sikh-Reiter bei der Verfolgung von Plünderern die Grenze zu Sind, und die Briten versetzten sogleich ihre Einheiten in Alarmbereitschaft. Feindseligkeiten blieben jedoch aus.

Im Pandschab schienen Ende 1845 Lal Singh und Tej Singh ihre Truppen auf einen Krieg gegen die Briten einzustimmen. Maharani Jindan machte keine Anstalten, mäßigend einzuwirken. Die Höflinge fürchteten die Armee, und britische Truppenbewegungen boten eine günstige Gelegenheit, die Aufmerksamkeit der Militärs vom Hof ab und auf die Briten zu lenken. Sollte die Sikh-Armee besiegt werden, war der Hof in Lahore für die Briten der einzig mögliche Verhandlungspartner. Vermutlich würden sie Maharadscha Dalip Singh auch gestatten, weiterhin im Pandschab zu herrschen. Sollten die Sikh-Truppen aber siegen, würden die Maharani und ihr Sohn eine mächtigere Stellung als je zuvor einnehmen.

Auf jeden Fall stand der Hof in Lahore nicht eindeutig hinter der Sikh-Armee, die Anfang Dezember zum Angriff gegen die Briten überging. Am 13. Dezember 1845 überschritten Truppen der Sikhs zwischen Hari-Ke-Pattan und Kasur den Sutlej. Britische Beobachter schätzten ihre Stärke auf 60000 Mann und 150 Geschütze.

Als die Sikhs ihre Truppen in Marsch setzten, befand sich die britische Hauptstreitmacht unter dem Kommando von Sir Hugh Gough in dem 260 Kilometer entfernten Ambala. Lediglich zwei vorgerückte Abteilungen standen in Ferozepur und Ludhiana. Die nächsten stärkeren Truppenkontingente waren in Meerut stationiert, ungefähr zweihundert Kilometer östlich von Ambala. Um die Sikhs nicht mißtrauisch zu machen, hatten die Briten die Belagerungsartillerie in Delhi zurückbehalten.

Es waren britische, nicht indische Truppen der Ostindischen Kompanie, die es als erste mit den Sikhs aufnehmen mußten.

Die Männer waren guter Dinge, sie glaubten an ihre Überlegenheit gegenüber jedem indischen Gegner. Vielen von ihnen war ein Feldzug sogar willkommen, versprach er doch Abwechslung in der Eintönigkeit des Garnisonslebens. Die britischen Offiziere waren erfahren, obwohl einige – Veteranen der Napoleonischen Kriege – für den aktiven Dienst in Indien schon etwas zu alt waren. So konnte einer der Majore des 31. Fußregiments ohne Hilfe sein Pferd nicht mehr besteigen.

Erschwert wurde das logistische Problem der Truppen im Feld durch die Unmenge an Zivilisten, die Handlangerdienste leisteten. Als das 9. Ulanenregiment mit einer Stärke von 610 Reitern das Einsatzgebiet erreichte, führte es einen Troß von 3 600 Zivilisten mit sich. Besonders die Kavallerie neigte dazu, luxuriöser als die Infanterie zu leben. In einem Reiterregiment, das aus Meerut kam, hatte jeder Offizier ein halbes Dutzend Kamele sowie zwei oder drei Ochsenkarren, um seine persönliche Ausrüstung mitzuführen!

Nachdem bekannt geworden war, daß Sikh-Truppen den Sutlej überquert hatten, stellte Generalgouverneur Sir Henry Hardinge in seinem Lager bei Ludhiana am 13. Dezember 1845 eine formale Kriegserklärung aus. Merkwürdigerweise zeigte die Führung der Sikh-Truppen wenig Unternehmungsgeist. Die britischen Aufstellungen waren ihr bekannt, und den Ghorchurras wäre es ein Leichtes gewesen, durch einen Vorstoß den britischen Generalgouverneur bei Ludhiana gefangenzunehmen. Aber nichts dergleichen geschah. Die Sikh-Truppen teilten sich schließlich in zwei ungleiche Heeresgruppen auf. Die kleinere Gruppe unter Tej Singh bedrohte Ferozepur, währenddessen Lal Singh mit der Masse der Sikhs einige Kilometer östlich verharrte.

War Verrat im Spiel? Legten es Tej Singh und Lal Singh gar absichtlich auf eine Niederlage ihrer Truppen an? Tatsächlich schrieb Lal Singh an den ihm bekannten Hauptmann Nicholson und versicherte ihm seine Freundschaft. Vielleicht wollte er sich damit auch nur für die Zukunft absichern – eine Methode, die im Osten keinesfalls unüblich war. Andererseits könnte Lal Singh aber auch aus militärischen Überlegungen seine Truppen zurückgehalten haben, um im Vertrauen auf die Stärke der Sikh-Artillerie, der britischen Hauptarmee eine Abwehrschlacht zu liefern.

Unterdessen rückte das britische Gros heran. Am 18. Dezember stieß es bei Moodkee auf eine größere Abteilung Sikhs. Zunächst entwickelte sich ein Artillerieduell, bei dem die Sikhs mit ihren schwereren Geschützen besser abschnitten. Der britische Oberbefehlshaber Sir Hugh Gough hielt dann den richtigen Zeitpunkt für gekommen, um anzugreifen. Seine Kavallerie attackierte die feindlichen

Flügel, wobei sich vor allem das 3. Leichte Dragonerregiment auszeichnete. Die Sikhs nannten dieses Regiment danach »Kinder des Satans«. Die britische Infanterie ging daraufhin durch den Pulverdampf vor und erstürmte die feindlichen Batterien, deren Kanoniere bis zum letzten Mann kämpften. Siebzehn Geschütze fielen den Briten in die Hände, der Tag gehörte ihnen.

Die Sikhs gingen auf Ferozeshah, ein Dorf vor Ferozepur, zurück. Vorher hatten sie alle britischen Verwundeten getötet, die sie vorgefunden hatten. Vor allem die verwundeten Reiter des 3. Leichten Dragonerregiments hatten dieses Schicksal erlitten. Ein Sikh gab keinen Pardon, erwartete aber auch keine Schonung. Gewöhnlich kämpfte er weiter, so lange er seine Muskete halten konnte. Aus diesem Grund betrachteten die Sikhs Verwundete nach wie vor als Feinde. Die Briten freilich waren über diese Grausamkeit erbittert und gaben von da an ebenfalls keinen Pardon mehr. Die 3. Leichten Dragoner ritten fortan mit dem Ruf »Denkt an Moodkee!« ins Gefecht.

Der Tod war aber nicht das Los eines jeden, der den Sikhs in die Hände fiel. Als ein britischer Leutnant zu seiner Batterie in Ferozepur wollte, wurde er von einem Spähtrupp der Sikhs gefangengenommen. Der Brite blieb unverletzt, obgleich man ihn ziemlich unsanft behandelte. Nachdem ihn Lal Singh gesehen hatte, wurde er den Kanonieren überlassen, die zum Großteil Muslime waren. Nach dem Gefecht von Moodkee ließen die Kanoniere den Leutnant frei und begleiteten ihn bis zum britischen Feldlager.

Die Briten hielten sich noch zwei Tage bei Moodkee auf. Sir Gough plante, die Sikhs in ihrer Stellung bei Ferozeshah anzugreifen, bevor sie durch Tej Singh verstärkt werden konnten. Ursprünglich wollte er gegen Mittag des 21. Dezember losschlagen, aber Generalgouverneur Hardinge untersagte jeden Angriff, ehe nicht Verstärkung unter General Littler eingetroffen war. Als Littler endlich auftauchte, nahmen die Briten im Süden der Sikhs Aufstellung. Gegen vier Uhr nachmittags eröffneten die britischen Geschütze das Feuer, aber wiederum erwies sich die Artillerie der Sikhs als überlegen. Aus unerklärlichen Gründen griffen dann Littlers Truppen vorzeitig an. Die Brigade Reed geriet unter schweres Feuer, ungefähr 250 Meter vor der Stellung der Sikhs wurde das 62. Fußregiment mit Kartätschen eingedeckt, so daß Brigadegeneral Reed den Rückzug anordnen mußte. Inzwischen erfolgte der britische Hauptstoß. Zwei Infanterieregimenter stürmten die ihnen gegenüberliegenden Geschützstellungen und überrannten die dahinterstehende Sikh-Infanterie. Dann erfolgte der Gegenangriff der Sikhs. Akalis und unberittene Ghorchurras fielen über die britischen Infanteristen her, reguläre Sikh-Infanterie griff ebenfalls an. Die Briten schlugen jedoch alle Gegenangriffe ab und behaupteten sich. Ihre Einheiten waren allerdings heillos durcheinandergeraten.

Unterdessen war es dunkel geworden. Es ereigneten sich zahlreiche Explosionen, wobei die Briten zuerst an Minen dachten. Wahrscheinlich war es aber gestapelte Munition der Sikhs, die explodierte. Sir Gough wies die zerstreuten Regimenter an, sich etwa dreihundert Meter von den eroberten Stellungen zurückzuziehen und zu biwakieren. Die Nacht wurde bitterkalt, die erschöpften Soldaten hatten keine Mäntel. Versuche, Feuer zu machen, zogen die Aufmerksamkeit der Sikhs auf sich, deren Kanoniere ihre

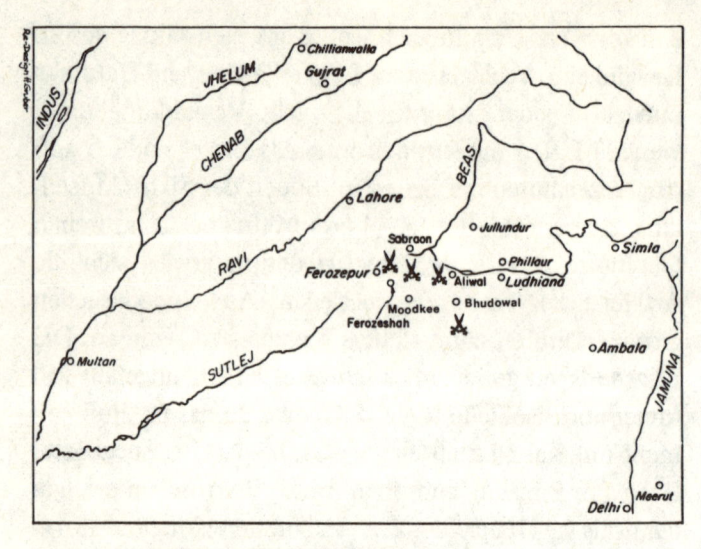

Erster Anglo-Sikh-Krieg, 1845/46

Stellungen wieder besetzt hatten und mit einigen Geschützen feuerten. Die britischen Regimenter reagierten gelassen, aber immer mehr indische Soldaten stahlen sich davon. Gough und Hardinge besprachen die Lage und schlossen einen Rückzug aus. Sie hatten den Gegner zwar zurückgeworfen, aber nicht entscheidend geschlagen. Der Angriff mußte am nächsten Morgen erneuert werden. Für alle Fälle erteilte der Generalgouverneur Anweisung, zurückgelassene Schriftstücke in Moodkee zu verbrennen, falls die Briten am folgenden Tag eine Niederlage erleiden sollten. Sir Hope Grant, einer der britischen Generale, die in den Anglo-Sikh-Kriegen kämpften, schrieb über jene Nacht:

»Diese Nacht war wahrhaftig eine der Düsterkeit und böser Ahnung, und vielleicht war niemals in den Annalen des

Krieges in Indien eine britische Armee einer Niederlage näher, die eine Vernichtung zur Folge gehabt haben würde. Die Sikhs hatten so gut wie ihr ganzes verschanztes Lager wieder besetzt; unsere erschöpften und dezimierten Divisionen biwakierten ohne gegenseitigen Zusammenhalt auf einer weiten Fläche...«

Die Briten wären sicherlich erleichtert gewesen, wenn sie gewußt hätten, daß sich die Truppen der Sikhs in noch größerer Unordnung befanden. Ihre Disziplin war teilweise zusammengebrochen, und Lal Singh rückte mit den meisten Ghorchurras ab.

Um Mitternacht erkannte Sir Hardinge, daß ein schweres Geschütz der Sikhs den größten Schaden anrichtete. Der Generalgouverneur schickte das 80. Infanterieregiment los, um die Kanone zum Schweigen zu bringen. Die Männer rückten leise vor, gaben eine Salve ab und stürmten dann vorwärts. Mehrere Kanonen wurden gründlich vernagelt. In diesem Abschnitt verlief die Nacht dann ungestört.

Als die Briten am nächsten Morgen ihren Angriff wieder aufnahmen, stießen sie auf nur geringen Widerstand. Die Masse der Sikhs setzte sich in Richtung Nordwesten ab. Die Soldaten konnten es kaum fassen, daß der Sieg ihrer war. Doch bald meldeten Kundschafter das Heranrücken neuer Sikh-Truppen. Tej Singh erschien mit seinen Einheiten auf dem Schlachtfeld. Seine Artillerie begann zu feuern und brachte den Briten einige Verluste bei. Die britische Artillerie erwiderte das Feuer, aber langsam ging ihr die Munition aus. Sir Gough befahl deshalb, in die eroberten Sikh-Stellungen einzurücken, um dem Geschützfeuer zu entgehen. Doch plötzlich zog auf dem linken Flügel die gesamte Artillerie und Kavallerie der Sikhs auf der Straße von Ferozepur

ab, gleichzeitig attackierte das 3. Leichte Dragonerregiment den anderen Flügel der Sikhs. Die dort aufgestellte Sikh-Reiterei wartete die Attacke aber nicht ab, sondern galoppierte davon. Unterdessen ließ auch im Zentrum das feindliche Artilleriefeuer nach, und zum Erstaunen der Briten zogen sich die Sikhs zurück. Hatte Tej Singh Verrat begangen? Er erklärte später, daß er kaum Hoffnungen gehabt hätte, die Briten aus den Stellungen zu werfen, aus denen sie Lal Singhs Truppen verjagt hatten. Und wie wenig Munition die Briten noch hatten, konnte er nicht wissen.
Die Sikhs hatten das Schlachtfeld von Ferozeshah geräumt und 73 Geschütze von etwas mehr als hundert verloren. Ihre Verluste blieben unbekannt, aber sie müssen beträchtlich gewesen sein. Auf britischer Seite waren 694 Soldaten gefallen, 1 721 waren verwundet worden.
Die Sikhs wichen über den Sutlej zurück, lediglich eine Furt bei Sobraon blieb gedeckt. Die Niederlage von Ferozeshah untergrub die Kampfmoral der wenigen dem Sikh-Reich gegenüber loyal gebliebenen Sikh-Führer und Gulab Singh Dogra sandte einen Bevollmächtigten nach Ludhiana, um den Briten seine Unterstützung anzubieten.
Die Briten nahmen ihre Operationen wieder auf, als am 6. Januar 1846 Sir John Grey mit seinen Truppen aus Meerut eintraf. Sie rückten auf den Brückenkopf der Sikhs bei Sobraon zu, der inzwischen zu einer befestigten Stellung ausgebaut worden war. Den Briten schien ein Angriff nicht ratsam, da ihre schweren Geschütze noch nicht eingetroffen waren. Also mußte man abwarten. Als Sir Gough erfuhr, daß Sikhs unter der Führung Ranjodh Singhs in der Nähe von Fort Phillaur den Sutlej überschritten hatten, befürchtete er nicht nur einen Angriff auf Ludhiana, sondern auch

eine Bedrohung seiner Nachschublinien. Sir Harry Smith wurde daher mit dem 16. Ulanenregiment und irregulären Reitern nach Ludhiana in Marsch gesetzt. Bei Bhudowal kam es zur Feindberührung, aber die Sikhs griffen nicht energisch an, und die britische Kolonne konnte ihren Weg nach Ludhiana fortsetzen und die Stadt sichern. Danach begaben sich Smiths Truppen nach Bhudowal, wo sie sich mit Einheiten vereinigten, die Sir Gough am 22. Januar abkommandiert hatte.

Ranjodh Singh erhielt in der Zwischenzeit einige Bataillone regulärer Sikh-Infanterie als Verstärkung und beschloß zur Offensive überzugehen und nach Jagraon vorzurücken. Dort mußten ihn die Briten angreifen, denn ansonsten konnte er ihre Nachschublinien abschneiden. Als Sir Harry Smiths Truppen am frühen Morgen des 28. Januar abrückten, waren die Sikhs schon auf dem Weg nach Jagraon. Ranjodh Singh machte jedoch kehrt, als er erfuhr, daß Smith selbst vorrückte, und marschierte nach Aliwal, um dort den Briten einen heißen Empfang zu bereiten. Seine Männer hatten allerdings nicht genügend Zeit für die Vorbereitung geeigneter Verteidigungsanlagen, da die Briten sofort stürmisch angriffen. Das Gefecht von Aliwal entwickelte sich dann auch gleich von Anfang an zu Ungunsten der Sikhs. Britische Infanterie nahm rasch das Dorf Aliwal ein, während gleichzeitig die Kavallerie die Sikh-Reiterei zurückwarf. Bald brach der Widerstand der Sikhs zusammen. Unter den wenigen Gefangenen, die die Briten machten, befand sich auch ein britischer Deserteur namens Potter, der bei den Sikhs den Rang eines Obersten bekleidete. Ungefähr zwanzig Jahre zuvor war er aus der bengalischen Artillerie desertiert und hatte seitdem den Sikhs gedient.

Viele erwarteten seine Hinrichtung, aber Potter konnte beweisen, daß er sich für Briten verwendet hatte, die bei Bhudowal den Sikhs in die Hände gefallen waren. Aus diesem Grund ließ man ihn laufen.

Nach der Niederlage von Aliwal gingen die Sikhs wieder über den Sutlej zurück. Als die Nachricht vom britischen Sieg im Norden des Sikh-Reiches bekannt wurde, begannen mehrere muslimische Bergstämme unruhig zu werden in der Hoffnung, daß sich bald eine Gelegenheit ergeben würde, die Herrschaft der Sikhs abzuschütteln.

Am 8. Februar 1846 schlossen sich Sir Harry Smiths Truppen wieder der Hauptstreitmacht an. Der britische Oberbefehlshaber hatte inzwischen genügend Regimenter unter seinem Kommando, um den Sikhs eine Entscheidungsschlacht liefern zu können. Auch die schwere Artillerie war in der Zwischenzeit angekommen. Die britische Führung beschloß, den befestigten Brückenkopf von Sobraon direkt anzugreifen. Ein Überschreiten des Sutlej schien Sir Gough zu riskant, da die Sikhs dann für eine offene Feldschlacht rasch Verstärkungen heranführen konnten.

Dieser Brückenkopf bestand aus drei Reihen von Verschanzungen. Entworfen und ausgeführt hatte sie der in den Diensten Lahores stehende Spanier Huebra. Die meisten europäischen Offiziere der Sikh-Armee hatten jedoch das Pandschab seit dem Tod Maharadscha Ranjit Singhs verlassen. Allard war 1839 gestorben, Ventura und Avitabile waren 1843 abgereist. Der Amerikaner Gardner war in Lahore als Kommandeur der Garnison zurückgeblieben. Das Oberkommando in dem Brückenkopf hatte Tej Singh inne. Die rechte Seite des Brückenkopfes schien weniger geschützt zu sein. Überraschenderweise hatte Tej Singh gerade dort irreguläre Einheiten konzentriert, während reguläre Sikh-Truppen die anderen besser ausgebauten Verschanzungen besetzt hielten.

Am 10. Februar 1846 ließ Sir Gough seine Streitkräfte zum Angriff antreten. Sein Plan sah vor, den Hauptstoß gegen die rechte Flanke der Sikhs zu führen, währenddessen die restlichen Truppen Fesselungsangriffe gegen das Zentrum und die linke Flanke ausführten. In der Nacht war der Sutlej stark gestiegen, so daß die Furt hinter den Sikhs unpassierbar geworden war. Im Morgengrauen nahmen die Briten Aufstellung, aber dichter Nebel verhinderte zunächst jede Aktion. Als sich dann der Nebel verzog, begann die Beschießung des Brückenkopfes. Das Feuer der Belagerungsbatterien hielt zwei Stunden an, dann ging den Kanonieren allmählich die Munition aus. Außerdem zeigte die Beschießung wenig Wirkung. Sir Gough gab daher den Befehl zum Sturm. Die gegen die rechte Seite vorrückenden Regimenter hatten Glück, denn das Feuer der Sikh-Artillerie lag meistens zu hoch, und die Brigade Stacey nahm die erste Verteidigungslinie ohne große Mühe ein. Im Zentrum und an der linken Flanke jedoch wurde die angreifende Infanterie zweimal zurückgeworfen. Erst beim dritten Ansturm brachen die Briten in die Verschanzung ein. Die Sikhs gerieten jetzt auf allen Seiten unter Druck, und obgleich viele von ihnen weiterkämpften, setzte ein Rückzug über die Bootsbrücke ein. Tej Singh hatte bereits den Brückenkopf verlassen. Sham Singh Attariwala, der Sohn des Sikh-Generals Nihal Singh baute mit den regulären Bataillonen eine letzte Verteidigungslinie auf, aber sie brach im Bajonettangriff der britischen Infanterie zusammen. Die Sikhs mußten sich über den Sutlej zurückziehen. Lord Hardinge schrieb über die Sikh-Truppen bei Sobraon: »Wenige entkamen; keiner, kann man sagen, ergab sich. Die Sikhs fügten sich in ihr Schicksal mit der Ergebung, die ihre Rasse auszeichnet.« Ihre Verluste wurden auf zehntausend Mann geschätzt. Wahrscheinlich ist aber diese Zahl zu hoch gegriffen. Die Briten hatten 320 Soldaten verloren, 2063 waren verwundet worden.

Ein Teil der britischen Armee überquerte nun den Sutlej bei Sobraon, während andere Abteilungen von Ferozepur auf der Hauptstraße in Richtung Lahore vorrückten. Am 15. Februar stießen die Briten auf eine Abordnung unter Gulab Singh Dogra, der Ende Januar in die Dienste des Hofs von Lahore getreten war. Fünf Tage später besetzten britische Truppen die Hauptstadt des Sikh-Reiches.

Am 11. März 1846 wurde der Vertrag von Lahore unterzeichnet. Die Briten sahen von einer Annexion des Pandschabs ab. Eine erneute riesige Gebietsvermehrung lag nicht im Interesse der Ostindischen Kompanie. An die Kompanie fiel jedoch Jullundur Doab, das Gebiet zwischen dem Sutlej und der Beas. Lahore mußte auf alle Ansprüche südlich des Sutlej verzichten. Britische Truppen durften von nun an das Pandschab nach Belieben durchqueren, ferner kontrollierten die Briten den Sutlej und die Beas. Außerdem bestimmte der Vertrag die Verringerung der Sikh-Truppen auf 25 Infanteriebataillone und 12000 Reiter. Alle noch vorhandenen Geschütze mußten abgeliefert werden. Ohne Erlaubnis der britischen Regierung durfte kein Amerikaner, Brite oder anderer Europäer den Sikhs dienen. Schließlich mußte noch eine Kriegsentschädigung in Höhe von eineinhalb Millionen Pfund Sterling gezahlt werden. Als der Hof von Lahore nur ein Drittel der geforderten Summe aufbringen konnte, wurde Kaschmir als Ersatz für die restliche Summe abgetreten. Den Briten erschien jedoch die Besetzung und Verwaltung des gebirgigen Kaschmirs zu schwierig und zu teuer, und so verkauften sie die Provinz an Gulab Singh Dogra, der ihnen die fehlenden Gelder angeboten hatte. In Anbetracht seiner Mittlerdienste anerkannten die Briten am 16. März 1846 Gulab Singh Dogra als Maharadscha von Jammu und Kaschmir.

Lal Singh wurde wiederum Wazir, und in Lahore übernahm der Brite Henry Lawrence den Posten eines politischen Agenten. Generalgouverneur Hardinge war nach der Unterzeichnung des Vertrages bestrebt, alle britischen Streitkräfte aus dem Pandschab abzuziehen, aber der Regentschaftsrat in Lahore bangte um seine Sicherheit und forderte eine britische Garnison in der Haupstadt, die wenigstens bis zum Jahresende bleiben sollte. Lord Hardinge stimmte zu, gab jedoch öffentlich bekannt, daß nach Jahresende eine Stationierung britischer Truppen nicht mehr in Frage komme.

Erste Schwierigkeiten ergaben sich, als Imam-ud-Din, der muslimische Statthalter Kaschmirs, sich weigerte, die Provinz an Gulab Singh Dogra abzutreten. Da es sich hierbei um eine interne Angelegenheit des Sikh-Reiches handelte, griffen keine britischen Truppen ein. Henry Lawrence machte sich aber als Befehlshaber einer zehntausend Mann starken Sikh-Streitmacht auf den Weg nach Kaschmir, um den widerspenstigen Statthalter gefügig zu machen. Imam-ud-Din gab auf, ohne daß ein Schuß fiel. In seinem Besitz fanden sich Briefe, die auf Lal Singh als Anstifter der Weigerung hinwiesen. Lal Singh wurde in Lahore vor ein Mili-

tärgericht gestellt, für schuldig befunden und am 4. Dezember 1846 aus dem Pandschab ausgewiesen. Alle seine Jagirs wurden eingezogen. Lal Singh lebte bis zu seinem Tod im Jahre 1867 in Dehra Dun und Mussoorie.
Die Funktion des Wazirs übernahm ein Ausschuß, der sich aus Tej Singh, dem Radscha Sher Singh Attariwala, Dina Nath und Fakir-ud-Din zusammensetzte.
Als im Dezember die Zeit für die Stationierung der britischen Garnision ablief, ersuchten 52 Sikh-Führer die Briten, im Pandschab zu bleiben, bis der junge Maharadscha Dalip Singh mündig geworden sei. Ihr Verlangen hatte den Vertrag von Bhairowal zur Folge. Darin wurde vereinbart, daß die Briten die gewünschte Zeit im Pandschab präsent blieben. Die Maharani Jindan wurde als Regentin entlassen und erhielt eine Pension. Den jungen Maharadscha sollte ein Regentschaftsrat unter Aufsicht und Führung eines britischen Residenten vertreten. Der britische Generalgouverneur ernannte Henry Lawrence zum Residenten. Für die Kosten der Schutzherrschaft kam der Hof von Lahore auf.
Das Jahr 1847 verging ohne ernsthafte Zwischenfälle, obgleich im Pandschab die wildesten Gerüchte im Umlauf waren. Einmal hieß es, alle Höflinge würden eingesperrt werden, ein andermal, die Sahibs gewännen *mumiai* (menschliches Öl) aus den Leichen Einheimischer. Viele Zuhörer solcher Klatschgeschichten waren entlassene Soldaten. Über zwanzigtausend hatte man ohne Beschäftigung auf das Land losgelassen.
Im April 1848 brach dann in Multan ein Aufstand aus. Dort sollte Kahan Singh Man als neuer Statthalter eingesetzt werden, den zwei Briten begleiteten. Die Garnison der Multanis wurde entlassen, und Truppen des Hofs von La-

hore übernahmen das Fort Multans. Die Soldaten der aufgelösten Garnison zwangen daraufhin den ehemaligen Statthalter Mulraj, ihr Führer zu werden, und forderten die neue Fortbesatzung auf, mit ihnen die Fremden zu vertreiben. Mit der Ausnahme von Kahan Singh Man und acht oder zehn Reitern schlossen sich die Sikh-Soldaten den Aufrührern an. Die beiden Briten wurden ermordet, der neue Sikh-Statthalter eingesperrt. Sir Frederick Currie, Lahores neuer Resident, übertrug die Angelegenheit Lord Gough, da er die britische Garnison in Lahore nicht schwächen wollte. Lord Gough entschied, nicht sogleich zu marschieren, sondern erst genügend Truppen zusammenzuziehen. Außerdem sollte sich zunächst der Hof von Lahore um die Niederschlagung der Empörung kümmern. Daraufhin beschloß man dort, drei Kolonnen gegen die Aufrührer in Multan zu entsenden. Die Hauptkolonne sollte der Radscha Sher Singh Attariwala entlang der Ravi führen.
Während die Sikh-Truppen noch unterwegs waren, griff Leutnant Edwardes, der seit kurzem in Derajat (westlich des Indus) britische Interessen vertrat, mit seinen Einheiten und den Streitkräften des Nawabs von Bahawalpur die Rebellen bei Kineyri an. Die Aufständischen wurden geschlagen und zogen sich nach Multan zurück. Edwardes war sich sicher, die Stadt stürmen zu können, aber dafür benötigte er schwere Geschütze. Anfang August erschien Sher Singh Attariwala mit seinen Truppen vor Multan. Etwa zur gleichen Zeit geriet sein Vater Chattar Singh in erhebliche Schwierigkeiten. Ein Hauptmann Abbott, der Chattar Singh Attariwala unterstützen sollte, hatte muslimische Truppen ausgehoben. Diese drohten damit, Haripur anzugreifen. Besorgt um seine Sicherheit, befahl Chat-

tar Singh dem amerikanischen Oberst Canora, das Fort Haripur für ihn zu räumen. Der Amerikaner weigerte sich, den Befehl ohne eine Bestätigung Abbots zu vollziehen. Chattar Singh wies daraufhin seine Truppen an, das Fort gewaltsam zu besetzen. Als Oberst Canora versuchte, auf Chattar Singhs Männer zu schießen, wurde er getötet. Hauptmann Abbott beschuldigte den Sikh des kaltblütigen Mordes. Der britische Resident sah sich genötigt, Hauptmann Abbott zu maßregeln, aber einige Tage später bestätigte er den Befehl eines untergeordneten Offiziers, der Ermittlungen anstellte, die Jagirs Chattar Singhs zu beschlagnahmen. Chattar Singh Attariwala sah keine andere Möglichkeit, als zu den Waffen zu greifen. Seine Gefolgsleute gingen daran, das strategisch wichtige Fort Attock zu belagern, das Pathanen unter der Führung zweier Briten besetzt hatten.

Am 18. und 19. August erreichten schließlich britische Verstärkungen die Einheiten Edwards und Sher Singhs vor Multan. Eine Woche später stieß noch das 32. britische Infanterieregiment zu den Belagerungstruppen. Besonders dieses Regiment hatte auf dem Anmarsch unter der glühenden Sonne gelitten. Vierzehn Männer waren an Hitzschlag gestorben, denn die Ausrüstung der britischen Soldaten war dem tropischen Klima keineswegs angepaßt. Bezüglich der Uniformierung war die einzige Konzession ein weißer Leinenüberzug über die Mütze. Am 4. September kam dann der Belagerungspark an, eine schwerfällige Kolonne, da allein der Munitionstransport viertausend Kamele und zahlreiche Elefanten erforderte.

Während der ersten Tage der jetzt methodisch ausgeführten Belagerung verhielt sich Sher Singh Attariwala noch loyal, aber am Morgen des 13. September rückte er mit seinen Truppen ab und verbündete sich mit den Rebellen. Die Briten brachen daher die Belagerung Multans ab und zogen sich einige Kilometer nach Süden zurück. Sher Shings Kavallerie suchte anfänglich den Rückzug zu stören, aber die Nachhut der Briten setzte sich energisch zur Wehr. Die Rebellen in Multan verwehrten jedoch Sher Singhs Truppen den Zugang zur Stadt, da sie glaubten, der Radscha würde nach wie vor mit den Briten in Verbindung stehen. Bestärkt wurden sie in ihrem Mißtrauen, als ihnen Leutnant Edwardes an Sher Singh gerichtete Briefe in die Hände spielte. Dessen Truppen zeigten sich zwar vor dem britischen Lager, jedoch kam es während der nächsten Wochen zu keinen größeren Feindberührungen.

Am 9. Oktober brach Sher Singh sein Lager plötzlich ab und marschierte an der Chenab entlang nach Norden. Die Briten unterließen eine Verfolgung, da sie dabei Gefahr gelaufen wären, von den Rebellen in Multan hinterrücks angegriffen zu werden. Sher Singh Attariwala aber spielte jetzt um einen höheren Einsatz. In einer Proklamation hatte er die Sikhs aufgerufen, sich zu erheben und die Briten aus dem Land zu jagen. Sein Ziel hieß jetzt Lahore, Multan war nur noch ein Nebenkriegsschauplatz.

Der neue Generalgouverneur Lord Dalhousie erkannte unterdessen, daß sich die Lage erheblich verschärft hatte. Ende September war er von der Unvermeidlichkeit einer kriegerischen Auseinandersetzung überzeugt und machte sich von Kalkutta aus auf den Weg in das Pandschab. Lord Gough hatte eine Kavalleriedivision und drei Infanteriedivisionen zur Verfügung. Die politische Situation war denkbar unübersichtlich und Gough war sich nicht ganz sicher, ob er im Auftrag des Hofs in Lahore gegen Aufständische vorging oder ob die Sikh-Führung in Lahore der eigentliche Feind war.

Um eine Bedrohung Lahores durch Sher Singh zu verhindern, marschierte Brigadegeneral Cureton nach Gujranwala. Sher Singh zog sich nach Ramnuggar an der Chenab zurück. Seine Ghorchurras plänkelten mehrmals mit britischen Reitern, aber ansonsten kam es zu keinen größeren Kämpfen. Cureton hatte überdies die Anweisung, nicht anzugreifen, bevor das Gros heran war.

Lord Gough erschien am 21. November mit seinen Truppen einige Kilometer südlich der Chenab. Der Großteil der Sikhs hatte zu diesem Zeitpunkt den Fluß überquert. Der britische Oberbefehlshaber beschloß, am nächsten Tag näher an den Gegner heranzurücken. Seine Kavallerie ging vor, und eine Schwadron der gefürchteten 3. Leichten Dragoner griff an. Die Dragoner versprengten eine Anzahl Sikhs, gerieten dann aber in Treibsand. Die Schwadron verlor siebzehn Pferde und zog sich daher zurück. Inzwischen durchritt eine große Abteilung Ghorchurras eine Furt der Chenab. Britische Kavallerie attackierte erfolgreich und wandte sich danach gegen Sikh-Infanterie, die niedergeritten wurde. Daraufhin gerieten die britischen Reiter jedoch abermals in Treibsand und erlitten hohe Verluste durch das Feuer der Sikhs vom anderen Ufer. Mit ihrem Rückzug aus der Gefahrenzone endete das Gefecht von Ramnuggar.

Die Briten beschlossen nun, die Chenab zu überqueren, ehe sich Sher Singh durch die Einheiten seines Vaters verstärken konnte. Ein Teil der Briten überschritt den Fluß im Norden bei Wazirabad und schwenkte dann nach Westen. Als die Briten mehrere Dörfer besetzten, schlug ihnen plötzlich Artilleriefeuer entgegen. Sher Singh hatte die Ge-

fahr erkannt und Truppen abkommandiert, um dieser Bedrohung zu begegnen. Die Sikhs machten keine Anstalten, offensiv gegen die Briten vorzugehen, setzten ihre Kanonade aber fort. Die Briten waren durch ihren Marsch erschöpft und griffen vermutlich deswegen nicht an. Am nächsten Morgen waren die Sikhs zum Erstaunen der Briten verschwunden. Sher Singhs ganze Armee hatte sich unbemerkt in Richtung Jhelum abgesetzt.
Die Briten zeigten keine große Eile, den Sikhs nachzusetzen, und kümmerten sich zunächst einmal um ihren Nachschub. Einen Monat lang schwiegen die Waffen. Lord Gough wußte, daß ihm die Sikhs an Artillerie überlegen waren, und ohne die britischen Truppen aus dem Südwesten wollte er Sher Singhs Armee nicht angreifen. So lange diese Lahore nicht ernsthaft bedrohte, konnte er es sich leisten, abzuwarten.
Vor Multan trafen Anfang Dezember frische Truppen aus Bombay ein. Beharrlich setzten die Briten ihre Belagerung fort. Am 27. Dezember standen sie dicht vor der Vorstadt, einige Tage später drangen sie in Multan ein. Ein britisches Geschoß traf am 30. Dezember 1848 das Pulvermagazin des belagerten Forts. 400 000 Pfund Pulver explodierten und töteten über fünfhundert Verteidiger. Unter den Toten befanden sich aber auch der gefangengenommene Sikh-Statthalter Kahan Singh Man und dessen Sohn.
Alle Anstrengungen wurden jetzt darauf gerichtet, das Fort von Multan einzunehmen. Am 12. Januar 1849 machten die Verteidiger einen Ausfall, wurden jedoch zurückgeschlagen. Der britische Hauptangriff sollte am 22. Januar erfolgen, aber dazu kam es nicht mehr. Das Fort ergab sich bedingungslos.

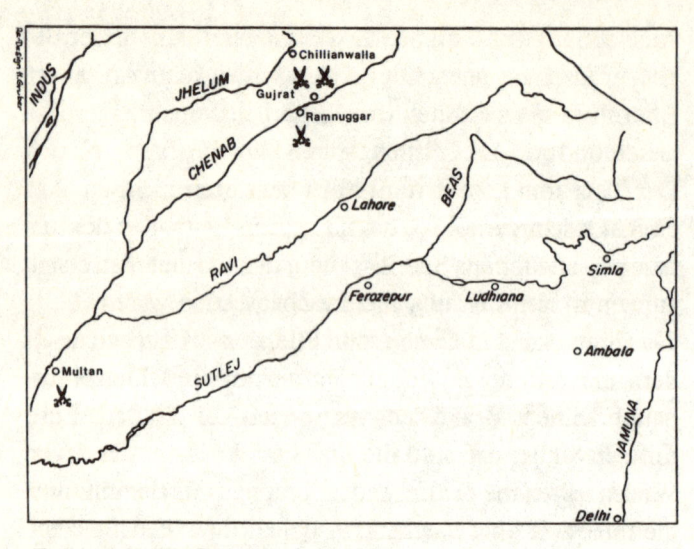

Zweiter Anglo-Sikh-Krieg 1848/49

Als Multan fiel, lagerten Lord Goughs Truppen immer noch in der Nähe der Chenab. Am 10. Januar erfuhr der britische Oberbefehlshaber jedoch, daß Fort Attock im Nordwesten acht Tage zuvor gefallen war. Chattar Singh konnte nun mit seinen Einheiten die Truppen seines Sohnes verstärken. Lord Gough ging daher sofort zur Offensive über, ohne die Ankunft von Verstärkungen abzuwarten. Er vermutete Sher Singhs Truppen in gut verschanzten Positionen mit dem Rücken zur Jhelum.

Gegen Mittag des 13. Januars 1849 erreichten die britischen Streitkräfte das Dorf Chillianwalla, das ein Außenposten der Sikhs besetzt hielt. Die Briten nahmen das Dorf ein, und das 24. Fußregiment besetzte einen Hügel in der unmittelbaren Nähe. Lord Gough ließ es sich nicht nehmen, den Hügel selbst zu besteigen. Von dort konnte er die

Ausdehnung der Sikh-Stellung erkennen. Dazwischenliegender Dschungel erschwerte jedoch das Ausmachen von Einzelheiten. Lord Gough beschloß, die Truppen lagern zu lassen und genaue Erkundigungen einzuholen.
Der Platz zum Lagern war bereits bezeichnet, als plötzlich einige Geschütze der Sikhs zu feuern anfingen. Kurz darauf feuerten alle feindlichen Batterien, die aus den Verschanzungen in den Dschungel gebracht worden waren. Lord Gough wies seine schwere Artillerie an, das Feuer zu erwidern und ließ seine Truppen aufmarschieren. Die Briten hatten keine andere Wahl, als zu kämpfen. Ein Rückzug mit den Sikhs hart auf den Fersen schied aus. Nach einer Weile stellten die britischen Kanoniere ihr Feuer ein, und die Infanterie ging zum Angriff über. Der wilde Pflanzenwuchs verlangsamte das geschlossene Vorgehen, und bald gerieten viele Regimenter in Unordnung. Der Kampf um die gegnerischen Batterien entwickelte sich zur blutigsten Schlacht der Sikh-Kriege. Im 24. Infanterieregiment fielen in kürzester Zeit 231 Soldaten, 236 wurden verwundet. Ohne Unterlaß rollte das Geschützfeuer, die Erde bebte unter dem Donnern der Kavallerieattacken. Das 56. Sepoy-Regiment wurde von Sikh-Kavallerie attackiert und niedergeritten. Das Regiment verlor 330 Männer und beide Fahnen. Über die Entschlossen von Sher Singhs Truppen schrieb ein Engländer: »Die Sikhs kämpften wie Teufel... sogar im Todeskampf wild und ungezähmt... sie liefen geradewegs in die Bajonette und hieben auf ihre Gegner ein, als sie durchbohrt wurden.«
Bei Einbruch der Dunkelheit hatten sich aber die Brigaden Mountain und Hoggan in die Stellung der Sikhs vorgekämpft. Die Sikhs zogen sich mit vier erbeuteten britischen

Geschützen auf ihre ursprüngliche Position an der Jhelum zurück. Die Verluste waren auf beiden Seiten hoch. Die Briten hatten 2331 Tote und Verwundete zu beklagen. Die Sikhs entrichteten wahrscheinlich einen noch größeren Blutzoll. Beide Seiten nahmen den Sieg für sich in Anspruch, die Sikhs schossen sogar Salut mit 21 Geschützen.
Lord Gough wollte am nächsten Tag den Kampf wieder aufnehmen, aber starke Regenfälle machten eine Aufstellung unmöglich. Die Sikhs verließen ihre Stellungen und sammelten sich nördlich des britischen Feldlagers bei Russool. Der Regen hielt drei Tage an, und der britische Oberbefehlshaber beschloß, auf Verstärkungen zu warten. In der Folgezeit kam es zwischen beiden Seiten zu Kavalleriescharmützeln, wobei die Briten die Oberhand behielten. Am frühen Morgen des 4. Februar 1849 gab Sher Singh seine Stellung bei Russool auf und rückte zusammen mit den Scharen seines Vaters, die sich ihm inzwischen angeschlossen hatten, in Richtung Südosten ab. Seine schlechte Versorgungslage zwang ihn, eine fruchtbarere Gegend aufzusuchen.
Der Aufbruch der Sikhs schien für Lord Gough überraschend gekommen zu sein, und erst nach einiger Zeit hatten die Briten erkundet, welche Richtung Sher Singh eingeschlagen hatte. Sobald sich Lord Gough darüber im klaren war, daß die Sikhs nach Südosten zogen, schickte er zwei Regimenter irregulärer Kavallerie los, um den Chenab-Übergang bei Wazirabad zu sichern. Truppen des Generals Whish, die unterdessen bei Ramnuggar eingetroffen waren, verstärkten die Sicherung des Überganges. Als die Sikhs dann tatsächlich dort erschienen, machten sie ange-

sichts der britischen Einheiten keinen ernsthaften Versuch, die Chenab zu überschreiten, und gingen auf die Stadt Gujrat zurück. Dort kam es am 21. Februar 1849 zum Gefecht mit den britischen Kräften.
Kurz vor neun Uhr eröffneten die Batterien der Sikhs das Feuer, noch bevor die Briten in ihrer Reichweite waren. Die britische Artillerie erwiderte das Feuer und brachte die Sikh-Batterien zum Schweigen. Gegen elf Uhr gab Lord Gough den Befehl, auf ganzer Linie anzugreifen. Eineinhalb Stunden später war das Gefecht vorüber, und die Sikhs zogen sich zurück. Die britischen Truppen verfolgten die abziehenden Sikhs bis nach Rawalpindi. Sher Singh Attariwala kapitulierte am 14. März 1849, da seine Einheiten nicht mehr in der Lage waren, ernsthaften Widerstand zu leisten. Eine allgemeine Erhebung der Sikhs war ausgeblieben, jeder weitere Kampf wäre sinnlos gewesen.
Der britische General Thackwell schrieb über die Kapitulation der Sikh-Truppen: »Das Widerstreben einiger alter Khalsa-Veteranen, ihre Waffen niederzulegen, war augenscheinlich. Einige konnten ihre Tränen nicht zurückhalten, die Gesichter anderer waren wütend und voller Haß.«
Die Bemerkung eines Veteranen, als er sein Gewehr hinlegte, mag die Empfindung vieler anderer getroffen haben: »*Aj Ranjit Singh mar gaya*« – »Heute ist Ranjit Singh gestorben.«
Generalgouverneur Lord Dalhousie vertrat die Ansicht, daß die Sikhs gegen eine wohlwollende Regierung rebelliert hatten, die sie nach dem ersten Krieg nachsichtig behandelt hatte. Er hielt es für gefährlich, dem Hof in Lahore nochmals das Vertrauen zu schenken und entschied, das Pandschab zu annektieren.

Am 29. März 1849 gaben die Briten in Lahore vor dem jungen Maharadscha und den loyal gebliebenen Sikh-Führern die Unterstellung des Landes unter britische Souveränität bekannt. Im Schlußteil der Bekanntmachung hieß es: »Die wenigen Anführer, die sich nicht auf Feindseligkeiten gegen die Briten eingelassen haben, werden ihren Besitz und ihren Rang behalten. Die britische Regierung wird der ganzen Bevölkerung, ob Muselmanen oder Hindus oder Sikhs, die freie Ausübung ihrer eigenen Religion lassen, aber sie wird niemandem gestatten, andere bei der Einhaltung solcher Bräuche und Sitten zu behindern, die ihre jeweiligen Religionen entweder auferlegen oder zulassen können. Die Jagirs und der gesamte Besitz der Sardars und anderer, die gegen die Briten zu den Waffen gegriffen haben, werden vom Staat beschlagnahmt. Die Verteidigungsanlagen eines jeden befestigten Platzes im Pandschab, der nicht von britischen Truppen besetzt ist, werden völlig zerstört, und wirksame Maßnahmen werden ergriffen, um dem Volk die Mittel zu entziehen, entweder Aufruhr oder Krieg zu erneuern. Der Generalgouverneur fordert alle Bewohner des Pandschabs, Sardars und Volk, auf, sich friedfertig der Autorität der britischen Regierung zu fügen, die hiermit bekannt gemacht worden ist. Über jene, die als gehorsame und friedliche Untertanen des Staates leben werden, wird die britische Regierung mit Milde und Wohltätigkeit herrschen. Falls aber wieder Widerstand gegen die eingesetzte Amtsgewalt versucht wird, falls Gewalt und Aufruhr wieder vorkommen, läßt der Generalgouverneur das Volk des Pandschabs wissen, daß dann die Zeit für Milde vergangen sein wird und daß ihr Vergehen mit umgehender und strengster Schärfe bestraft wird.«

Dem jungen Dalip Singh wurde eine jährliche Pension von 50 000 Pfund Sterling zugestanden. Er mußte allerdings das Pandschab verlassen und durfte dorthin nicht mehr zurückkehren. Der berühmte Koh-i-Nur wurde den Briten ausgehändigt. Königin Victoria erhielt den »Berg des Lichts« am 3. Juli 1850. Dalip Singh verblieb der Titel eines Maharadschas unter der Voraussetzung seiner Loyalität gegenüber den Briten. Am 5. April 1849 hörte das Pandschab auf, ein souveräner Staat zu sein.

Das Ende der Dynastie

Durch den Vertrag von Bhairowal (16. Dezember 1846) hatte Maharani Jindan ihre Stellung als Regentin verloren und eine Pension erhalten. Drei Monate später wurde sie mit einer Verschwörung in Verbindung gebracht, die die Ermordung des britischen Residenten in Lahore zum Ziel gehabt hatte und mißlungen war. Ob die Rani dabei beteiligt gewesen war, blieb unklar, aber die Briten isolierten sie daraufhin. Keiner der Höflinge durfte sie besuchen, es war ihr nicht gestattet, ihre Besitzungen in Dalipgarh aufzusuchen. Als sich Maharadscha Dalip Singh im August 1847 weigerte, die Stirn Tej Singhs anläßlich der Verleihung des Radschatitels zu salben, sah Henry Lawrence dahinter das Wirken der Rani. Man stellte sie in Fort Sheikapore bei Lahore unter Hausarrest und kürzte ihre Pension auf viertausen Rupien im Monat. Schriftlich beklagte sich Rani Jindan bei Henry Lawrence:

»Die uns zugemessene Behandlung ist keinem anderen Herrscherhaus erteilt worden. Warum wird vom Reich hinterlistig Besitz ergriffen? Warum nicht offen? Einerseits geben Sie eine freundliche Vorstellung, und dann lassen Sie uns einsperren. Schützen Sie drei oder vier Verräter und übergeben Sie das ganze Pandschab dem Schwert.«

1 Guru Gobind Singh (1666–1708), der zehnte und letzte Guru der Sikhs. Er formte die Glaubensgemeinschaft der Sikhs in einen religiösen Kampfbund um.

2 Banda (1670–1716). Er entfachte 1709 im Pandschab eine Erhebung gegen die muslimische Herrschaft. 1715 mußte Banda sich jedoch ergeben und wurde im folgenden Jahr hingerichtet.

3 Maharadscha Ranjit Singh (1780–1839). Unter seiner Führung bauten die Sikhs ein unabhängiges Reich in Nordwestindien auf.

4 Maharadscha Sher Singh, ein angeblicher Sohn Ranjit Singhs. Am 15. September 1843 fiel er einem Mordanschlag zum Opfer.

6 Lal Singh (gest. 1867), letzter *Wazir* des Sikh-Reiches.

◁ *5* Attacke des 16. Ulanenregiments in der Schlacht von Aliwal am 28. Januar 1846.

CHARGE OF H.M. 14TH LIGHT DRAGOONS AT THE BATTLE OF RAMNUGGUR. Nov 22nd 1848.

7 Angriff der 14. Leichten Dragoner im Gefecht von Ramnuggar am 22. November 1848.

9 Fahnenabordnung der 15. Ludhiana Sikhs, circa 1910. 1922 wurde das Regiment das 2. Bataillon des 11. Sikh-Regiments.

◁ *8 Hodson's Horse* im Jahre 1857. Viele Sikhs dieses in britischen Diensten stehenden Regiments waren früher bei den *Ghorchurras* geritten.

10 Sunder Singh Majithia (1872–1941), reicher Landbesitzer und Politiker, der die britische Herrschaft befürwortete.

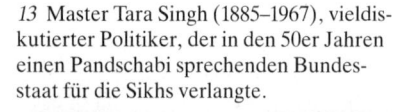

11 Mohan Singh (geb. 1909), Kommandeur der *Indian National Army* (I.N.A.), die im Zweiten Weltkrieg gegen die Briten kämpfte.

13 Master Tara Singh (1885–1967), vieldiskutierter Politiker, der in den 50er Jahren einen Pandschabi sprechenden Bundesstaat für die Sikhs verlangte.

12 Baldev Singh (1902–1961), erster Verteidigungsminister der Indischen Union.

14 Sant Fateh Singh (gest. 1972). Er entzweite sich in den sechziger Jahren mit Master Tara Singh und führte daraufhin eine eigene Sikh-Partei *(Sant Akali Dal).*

15 Sant Jarnail Singh Bhindranwale, radikaler Fundamentalist, den einige seiner Anhänger als den »Khomeini der Sikhs« bezeichneten.

16 Lesung im Goldenen Tempel.

17 Khushwant Singh, auch in Europa bekannter Journalist und Sikh-Historiker.

18 Sant Harchand Singh Longowal, gemäßigter Führer des *Akali Dal*. Am 20. 8. 1985 erschossen ihn extremistische Sikhs.

19 Der beschädigte *Akal Takht* nach der Operation »Blauer Stern« im Juni 1984.

Am 16. Mai 1848 wurde die Rani aus dem Fort entlassen. Sollte sie sich verdächtig machen, so teilte man ihr mit, würde sie aus dem Pandschab verbannt werden. Angeblich hatte sie während ihres Hausarrests versucht, einige Offiziere zur Besetzung des Forts von Lahore anzustiften. Ähnliches soll sie auch für Peshawar, Ferozepur, Jammu und Mukerian geplant haben.

Als Rani Jindan mit der Empörung in Multan in Verbindung gebracht wurde, verbannten sie die Briten am 16. Mai 1848 nach Benares und inhaftierten sie dort. Die britischen Behörden setzten ihre Pension auf tausend Rupien im Monat herab. Ihr Schmuck wurde aber zurückerstattet.

Im Oktober 1848 nahm sich Rani Jindan einen britischen Rechtsanwalt, um sich an den Generalgouverneur zu wenden und nach den Gründen ihrer schlechten Behandlung zu fragen sowie um eine Erhöhung ihrer monatlichen Pension zu erbitten. Ihr Gesuch wurde jedoch abgelehnt.

In einem Brief forderte sie nun den Radscha Sher Singh auf, die *Malechhas* (Barbaren) zu verjagen. Der Inhalt des Briefes wurde aber bekannt, und die Briten brachten die Rani nach Fort Chunar in Bihar. Am 15. April 1849 gelang es ihr dort zu entkommen und nach Nepal zu fliehen. Ihr Schmuck wurde daraufhin beschlagnahmt, sie hatte jedoch vorher einige kostbare Steine an sich genommen. In Nepal bat sie um Asyl, das ihr auch gewährt wurde. Hier erfuhr sie, daß die Briten in der Zwischenzeit das Pandschab annektiert und ihren Sohn abgesetzt hatten. Ihre Auslieferung schienen die Briten jedoch nicht gefordert zu haben, nur als der König von Nepal am 8. März 1850 einen Empfang für sie vorbereitete, protestierte der britische Resident, und der König zog die Einladung zurück. Als Rani

Jindan Briefe an gefangene Sikhs in Allahabad schrieb, und dies publik wurde, forderte man sie auf, sich nicht auf antibritische Aktivitäten einzulassen. Nunmehr plante sie, nach Kaschmir zu fliehen, wo sich Gulab Singh angeblich bereit erklärt hatte, sie aufzunehmen. Die Briten erfuhren jedoch von diesem Vorhaben und warnten sie, britisches Territorium zu betreten. Später nahm sie Kontakt mit ihrem Sohn auf, der sich zu dieser Zeit in London aufhielt. Nach 1857 gestattete die britische Regierung der Rani Jindan, nach London zu reisen. Sie erhielt ihr eingefrorenes Guthaben zurück, und die Behörden erhöhten ihre Pension auf 2500 Rupien im Monat. Sie erklärte sich damit einverstanden und begab sich zusammen mit Dalip Singh im April 1861 auf die Reise nach London. Ihr Sohn war nach Indien gekommen, um sie abzuholen. Im Juli trafen sie in London ein. Zwei Jahre später starb Rani Jindan in der Fremde, fast blind, körperlich und geistig gebrochen. Dalip Singh erfüllte den Wunsch seiner Mutter und streute 1864 ihre Asche in einen indischen Fluß.

Maharadscha Dalip Singh war elf Jahre alt, als er entthront wurde. Nach der Unterzeichnung des Annexionsvertrages vom 5. April 1849 brachten ihn die Briten nach Fatehgarh an der Ganga. Der Junge wurde in die Obhut Sir John Logins gegeben. Unter dessen Einfluß trat Dalip Singh zum Christentum über. 1854 wurden er und sein Vetter Prinz Shiv Dev Singh nach Großbritannien gebracht. Dalip Singh erhielt in Elvedon in Suffolk ein Gut. Nachdem er 1864 die Asche seiner Mutter der Godavri übergeben hatte, heiratete er auf der Rückreise in Alexandrien Bamba Müller, die Tochter eines deutschen Kaufmannes und einer Abessinierin. Die beiden hatten fünf Kinder.

Zwanzig Jahre lang führte Dalip Singh danach juristische Auseinandersetzungen mit den britischen Behörden. Die Hoffnung, sein Reich zurückzuerhalten, hatte er aufgegeben. Aber er kämpfte um die Rechte an seinem Privatbesitz in Gujranwala und an den Salzbergwerken in Pind Dadan Kan sowie um eine Erhöhung seiner Pension. Seiner Loyalität gegenüber der britischen Regierung tat dies keinen Abbruch. Zwar stellte Dalip Singh den Annexionsvertrag des Jahres 1849 als ungerecht und ungesetzlich hin, aber er leitete daraus keine politischen Forderungen ab. Seine Beschwerde lautete, daß zwar der Koh-i-Nur in dem Vertrag deutlich erwähnt und der britischen Königin zugesprochen worden war, daß aber die anderen Pretiosen sowie der persönliche Besitz davon unberührt geblieben seien. Diese Werte sollten ihm zurückerstattet werden. In einem Gesuch vom 29. März 1882 machte Dalip Singh sogar die Sikh-Armee für den unprovozierten Angriff auf die Briten im ersten Sikh-Krieg verantwortlich.

In einem Schreiben vom 16. Januar 1886 versuchte er erneut, die Briten von seiner Lauterkeit zu überzeugen und erklärte: »Ich trachte nicht danach, auf den Thron des Pandschabs wiedereingesetzt zu werden.«

Als alle seine Bemühungen nichts einbrachten, beschloß Dalip Singh, nach Indien zurückzukehren. Seine Landsleute bat er in einer Proklamation um Verzeihung:

»Es war nicht meine Absicht, jemals nach Indien zurückzukommen und dort zu leben, aber *Sutguru* [der wahre Gott], der das Schicksal beherrscht und mächtiger als ich, sein irriges Geschöpf, ist, hat Umstände bewirkt, daß ich gegen meinen Willen gezwungen bin, England zu verlassen, um in Indien in anspruchsloser Umgebung zu wohnen. Ich unterwerfe mich Seinem Willen, überzeugt, daß alles, was zum besten ist, geschehen wird.

Ich bitte daher jetzt Euch, Khalsajee, die Reinen, um Vergebung, da ich den Glauben meiner Vorfahren aufgegeben habe, aber ich war sehr jung, als ich das Christentum annahm. Es ist mein ehrlicher Wunsch, Pahul zu vollziehen, sobald ich in Bombay eintreffe, und ich hoffe aufrichtig auf Euere Gebete bei diesem feierlichen Ereignis. Aber indem ich zum Glauben meiner Vorfahren zurückkehre, müßt ihr, Khalsajee, deutlich zur Kenntnis nehmen, daß ich nicht die Absicht habe, mich nach den Irrtümern zu richten, die von jenen in den Sikhismus eingeführt wurden, die keine echten Sikhs waren, wie zum Beispiel das elende Einhalten von Kasten oder Enthaltsamkeit von Fleisch und geistigen Getränken, was Sutguru bestimmt hat, um von allen Menschen mit Dankbarkeit anerkannt zu werden, sondern nach den reinen und schönen Lehren Baba Nanaks und den Befehlen Guru Gobind Singhs.

Ich bin gezwungen Euch dies zu schreiben, da es mir nicht gestattet ist, Euch im Pandschab aufzusuchen, was ich sehr gehofft hatte zu tun.«

Im einfachen Volk kam es zu großer Erregung, und bei den Sikhs in der britischen Armee kursierten die wildesten Gerüchte. Die Sikh-Führer, die sich inzwischen ihrer Jagirs sicher waren, lehnten es jedoch ab, Dalip Singh zu unterstützen. Auch die antibritische Sikh-Sekte der Kukas trat nicht für die Sache Dalip Singhs ein. Ihr Führer Ram Singh schrieb aus der Verbannung in Rangun: »Wenn Dalip Singh kommt, behandelt ihn wie einen Fremden. Er, der von der Kuh gegessen hat, von welchem Nutzen wird er für uns sein?«

In Kairo wurde Dalip Singh untersagt, weiter als nach Aden zu reisen. Er befolgte die Anordnung und nahm am 25. Mai 1886 in Aden Amrit aus den Händen seines Cousins Thakar Singh Sandhawalia und vier anderer Sikhs entgegen. Am nächsten Tag forderten die Behörden Thakar Singh Sandhawalia auf, nach Indien zurückzukehren.
Dieser gehorchte, setzte sich dann aber in die französische Enklave Pondicherry an der südlichen Ostküste Indiens ab. Dort propagierte er die Sache Dalip Singhs bis zu seinem Tod am 18. August 1887.
Nach seinem mißglückten Versuch, nach Indien zu gelangen, tauchte Dalip Singh in Paris auf. Ein Jahr oder etwas länger blieb er in der französischen Hauptstadt. Thakar Singh Sandhawalia wurde von ihm am 10. Januar 1887 in einem Brief zum »Wazir« ernannt. Damit demonstrierte er sehr eindeutig, daß er seine Thronansprüche keineswegs aufgegeben hatte.
Danach erschien Dalip Singh in Moskau. Ein Leitartikel einer Moskauer Zeitung berichtete im September 1887, wie Dalip Singh von den Briten um sein Reich betrogen worden sei:
»Man erlaubte ihm nicht, in Cambridge oder Oxford ausgebildet zu werden, aus Angst, seinen Geist zu entwickeln. Aber er forschte eifrig in der Bibliothek des Britischen Museums, wo er erfuhr, wie er beraubt worden war. Er richtete seinen Einspruch an Lord Salisbury, und als er keine Entschädigung erhielt, begab er sich nach Indien, um seinen persönlichen Einfluß geltend zu machen, aber er wurde in Aden festgenommen und zurückgeschickt. Zu dem Schluß gekommen, daß ihm von England keine Gerechtigkeit widerfahren konnte, vertraute er sich schließlich Rußland an.

Er hatte sich entschlossen, alle Beziehungen zu England abzubrechen und sich in Rußland niederzulassen. Wir heißen ihn mit der Überzeugung willkommen, daß er bei uns all die Anteilnahme finden wird, die sein Schicksal verlangt.«

Der Aufenthalt in Rußland brachte Dalip Singh aber nichts ein. Er konnte weder die russische Staatsbürgerschaft erlangen noch ein Gespräch mit dem Zaren erreichen. Seinen Lebensunterhalt bestritt er mit dem Verkauf seiner Juwelen und fürstlichen Kleider.

1888 kehrte Dalip Singh niedergeschlagen nach Paris zurück. Im Juli 1890 wurde er von einer Lähmung befallen und starb drei Jahre später. Der Leichnam wurde nach Suffolk überführt. Fern der Heimat fand der letzte Maharadscha des Sikh-Reiches ein ruhmloses Ende.

Konsolidierung

Als die Briten 1849 das Pandschab annektierten, wurde die Sikh-Armee größtenteils aufgelöst. Etwa 40 000 Soldaten wurden entlassen. Ein Teil von ihnen wandte sich bäuerlicher Arbeit zu, andere wurden kriminell, was die britischen Behörden jedoch rasch unterbanden. Die Briten zerstörten alle Forts außer denen, die sie für ihre Besatzungstruppen benötigten. Diejenigen Sikh-Truppen, die nicht an Sher Singhs Rebellion beteiligt gewesen waren, wurden zu einer Musterung nach Lahore beordert. Unter der Leitung eines Leutnants Becher suchten die Briten diensttaugliche Offiziere und Mannschaften für neue Einheiten aus. Überalterte Soldaten wurden pensioniert. Gefolgsleute jener Feudalherren, die sich als loyal erwiesen hatten, erhielten Pensionen oder wurden in die neuen lokalen Streitkräfte übernommen. Generalgouverneur Lord Dalhousie übermittelte am 20. September 1849 folgende Anordnungen über die Auflösung der feudalen Aufgebote nach Lahore: »Keinem Feudalherren des Pandschabs soll es gestattet sein, berittene Aufgebote zu unterhalten ... Alle *Sowars* (eigentlich *Savar*-Reiter), die für eine Anstellung in der berittenen Polizei bezüglich Körperkraft, Ausstattung, Alter und Charakter als geeignet in Frage kommen, könnten mit zwanzig Rupien pro Monat in Dienst genommen werden. Alle, die wegen der obigen Gründe als ungeeignet angesehen werden oder nicht willens sind zu dienen, sollen entweder mit einer Pension oder einem Geldgeschenk entlassen werden.«

Die Auflösung der feudalen Aufgebote hatte sowohl militärische als auch finanzielle Gründe. Ihre Aufrechterhaltung überstieg die Kosten der britischen irregulären Kavallerie um zwanzig Prozent. Ihr Leistungsvermögen lag dagegen weit darunter.

Anhand der Pensionen war die britische Beschwichtigungspolitik gegenüber den Sikhs klar zu erkennen. Im allgemeinen gab es im Pandschab die höchsten Pensionen. Sie richteten sich in der Regel nach der früheren Bezahlung und der Anzahl der Dienstjahre. Deutlich unterschieden die Briten dabei zwischen loyalen und »rebellischen« Sikhs. So hatte zum Beispiel ein Sikh namens Dyah Singh für seine dreißigjährige Dienstzeit eine Pension von 135 Rupien im Jahr erhalten, aber da der Mann zum Zeitpunkt der Empörung in Multan sein Dorf mit seiner Familie verlassen hatte und erst nach dem Gefecht von Gujrat wieder erschienen war, wurde ihm seine Pension vorenthalten.

Sikhs, die nicht mehr diensttauglich waren oder nicht mehr dienen wollten, erhielten eine Pension, die einem Drittel oder einem Viertel des Soldes des »unberittenen Dienstes« entsprach. Die Briten übernahmen auch die Verpflichtung der Sikh-Regierung, den Familien der im ersten Sikh-Krieg gefallenen Soldaten Pensionen zu zahlen. Diese richteten sich nach der Anzahl der minderjährigen Kinder und dem Dienstgrad des Gefallenen.

Da die soldatischen Eigenschaften der Sikhs hinreichend

bekannt waren, gingen die Briten daran, sie für ihre Zwecke zu nutzen. Sikh-Soldaten dienten auf britischer Seite bereits seit 1846. In diesem Jahr hatten die Briten die Gebiete der Cis-Sutlej Sikhs annektiert. Damals waren zwei Regimenter aufgestellt worden, die sich hauptsächlich aus Malwa-Sikhs zusammensetzten. Beide Regimenter wurden später als irreguläre Einheiten der bengalischen Armee einverleibt. Von Anfang an war beabsichtigt worden, sie außerhalb des Pandschabs einzusetzen. Für den allgemeinen Einsatz waren vier Regimenter in den annektierten Cis-Sutlej Gebieten aufgestellt worden, die den Sutlej zu beobachten hatten. Die Regimenter hießen *Local Sikh Infantry Regiments*, aber trotz dieser Bezeichnung bestanden sie nur zum Teil aus Sikhs. Die anderen Regimentsangehörigen waren Radschputen und Muslime. Bis 1849 waren die vier Regimenter am Sutlej stationiert. Zwei davon nahmen dann zur vollsten Zufriedenheit der Briten an der Belagerung Multans teil.

Aufgrund dieser positiven Erfahrungen beschloß der britische Generalgouverneur, auch Sikhs aus dem Pandschab anzuwerben. Als vorbereitende Maßnahme wurde die Bevölkerung entwaffnet. Nach sechs Wochen waren an die 120 000 Waffen abgeliefert. Im April 1849 gaben die Briten allgemeine Weisungen für die Anwerbung irregulärer Streitkräfte heraus. Die pandschabische *Irregular Frontier Force* sollte aus fünf Infanterie- und fünf Kavallerieregimentern bestehen. Ihr Aufgabenbereich sah die Aufrechterhaltung des inneren Friedens und die Bewachung der westlichen Grenze vor. Für den Dienst in der Wüste wurde ein Kamelreiterkorps aufgestellt und der *Irregular Frontier Force* angegliedert.

Nachdem die Weisungen für die Aufstellung der neuen Truppen erteilt worden waren, wurde Lord Dalhousie in London heftig kritisiert, da ein Kontingent aus Sikhs als äußerst gefährlich angesehen wurde. In einem privaten Brief vom 10. Juli 1849 stellte der Generalgouverneur die Kritik als unbegründet hin. Er verwies auf die Tatsache, daß in der neuen Streitmacht nur vierhundert Sikhs dienten, davon achtzig in jedem Infanterieregiment, keiner bei der Kavallerie. Von vornherein war bestimmt worden, die Anzahl der Sikhs auf achtzig pro Fußregiment zu begrenzen.

Ein Mißverständnis dieser Vorschrift führte dann aber doch zu einer größeren Anzahl Sikhs, da auch Sikh-Offiziere angeworben wurden. Diese Sikhs blieben dann in der Truppe. Offensichtlich wurden jedoch auch Sikhs für die Kavallerie angeworben, denn dies wurde im September 1849 verboten. Vermutlich mußte Lord Dalhousie das Verbot unter dem Druck einflußreicher Kreise in London anordnen.

Am 1. August 1854 hatten die pandschabischen irregulären Truppen eine Stärke von 17 469 Mann. Nur 1 792 der Soldaten waren Sikhs. Kurz nach der Annexion des Pandschabs stellten die Briten der normalen Polizei eine halbmilitärische Truppe zur Seite, die *Military Police*. Sie sollte aus 2700 Reitern und 4800 Mann zu Fuß bestehen. Mit ihrer Hilfe sollten gegebenenfalls Unruhen ohne den Einsatz von regulärem Militär unterdrückt werden. Den Kern dieser Einheiten bildeten vier Sikh-Regimenter, die 1848 die Briten unterstützt hatten und denen eine weitere Verwendung zugesagt worden war. Sie durften sogar ihre alten Uniformen tragen. 1853 bekam diese Truppe ein weiteres

Bataillon, das vor allem im Distrikt von Amritsar rekrutiert wurde. Die Briten wollten dadurch die Haltung junger Sikhs gegenüber der Kolonialmacht feststellen. Zu diesem Zeitpunkt traten immer mehr Sikhs in britische Dienste. Zahlreiche Sikhs schienen auch bei der normalen Polizei gedient zu haben, die 1853 eine Stärke von 9 500 Mann besaß. 228 Polizeistationen sicherten das Pandschab.

Die dritte Möglichkeit, Sikhs im militärischen Bereich zu verwenden, war die Rekrutierung für die Armeen der Ostindischen Kompanie. Lord Dalhousies erste Versuche in dieser Richtung stießen auf Abneigung und Widerstand. Die Sepoys der bengalischen Armee waren vorwiegend hochkastige Hindus, die andere Rekruten wegen deren Kaste oder Religion nicht akzeptierten. Außerdem hatten Sepoys und Sikhs erst kurz zuvor gegeneinander gekämpft – Grund genug, pandschabische Rekruten außer acht zu lassen. Auch die britischen Offiziere teilten mehr oder weniger diese Ansichten. Lord Dalhousie setzte jedoch sein Vorhaben durch. Ein Rundschreiben des britischen Oberbefehlshabers an die kommandierenden Offiziere stellte im Februar 1851 klare Richtlinien bezüglich der Rekrutierung von Sikhs in die Armee auf. Demzufolge mußte kein Sikh sich Bart und Haupthaar schneiden lassen. Ebenso durften Sikhs nicht an der Zeremonie ihrer Taufe gehindert werden. Die Förderung ihrer Eigenständigkeit war offensichtlich. Jedem Regiment sollten nicht mehr als hundert Sikhs zugeteilt werden. In den Kompanien sollten sie zu gleichen Teilen untergebracht werden.

Die Vorbehalte der Rekrutierungsoffiziere und die unfreundliche Haltung hochkastiger Sepoys waren jedoch für viele Sikhs nicht gerade eine Ermunterung, in die

Armeen der Ostindischen Kompanie einzutreten. Die hindustanischen Sepoys aus Oudh betrachteten angeworbene Sikhs als unrein und klagten über deren Gewohnheit, ihre langen Haare mit geronnener Milch zu frisieren. Traditionelle Rekrutierungsgebiete wie Oudh wurden dem Pandschab vorgezogen. Aus diesem Grund konnte meistens die geplante Anzahl von hundert Sikhs je Regiment nicht erreicht werden.

Um das Wohlwollen aller Sikhs zu erlangen, waren die britischen Distriktsbehörden streng angewiesen, nicht gegen lokale Bräuche und Einrichtungen zu verstoßen. Henry Lawrence erließ am 21. März 1847 eine Anweisung, die britischen Untertanen untersagte, Sikh-Tempel mit Schuhen zu betreten. Im Amritsar verboten die Briten das Schlachten von Kühen.

Besonders förderten die britischen Kolonialherren die Landwirtschaft des Pandschabs. Neue Arten von Feldfrüchten wurden eingeführt, und bald wuchsen in den Ebenen New Orleans-Baumwolle, Zuckerrohr, Flachs, Tabakpflanzen und verschiedene Wurzelgemüse. Auf den Hängen der Murree-Berge und im Kangra-Tal wurde Tee angebaut. Im Pandschab gab es eine große Anzahl von Maulbeerbäumen, und so kurbelte die Einfuhr von Seidenraupen die Seidenraupenzucht an. Außer Straßen wurden auch zahlreiche Kanäle gebaut und zwischen Lahore und Multan eine Eisenbahnlinie vermessen, die 1859 fertiggestellt wurde. Generell erfreuten sich die Briten zunehmender Beliebtheit. Englisch wurde die Sprache der höheren Verwaltung.

Durch die Kultivierung öder Gebiete wurde die Bauernschaft des Pandschabs im Lauf der Zeit zur wohlhabendsten Britisch-Indiens. Vor allem die Sikhs profitierten von dieser Entwicklung. Die Briten verbündeten sich fest und dauerhaft mit den Großgrundbesitzern unter den Hindus, Muslimen und Sikhs und sorgten dafür, daß diese in möglichst ungetrübtem Verhältnis zu ihren Pächtern lebten. Ländliche Unruhen brachen deshalb später zumeist in Bengalen, Oudh, Haiderabad und an der Malabar-Küste im Südwesten aus.

Zu ihrer Überraschung stellten die Briten fest, daß die Fähigkeit zu lesen und zu schreiben im früheren Sikh-Reich weiter verbreitet war als in einigen britischen Provinzen. Im Pandschab existierten zahlreiche Grundschulen, davon sechzehn für Mädchen in Lahore. Frauen hatten im Sikhismus mindestens seit der Zeit Guru Gobind Singhs einen Status vergleichbar mit dem der Männer. Sie vollzogen wie die Männer Pahul, und der Glaube schrieb keine unterschiedlichen Pflichten (*dharma*) für die verschiedenen Geschlechter vor. Frauen verrichteten ihre Andacht in den Gurdwaras mit den Männern und trugen keinen Schleier. Die Briten erlaubten die Weiterführung der einheimischen *Madrasas* (Schulen) und richteten in den größeren Städten eine Anzahl Schulen für höhere Bildung ein. Gegen Ende des 19. Jahrhunderts waren dann Sikh-Frauen aus dem zentralen Pandschab ebenso gut erzogen wie christliche Frauen. Außerdem wurde beschlossen, in dem annektierten Gebiet Persisch für Urkunden und im östlichen Pandschab das mit persischen Lehnwörtern gespickte Urdu weiter zu gebrauchen. Gesprochen wurde außer Hindustani (eine Dialektgruppe des West-Hindi) Pandschabi, das wie andere Spachen Nordindiens vom Sanskrit herstammt. Aufgrund des muslimischen Einflusses waren arabische, persische und türkische Worte ins Pandschabi aufgenommen worden. Englische Worte fanden nur im Bereich der Technik und Verwaltung Eingang.

Auch für die Beziehungen zwischen Hindus und Sikhs blieb die Einverleibung des Pandschabs nicht ohne Folgen. Während der Herrschaft der Sikhs war die Unterscheidung zwischen Sikhs und Hindus nur noch formaler Art gewesen. Die neue Sikh-Nobilität hatte die Gewohnheiten hinduistischer Radschputen-Prinzen übernommen. Man verehrte neben dem Adi Granth hinduistische Götter, unternahm Wallfahrten zu heiligen Stätten der Hindus, befragte Wahrsager und zwang Witwen, sich auf den Scheiterhaufen ihrer Gatten zu opfern. Als die Macht der Sikhs unterging, wandte sich eine große Anzahl Hindus, die die Gewohnheiten der Khalsa angenommen hatten, wieder dem orthodoxen Hinduismus zu. Ihrem Beispiel folgte eine beträchtliche Zahl jener, die seit mehreren Generationen der Khalsa angehört hatten. Mancher Brite meinte damals, daß in absehbarer Zeit der Sikhismus ganz im übermächtigen Hinduismus aufgehen werde. Doch es kam anders.

Am 11. Mai 1857 traf in Lahore die Nachricht ein, daß es in Meerut, einer britischen Garnison nordöstlich von Delhi, zu einer Meuterei der Sepoys gekommen war. Unter vielen Sepoys war es in diesem Jahr schon zu Unruhen gekommen, als neu eingeführte Gewehre einer Munition bedurften, die bei längerem Lagern eingefettet werden mußte. Es kursierte das Gerücht, die Patronen seien mit Schweinefett und Rindertalg eingefettet. Da die Kuh den Hindus heilig ist, das Schwein von den Muslimen gemäß ihren religiösen Bräuchen gemieden werden muß, waren beide Konfessionen gleichermaßen beleidigt. Sikh-Soldaten hingegen teilten nicht den Groll der hindustanischen Sepoys. Falls sie irgendeine Abneigung hegten, dann gegenüber den hindustanischen Sepoys selbst – den Pandschabis als *purabiah* (Ostländer) bekannt –, die es für unter ihrer Würde hielten, mit Sikhs zu verkehren. In Meerut löste die Degradierung von 85 Sepoys, die sich bei einer Schießübung geweigert hatten, Patronen zu empfangen, von denen sie glaubten, sie seien mit Schweinefett oder Rindertalg eingefettet, die Meuterei aus.

In Lahore erfuhren die Briten am 12. Mai 1857 von der Einnahme Delhis durch die Meuterer. Man blieb äußerlich gelassen und veranstaltete abends sogar einen Gesellschaftstanz. Am Morgen des nächsten Tages fand eine Militärparade statt, und trotz des großen Risikos – es war nur ein britisches Bataillon zur Stelle – ließ der britische Kommandant die drei Sepoy-Regimenter entwaffnen. Britische Soldaten übernahmen die Kontrolle des Forts und Arsenals von Lahore. Bis Ende Juli wurden dann 13 000 Sepoys im Pandschab entwaffnet. Die Entwaffnung verlief allerdings nicht immer glatt. In Jhelum kam es zu Blutvergießen, 180 Sepoys wurden in den Kämpfen getötet. In Sialkot erschossen die Sepoys einige ihrer Offiziere und machten sich auf den Weg nach Delhi. Bei Trimmu Ghat an der Ravi fing sie Oberstleutnant Nicholson mit zuverlässigen Truppen ab. Fast alle der aufrührerischen Sepoys fielen in den anschließenden Gefechten.

In Lahore kam es zu ernsthaften Zwischenfällen, als entwaffnete Regimenter widerspenstig wurden. Sepoys des 26. Regiments griffen plötzlich ihre Offiziere an und flüchteten entlang der Ravi nach Norden. Sie gerieten in einen Hinterhalt eines Polizeiaufgebotes und bewaffneter Dörfler. Die Überlebenden suchten auf einer Insel Zuflucht, wurden aber später von einer Truppe unter der Führung des Vizekommissars von Amritsar angegriffen. Vizekommissar Cooper ließ 237 gefangengenommene Sepoys gruppenweise erschießen, 42 weitere wurden anschließend vor Kanonen gebunden und zerfetzt.

Eine ähnliche Tragödie ereignete sich im Nordwesten, als in der letzten Augustwoche in Peshawar Soldaten die Kaserne eines entwaffneten Regiments nach Waffen durchsuchten und dabei von Sepoys angegriffen wurden. Fünfzig Aufrührer wurden erschossen, entflohene Sepoys gejagt und getötet. Elefanten der Intendantur machten die Kaserne des Regiments dem Erdboden gleich.

Abgesehen von diesen Vorfällen und einer Erhebung der muslimischen Kharal-Stämme im September 1857 blieb das Pandschab von größeren Unruhen verschont. Die Briten konnten sich auf die Sikhs verlassen. Die Radschas von Jind, Patiala, Nabha, Kalsia und Kapurthala boten freiwillig ihre Dienste an und stellten siebentausend Mann zur Verfügung. Maharadscha Gulab Singh schickte aus Kaschmir 2267 Infanteristen, 190 Reiter und 140 Kanoniere. Im Pandschab meisterten die Briten die Situation, aber in weiten Gebieten des übrigen Nordindiens breitete sich der Aufstand der Sepoys wie ein Buschfeuer aus. Bald stand ganz Oudh in Flammen, und es sickerten Nachrichten durch, die Revolte ziehe ihre Kreise bis Kalkutta. In Delhi war Großmogul Bahadur Shah II., dem die Briten Titel und Hofstaat belassen hatten, zwar über das Auftreten der Meuterer und die möglichen Folgen der Empörung bestürzt gewesen, hatte aber den Aufrührern seine Hilfe nicht verweigert. 490 Kilometer südöstlich von Delhi, in Cawnpore, stellte sich Nana Sahib, der Maharadscha von Bithur, sogar an die Spitze der Rebellen. Die Lage der Briten wurde immer verzweifelter. Im Vergleich zu anderen Teilen Britisch-Indiens war Großbritanniens militärisches Potential im Pandschab am größten. Da britische Verstärkungen aus dem Mutterland nicht vor Jahresende eintreffen konnten, hing die Zukunft Britisch-Indiens vom Pandschab ab. Lord Dalhousies Politik hatte die Position der Bauernschaft im Pandschab gestärkt, die alte Führungsschicht der Sikhs hatte ihren Einfluß verloren. Außer Tej Singh hatte keiner genügend Macht, um zahlenmäßig starke Truppen auszuheben. Die prominenten Sikhs, die 1848/49 gegen die Briten gekämpft hatten, waren inzwischen tot oder lebten in Verbannung. Chattar Singh war im Januar 1856 gestorben, sein Sohn Sher Singh lebte im Exil von Benares, wo er am 7. Mai 1858 starb. Im Augenblick also hatten die Briten keine andere Wahl, um die Meuterei niederzuwerfen, als sich auf pandschabische Truppen zu stützen, wobei sich die Briten allerdings bemühten, den Ernst der Situation vor den Pandschabis nach Möglichkeit zu verschleiern.

Obgleich die Sikhs in den pandschabischen Streitkräften eine Minderheit waren, dominierten sie dennoch aufgrund ihrer militärischen Kenntnisse. Den alten Soldaten der früheren Sikh-Armee mißtrauten die Briten aber weiterhin. Hochkommissar John Lawrence in einem Schreiben vom 18. Mai 1857:

»Ich möchte keine großen Einheiten der alten Sikhs aufstellen. Ich erinnere mich an ihr starkes Nationalgefühl ... und wie viel sie durch unseren Untergang zu gewinnen haben. Daher werde ich nicht zustimmen, Aufgebote der alten Sikhs zu errichten.«

John Lawrence hielt es für weniger gefährlich, junge Sikhs zu rekrutieren, die nicht von alten Vorstellungen durchdrungen waren. Gerüchte, die besagten, daß der Großmogul in Delhi jenen hohe Belohnungen anbot, die Sikhs töteten und deren Köpfe mitbrachten, kamen natürlich den britischen Interessen zugute. – Als sich die Sikhs einiger Regimenter bereit erklärten, von ihren alten Einheiten abgesondert zu werden, ordnete Hochkommissar John Lawrence am 13. Juni 1857 an, alle Sikhs und Pandschabis an gesonderte Einheiten abzugeben. Achtzehn neue Regimenter wurden innerhalb weniger Monate aufgestellt. Diese Regimenter ersetzten zum Teil Truppen, die gegen die Aufrührer in Delhi operierten, oder hielten entwaffnete Sepoys der bengalischen Armee in Schach. Der Anteil der Sikhs betrug pro Regiment 300 bis 320 Mann. So verteidigten Sikh-Soldaten britische Einrichtungen und Familien in Allahabad, Benares, Lucknow, Kanpur, Arrah und anderen Zentren des Sepoy-Aufstandes. Es gab aber auch vereinzelte Fälle, wo Sikhs mit den Meuterern gemeinsame Sache machten. So meuterte am 3. Juni 1857 in Benares ein Bataillon der *Ludhiana Sikhs*. Viele der Meuterer fielen im Kampf oder wurden gehängt. Diejenigen Sikhs aber, die in Benares das Gerichtsgebäude und die Schatzkammer bewachten, blieben loyal. – Die Briten gingen nun daran, Delhi, den Sitz des rebellischen Großmoguls, einzunehmen. Da es den Belagerungstruppen an fähigen Kanonieren mangelte, sah sich John Lawrence doch gezwungen, die Anwerbung alter Sikh-Artilleristen zu gestatten. Ende Juni wurden in Lahore 120 Kanoniere angeworben. Dreihundert bis vierhundert erfahrene Sikh-Kanoniere dienten dann später bei den Belagerungstruppen vor Delhi.

Außer regulären Kavallerieregimentern entstand in jenen Tagen auch eine Reitertruppe, die als *Hodson's Horse* berüchtigt wurde. Die Männer dieser Einheit waren zum Großteil Sikhs, von denen die meisten früher in den Reihen der Ghorchurras gekämpft hatten. Die ersten hundert Sikhs für seine Truppe »lieh« sich Leutnant Hodson vom Radscha aus Jind. Aufgrund der Umstände führte Hodson seine Reiter gleich ins Gefecht. Für eine richtige Ausbildung blieb keine Zeit. Ein Augenzeuge schrieb über das Regiment:
»Zum Glück hatte es eine große Anzahl alter Khalsa-Krieger, und es erforderte nicht viel Zeit, sie zu verwenden. Die Männer waren bloß mit Säbel und Luntenschloßgewehr bewaffnet sowie gelegentlich mit einem langen Speer, ganz nach persönlichem Geschmack. Sie brachten ihre eigenen Pferde mit.«
Hodson's Horse – wegen der roten Schärpen und Turbane als »Die Flamingos« bekannt – beteiligte sich an der Abwehr von Angriffen aus Delhi und begab sich häufig auf Erkundungsritte, die jedoch zu regelrechten Strafexpeditionen entarteten.
Insgesamt nahmen über zweitausend Sikhs an der Belagerung Delhis teil. Vom 8. bis 14. September 1857 dauerte das Feuer der Angriffsbatterien, dann traten die Briten und die loyalen Inder zum Sturm an. Am Abend des 14. September war Delhi zum Teil genommen. Sieben Tage lang wüteten die Straßenkämpfe, ehe der Widerstand der Aufrührer zusammenbrach. Delhi wurde geplündert. Sikhs gehörten zu den ersten, die in den Palast des Großmoguls eindrangen. Sie erwiesen sich als wahre Meister des Plünderns. Ein britischer Augenzeuge berichtete:

»Niemals sah ich solche Kerle beim Plündern. Nichts entging ihnen. Was sie nicht mitnehmen konnten, zerstörten sie. Bis zu den Knien watete ich in Tee, den sie ausgegossen hatten. Sie schrien übermütig und lachten wie ein Haufen Schuljungen. Ich sah einen Kerl, der sich in einem großen Spiegel selbst bewunderte und seinen Schnurrbart zurechtstrich. Danach ging er auf die andere Seite des Raumes und schoß bedachtsam auf sein eigenes Spiegelbild. Andere waren damit beschäftigt, herrliche Lüster mit Knüppeln und Gewehren zu zerschlagen.«
Der Plünderung Delhis folgte ein grausames Strafgericht. Galgen wurden aufgestellt, und die Hinrichtungen begannen. Militärische Kommissionen verurteilten Stadtbewohner, die man der Zusammenarbeit mit den Meuterern bezichtigte. Erst im Februar 1858 wurde Delhi einer zivilen Verwaltung unterstellt.
Leutnant Hodson und seinen Reitern gelang es, Bahadur Shah II., die Begum Zeenat Mahal und ihren Sohn Jawan Bakht außerhalb Delhis gefangenzunehmen. Einen Tag später nahmen sie zwei andere Söhne und einen Enkel des Großmoguls fest. Im Schutz seiner Sikhs ignorierte Hodson die Bedrohung durch einen zusammengerotteten Pöbelhaufen, entkleidete die drei Prinzen und erschoß sie kaltblütig mit seinem Karabiner. Sikhs nahmen die drei Leichen und stellten sie vor dem Gurdwara Sis Ganj zur Schau, wo 182 Jahre zuvor ihr Guru Tegh Bahadur hingerichtet worden war. Die Masse der bei und in Delhi geschlagenen Aufständischen zerstreute sich. Viele Sepoys flüchteten in die Zentralprovinzen Indiens, aber auch dort entgingen sie ihrem Schicksal nicht. Die Briten verfolgten sie und machten nicht viel Federlesens. An fast allen diesen

Operationen, die im südlichen Bundelkhand, an der Grenze zu Nepal, in Bihar und Rajputana stattfanden, waren Sikhs beteiligt. Im Mai 1858 bestand beinahe ein Drittel der pandschabischen Streitkräfte aus Sikhs – 13 344 Mann. Den größten Prozentsatz stellten aber nach wie vor Muslime. Das Pandschab war der »Schwertarm« Britisch-Indiens geworden.

Am 8. Juli 1859 erklärte Lord Canning, der Nachfolger Lord Dalhousies:

»Der Krieg ist zu Ende. Die Rebellion ist niedergeschlagen. Der Lärm der Waffen ist nicht länger zu hören. Nicht länger notwendig ist die Gegenwart großer Streitkräfte im Feld. Wiederhergestellt ist die Ordnung, und überall nahm man friedliche Beschäftigungen auf.«

Bereits am 1. November 1858 war die Ostindische Kompanie aufgelöst worden. Indien war nunmehr britische Kronkolonie. Im Pandschab übernahm der bisherige Hochkommissar John Lawrence am 1. Januar 1859 den Posten eines Vizegouverneurs.

Erneuerung oder Reform?

Viele Sikhs waren nach dem Untergang ihres Reiches der Ansicht, daß das Wiederaufleben des Brahmanentums ihre Religion verdorben hatte. Als ihr Glaube unter Maharadscha Ranjit Singh keine Blutsprüfung mehr zu bestehen hatte, war die Unterwanderung durch den Hinduismus gekommen. Hindugötter hatten sich ihren Platz in den Sikh-Tempeln erobert, und das Kastenwesen war wieder eingezogen. Nun kam durch das Christentum eine weitere Bedrohung hinzu. Der junge Dalip Singh war Christ geworden, und viele Sikhs fürchteten einen Mitgliederschwund ihrer Glaubensgemeinschaft. Die ursprüngliche Reinheit ihres Glaubens mußte wiedererweckt werden. Dies hatte religiöse Erneuerungsbewegungen zur Folge, von denen die der *Nirankaris* schon zur Zeit Maharadscha Ranjit Singhs entstanden war.

Während der Herrschaft Ranjit Singhs waren die Hindus des westlichen Pandschabs und jene aus Derajat vom Sikhismus beeinflußt worden. Einige von ihnen hatten sich der Khalsa angeschlossen, die meisten aber nannten sich zwar weiter Hindus, gaben aber die Verehrung der Hindugötter auf, lasen den Adi Granth und nahmen an Sikh-Versammlungen in den Gurdwaras teil. Unter diesen Hindus entstand der Brauch, wenigstens einen Sohn als Kesadhari Sikh zu erziehen. Dieser Hindu-Sikh-Gemeinschaft gehörte Baba Dayal, der Gründer der Nirankari-Bewegung, an. Über Baba Dayal berichten die zeitgenössischen Quellen nur wenig. Er stammte aus Peshawar und war nach Rawalpindi gezogen, wo er seinen Lebensunterhalt als Krämer bestritt. Durch eine Vision von Guru Gobind Singh fühlte er sich berufen, eine Mission zu erfüllen. Vermutlich starb der Gründer der Nirankaris im Jahre 1855. Die Grundzüge seiner Botschaft waren einfach und klar. Baba Dayal betonte den Glauben an den einen und gestaltlosen Gott (*nirankar*) und tabuisierte alle Rituale brahmanischer Art. Erlösung erreichte man durch das Nachsinnen über Gott, Nanak war einzig der maßgebliche Guru und der Adi Granth die heilige Schrift.

Baba Dayals Anhänger stammten überwiegend aus den Kasten der Arora und Khatri (Händlerkasten des Pandschabs). 1855 berichtete die Ludhiana-Mission über die Nirankaris:

»Die Sekte existiert seit acht oder zehn Jahren, aber während der Sikh-Herrschaft ließ sie Furcht sich ruhig verhalten; seit der Ausdehnung der Herrschaft der Kompanie [Ostindische Kompanie] über das Land sind sie kühner geworden und haben mit Unterstützung einiger unserer religiösen Publikationen, um sie mit Argumenten gegen Götzendienst zu versehen, den Hinduglauben heftig angegriffen. Erklärtermaßen lehnen sie jeden Götzendienst ab sowie alle Verehrung und Achtung von allem, was von Sikhs oder Hindus als heilig erachtet wird außer Nanak und seinen Granth. Die Hindus beschweren sich, daß sie sogar die Kuh mißachten. Dieser Höhepunkt mangelnder Ehrfurcht

konnte nicht ertragen werden, und einiger Straßenaufruhr folgte, der die Parteien vor die Zivilgerichte brachte.... Der nächste große wesentliche Grundsatz ihrer Religion lautet, daß Erlösung nur durch Nachsinnen über Gott erreicht wird. Sie betrachten Nanak als ihren Erlöser, da er ihnen den Weg des Heils lehrte. Von ihren besonderen Bräuchen wurden nur zwei Sachen in Erfahrung gebracht. Erstens versammeln sie sich jeden Morgen zur Andacht, die darin besteht, den Kopf vor dem Granth auf den Boden zu neigen, Opfer darzubringen und den Granth zu hören, den einer von ihnen vorträgt und außerdem erklärt, wenn ihr Führer anwesend ist. Zweitens verbrennen sie nicht ihre Toten, da dies sie den Hindus zu sehr angleichen würde. Sie übergeben sie daher den Flüssen.«
Von den Zeitgenossen wurde Baba Dayal zumindest als Neuerer im Bereich religiöser Zeremonien gesehen. Sein Nachfolger wurde sein ältester Sohn, Darbara Singh. 1870 folgte sein dritter Sohn, Rattan Chand, bekannt als Sahib Rattaji. Die grundsätzlichen Lehren Baba Dayals blieben unverändert, aber in anderen Bereichen kam es unter seinen ersten Nachfolgern zu bedeutsamen Entwicklungen. Die eine war das Entstehen des zentralen Heiligtums in Rawalpindi, in dem sich mehrere Exemplare des Adi Granth auf hölzernen Ständern an einem Ende des Versammlungsraumes befanden – im Unterschied zu den meisten Sikh-Gurdwaras, in denen der Adi Granth in der Mitte aufgestellt war. Außerhalb Rawalpindis wurde ferner dort, wo Baba Dayals Leichnam der Lei übergeben worden war, ein Gebäude errichtet, das als Nirankari-Heiligtum diente.
Die zweite wichtige Entwicklung betraf den Bereich der Lebensregeln. Hierbei ging es um den theologischen Kontext

eines Edikts (*hukumnama*), das zur Zeit Darbara Singhs herausgegeben wurde. Das Edikt versicherte, daß Baba Dayal durch Gott und die zehn Sikh-Gurus beauftragt worden war, als Guru der Sikhs zu wirken und sie besonders hinsichtlich der Lebensführung zu leiten und zu belehren. Dies gelte auch für seine Nachfolger. Das Edikt beschrieb die Zeremonien um Geburt, Verlobung, Heirat und Tod, sowie das richtige Benehmen für die formvollendete Verehrung Gottes. Auch einige bestimmte Formen von Aberglauben, die man vermeiden sollte, wurden aufgeführt. Am Ende faßte das Edikt die grundlegende Botschaft der Gurus zusammen.

Interessanterweise erwähnen weder die Berichte zeitgenössischer Beobachter noch dieses Edikt einen Einweihungsritus bei den Nirankaris. Dies bedeutete wohl, daß es keiner formalen Schritte bedurfte, um ein Nirankari zu werden. Darbara Singh betrachtete seine Anhänger nicht als eine gesonderte Gruppe oder Sekte, sondern nur als eine Ansammlung von Menschen, die sich entschlossen hatten, ihr Leben nach Richtlinien Guru Nanaks und Baba Dayals zu führen. Verboten waren der Verzehr von Fleisch, das Trinken alkoholischer Getränke, Rauchen, Lügen, Betrügen und das Verwenden falscher Gewichte bei Geschäften. Die Wiederverheiratung von Witwen war gestattet. Obgleich die Zahl der Nirankaris im Lauf des 19. Jahrhunderts anstieg, blieben sie dennoch zahlenmäßig unbedeutend. Die Volkszählung im Pandschab aus dem Jahre 1891 führte 50 726 Nirankaris auf britischem Gebiet und 9 885 in den einheimischen Staaten auf. Wahrscheinlich sind diese Zahlen jedoch zu hoch, da viele Sahajdhari Sikhs sich wegen der Art des Verzeichnisses als Nirankaris bezeichneten.

Auf die Nirankaris ging vermutlich die Zeremonie der *anand* Vermählung zurück, die 1909 im Pandschab gesetzlich vorgeschrieben wurde. Bei dieser Zeremonie umschritten Braut und Bräutigam den Adi Granth, während die vier Strophen von Guru Ram Das Dichtung »Lawan« gesungen wurden. Die Trauung war nach der vierten Umrundung vollzogen. Die Zeremonie konnte zu Hause oder in einem Gurdwara unter der Leitung eines Mannes oder einer Frau stattfinden. Die bei der hinduistischen Eheschließung entscheidende Frage der Aussteuer war dabei ohne Belang.
Eine andere religiöse Bewegung war die der *Radha Soamis*. Gegründet wurde sie von dem Hindu Shiv Dayal aus Agra. Stark beeinflußt durch den Adi Granth verkündete Shiv Dayal eine Lehre, die Elemente sowohl des Hinduismus als auch des Sikhismus enthielt. Gott beschrieb er als die Vereinigung aus *radha* (Versinnbildlichung der Seele) und *Soami*, dem Meister. Shiv Dayal gewann Hindus wie Sikhs als Anhänger und wurde der erste Guru der Sekte. Nach seinem Tod im Jahre 1878 spalteten sich die Radha Soamis in zwei Gruppen: das Zentrum in Agra und eine Splittergruppe am Ufer der Beas, nicht weit von Amritsar, unter Jaimal Singh (1839-1913). Die Beas Radha Soamis wurden bald vom Zentrum in Agra unabhängig und hatten eigene Gurus. Vom orthodoxen Sikhismus unterschieden sie sich dadurch, daß sie an einen lebenden Guru glaubten, der seine Schüler einweihte, die daraufhin *guru bhais* oder *guru bahins* (Glaubensbrüder oder Glaubensschwestern) wurden und einander mit den Worten »*radha soami*« grüßten. In den Heiligtümern der Radha Soamis gab es keinen Granth Sahib, sondern nur eine erhöhte Plattform, wo der

Guru seine Ansprachen hielt. Sie erkannten nur die Lehren der ersten fünf Sikh-Gurus an und lehnten die übrigen ab. Für größere Unruhe sorgte die Erneuerungsbewegung der *Namdharis* oder *Kukas*. Ihr Gründer Balak Singh (1797– 1862) stammte aus dem Dorf Hazro im nordwestlichen Grenzgebiet. Ihn hatten die Predigten eines Jawahar Mal begeistert, der die Tugend der Armut verkündete und die Reichen als gottlos anprangerte. Balak Singh folgte seinem Beispiel und ermahnte seine Anhänger, einfach zu leben und als einziges religiöses Ritual den Namen Gottes auszusprechen. Daher rührte auch die Bezeichnung Namdharis her: »An den Namen Glaubende.« Rigoros verbot Balak Singh das Töten neugeborener Mädchen sowie jede Form der Mitgift bei der Eheschließung. Die Namdharis waren angewiesen, von ihrem Einkommen zu leben und nicht zu betteln. Alkohol und Tabak waren ebenso tabu wie der Verzehr von Fleisch.

Balak Singhs Persönlichkeit faszinierte seine Anhänger so, daß sie in ihm die Reinkarnation Guru Gobind Singhs sahen. Bevor er starb, bestimmte er einen seiner eifrigsten Schüler, den Zimmermann Ram Singh, der 1841 die Sikh-Armee verlassen hatte, zu seinem Nachfolger. Der Hauptsitz der Namdharis verlagerte sich nun von Hazro nach Bhaini im Distrikt Ludhiana, dem Dorf Ram Singhs. Balak Singhs Nachfolger führte einige Änderungen ein, die die Namdharis deutlich von den übrigen Sikhs unterschieden. Nach seinem Vorbild sangen seine Schüler Hymnen und versetzten sich durch Tanzen in einen Zustand der Verzükkung, wobei sie laute, schrille Schreie (*kuks*) ausstießen. Daher nannte man die Namdharis auch Kukas. Sie trugen nur weißen, handgesponnenen und handgewebten Baumwollstoff und banden ihre Turbane flach über die Stirn, anstatt einen Winkel zu bilden.

Ram Singh lehrte seine Anhänger, sich als die Auserwählten (*sant Khalsa*) zu fühlen, während die anderen unrein (*mlecha*) waren. Mit der Zeit allerdings steuerte er seine Sekte zunehmend in ein politisches Fahrwasser. Bei Einweihungszeremonien sprach er von der Schlechtigkeit der Sikh-Fürsten und Großgrundbesitzer und verurteilte das Kastenwesen. Götzenbilder und Götzendienst hielt er für eine Beleidigung Gottes. Seine Anhänger forderte er auf, von britischen Bräuchen Abstand zu nehmen und sogar die Postämter zu meiden. Junge Männer ließ er an Waffen ausbilden und baute so eine halbmilitärische Organisation auf. Um 1863 zählte Ram Singhs Anhängerschaft mehrere tausend Köpfe. Vor allem Jats und »Unberührbare« schlossen sich ihm an.

Trotz seiner Kritik am Hinduismus übernahm Ram Singh dessen Verehrung der Kuh, obgleich sich im Adi Granth selbst kein Hinweis auf eine besondere Heiligkeit dieses Tieres findet. Der Unwille der Kukas richtete sich dann auch besonders gegen das Schlachten von Kühen. Zwar hatten die britischen Kolonialherren in Amritsar das Schlachten von Kühen verboten, aber nach einiger Zeit wurde dieses Verbot regelmäßig unterlaufen und 1871 fielen mehrere muslimische Metzger Mordanschlägen der Sekte zum Opfer. Die Briten richteten acht Kukas durch den Strang hin, andere wurden zu langen Haftstrafen verurteilt. Als in Malerkotla ebenfalls einige Metzger von Kukas ermordet wurden, ließ der Vizekommissar von Ludhiana 66 festgenommene Sektenmitglieder ohne Umstände vor Kanonen binden und zerfetzen. Ram Singh selbst und elf seiner Anhänger wurden verhaftet und nach Birma deportiert. Der Maharadscha von Patiala ordnete die Festnahme aller Kukas in seinem Staat an.

Das radikale und brutale Vorgehen des Vizekommissars Cowan aus Ludhiana blieb für diesen jedoch nicht ohne Folgen. Heftig kritisierte ihn die angloindische Presse. Die Regierung von Indien ordnete eine Untersuchung des Falles an und Vizekommissar Cowan wurde aus dem Dienst entlassen. Der Vizekönig selbst verurteilte das Geschehen in scharfer Form:

»Die Handlungsweise Mr. Cowans war ungesetzlich, sie wurde durch keine öffentliche Notwendigkeit beschönigt und sie wurde durch Umstände charakterisiert, die ihr einen Anstrich von Barbarei verliehen.«

Ram Singh machte in seinem späteren Briefen aus der birmanischen Verbannung deutlich, daß er sich nicht als Guru betrachte, sondern als ein Sprachrohr (*rapati*) des Gurus. Der Führer der Kukas starb am 29. November 1884 in Rangun. Seine Nachfolge übernahm sein jüngerer Bruder Hari Singh.

Die Kukas hielten sich strikter an den Glauben Guru Nanaks und Guru Gobind Singhs als andere Sikhs und spielten zudem in der Geschichte der indischen Freiheitsbewegung eine Art Vorreiterrolle: Ram Singh war nämlich der erste, der dazu aufrief, nicht mit der Kolonialmacht zu kooperieren und *Swadeshi* (einheimische Güter) als politische Waffe zu gebrauchen. Sechzig Jahre später wurden seine Ideen im Boykott britischer Waren und öffentlicher Einrichtungen sowie im Tragen handgefertigter Stoffe (*khaddar*) von Mahatma Gandhi wieder aufgenommen.

Auf die Masse der Sikhs übten die Nirankaris, Radha Soamis und Namdharis allerdings nur einen geringen Einfluß aus. Viel mehr beschäftigten die orthodoxen Sikhs die Aktivitäten christlicher Missionare. Als mehrere bedeutende Sikh-Familien zum Christentum übertraten, erregte dies großes Aufsehen bei der breiten Bevölkerung.

Eine ernsthaftere Herausforderung als das Christentum stellte jedoch der wiederauflebende Hinduismus dar, vor allem die neue Hinduorganisation *Arya Samaj* (»Gemeinde der Arier«). Ihr Gründer, der Brahmane Dayananda Sarasvati, vertrat einen militant-intoleranten Nationalismus antibritischer Prägung. Dayananda Sarasvati suchte den Mißbräuchen seiner Zeit die erneuerte und gereinigte Religion der Veden entgegenzustellen. Durch Interpretation dieser alten Texte wollte er nachweisen, daß darin bereits ein idolfreier Monotheismus und außerdem alle Erkenntnisse der modernen Wissenschaft bis zu Dampfschiff und Elektrizität gelehrt worden seien.

Im Sommer 1877 besuchte Dayananda Sarasvati das Pandschab, wo ihn Hindus und Sikhs willkommen hießen. Es dauerte aber nicht lange, bis die orthodoxen Sikhs erkannten, daß dessen Glaube an die Unfehlbarkeit der Veden genauso unnachgiebig war wie jener der Muslime an den Koran. Der Adi Granth war für Dayananda Sarasvati ein Buch von zweitrangiger Bedeutung. Guru Nanak schalt er einen Heuchler (*dambhi*). Die Sikhs wandten sich daraufhin von ihm ab und forderten zusammen mit Christen und Muslimen das Verbot seines Buches »*Satyarth Prakas*«, in dem er die Propheten der drei Glaubensrichtungen angegriffen hatte. Die Regierung des Pandschabs verbot schließlich das Werk wegen anstößiger Äußerungen über den Propheten Mohammed.

Unmittelbar nach der Verbannung des Kuka Ram Singh entstand eine Sikh-Bewegung, die einige Bedeutung erlangte: die *Singh Sabha*-Bewegung. Das erste Treffen der Singh Sabha fand 1873 in Amritsar statt. Die Bewegung setzte sich als Ziel, das Vordringen des Christentums aufzuhalten und die Gemeinschaft von fremden, vornehmlich brahmanischen Einflüssen zu reinigen. Man nahm sich aber auch vor, Bücher zu drucken, den jungen Sikhs ihre Geschichte und Tradition bewußt zu machen sowie das Pandschabi als Sprache zu fördern. Hohe britische Beamte und aufgeschlossene Angehörige anderer Religionen durften Mitglieder der Bewegung werden. Unterstützt wurde die Singh Sabha vor allem von den reichen orthodoxen Sikhs. 1879 bildete sich in Lahore eine weitere Singh Sabha. Schriftführer dieser Gruppe wurde Gurmukh Singh, ein Professor am Orientalischen College von Lahore. Seinen Bemühungen war es zu verdanken, daß dort seit 1877 Pandschabi gelehrt wurde. Ab November 1880 erschien dann eine pandschabische Wochenschrift, die »*Gurmukhi Akhbar*«, und im Oktober 1881 wurde ein Monatsmagazin unter dem Titel »*Vidyarak*« herausgegeben, das die Schriften der Gurus auslegte, über die Sikh-Gurus berichtete und die Gemeinschaft vom Fortschritt des Erziehungswesens unterrichtete. Später erschien noch eine Wochenschrift in Urdu und ein Wörterbuch »Pandschabi-Englisch«.

1883 vereinigten sich beide Sabhas, aber der Zusammenschluß erwies sich als Fehlschlag. Die Ursachen waren dogmatischer Natur. Als Baba Khem Singh Bedi, ein Sikh, der in Pothohar über eine große Gefolgschaft verfügte, mit dem Anspruch eines Gurus auftrat, unterstützte ihn in seinen Bestrebungen Bikram Singh aus der konservativen

Amritsar-Sabha. Die Lahore-Gruppe verwahrte sich jedoch heftig gegen die Institution eines neuen Gurutums. Außerdem kam es zu Meinungsverschiedenheiten über die Integration neu Bekehrter.

Die rasche Ausdehnung der Arya Samaj und die Vorurteile vieler ihrer Führer gegenüber den Sikhs ließen die beiden Singh Sabhas jedoch wieder zusammenrücken. Je öfter die Samajists behaupteten, der Sikhismus sei nur ein Zweig des Hinduismus, desto unnachgiebiger bestanden die Sikhs auf ihrem Anspruch, eine selbständige und gesonderte Glaubensgemeinschaft darzustellen. Die Singh Sabha verstärkte nun ihre Anstrengungen, um ein eigenes College zu gründen. Ein Edikt aus dem Goldenen Tempel forderte die Sikhs auf, ein Zehntel ihres Einkommens (*dasvandh*) für den Bau des Colleges zu spenden. Britische Gönner gründeten in London ein Komitee, um in England Gelder zu beschaffen. Sikh-Fürsten machten beträchtliche Schenkungen. Am 5. März 1892 legte dann Vizegouverneur Sir James Lyall den Grundstein für das Khalsa-College in Amritsar. Im folgenen Jahr wurde der britische Beamte A.M. Macauliffe beauftragt, den heiligen Granth ins Englische zu übersetzen – eine Arbeit, die Macauliffe mit der Unterstützung von Sikh-Gelehrten 1910 beendete.

Die Politisierung der Singh Sabha blieb im Lauf der Zeit nicht aus. Ihre feste Form fand sie mit der Gründung der *Chief Khalsa Diwan* im Jahre 1902. Die Chief Khalsa Diwan verpflichtete sich, die Loyalität gegenüber der britischen Krone zu fördern, Sikh-Rechte gegenüber anderen Glaubensgemeinschaften zu schützen und für eine hinreichende Vertretung der Sikhs im Staatsdienst, vor allem in der Armee, zu kämpfen. Erfolgreichster Führer der neuen

Organisation wurde Sunder Singh Majithia (1872-1941), ein wohlhabender Großgrundbesitzer und eifriger Unterstützer der britischen Herrschaft (*Raj*).

Durch ihre vielfältige kulturelle Arbeit gebot die Singh Sabha-Bewegung nicht nur dem Rückfall der Sikhs in den Hinduismus Einhalt, sondern machte auch viele Hindus zu Proselyten. Zahlreiche Hindus des nördlichen und westlichen Pandschabs sowie aus Sind wurden Sahajdhari Sikhs und danach Mitglieder der Khalsa. Das letzte Jahrzehnt des 19. Jahrhunderts sah eine phänomenale zahlenmäßige Zunahme der Sikhs – 1891 waren es 1 849 371, zehn Jahre später 2 102 896 – nicht zuletzt dank der Förderung durch die britische Kolonialverwaltung. Um die Jahrhundertwende stellten die Sikhs, die nur etwa mehr als zwölf Prozent der Bevölkerung des Pandschabs ausmachten, ungefähr 25 Prozent seines Militärs.

1911 verfaßte ein britischer Geheimdienstoffizier eine nur für englische Augen bestimmte Denkschrift, die heute im Nationalarchiv in Delhi eingesehen werden kann. In dieser Schrift kam die Förderung der Sikhs durch die Briten klar zum Ausdruck, was vor allem militärische Gründe hatte. Ein Auszug aus der Denkschrift lautete:

»Gegenwärtig ist eines der wichtigsten Instrumente zur Bewahrung der Sikh-Religion die Praxis der [britischen] Offiziere, Sikh-Rekruten zur Taufe nach den von Guru Gobind Singh niedergelegten Regeln zu schicken. Von den Sikh-Soldaten wird außerdem verlangt, daß sie sich streng an die Gebräuche und Zeremonien ihrer Religion halten, und es ist keine Mühe gescheut worden, um sie vor der Ansteckung durch den Götzendienst zu bewahren. Die in der britischen Indien-Armee dienenden Sikhs sind mit allem Vorbedacht ›nationalisiert‹ worden, das heißt, sie sind dazu angehalten worden, sich als eine deutlich unterschiedene, separate Nation zu betrachten: Ihr Nationalstolz ist auf jede mögliche Art gepflegt worden, und der Granth Sahib, die heiligen Schriften der Sikhs, werden von den britischen Offizieren der Sikh-Regimenter militärisch gegrüßt. Der Grund für diese Politik liegt nahe. Mit seinem Rückfall in den Hinduismus und der Wiederaufnahme der damit verbundenen abergläubischen und verwerflichen gesellschaftlichen Gebräuche verliert der Sikh, wie sich erwiesen hat, viel von seinen kriegerischen Instinkten und seinen Qualitäten als Kampfmaschine.

... ein Abfall von der Orthodoxie wirkt sich nicht nur schädlich auf den Kampfwert der Sikh-Soldaten aus, sondern führt zugleich unweigerlich dazu, seine gesamte Einstellung der britischen Macht gegenüber im ungünstigen Sinne zu beeinflussen.«

Im Bereich der Landwirtschaft verlief die Entwicklung freilich nicht so harmonisch. Denn deren Aufschwung war nicht ohne negative Folgen geblieben: Die Preise für Grund und Boden stiegen enorm. Kostete 1870 ein Morgen Ackerland noch zehn Rupien, so wurden um 1900 mehr als hundert Rupien verlangt. Grund und Boden wurden ein wertvoller Handelsartikel, und kleine Bauern konnten oftmals der Versuchung nicht widerstehen, ihren Besitz zu verkaufen. Die Zahl der landlosen Bauern nahm erschreckende Ausmaße an. Bald häuften sich in den westlichen Distrikten des Pandschabs die Morde an Hindu- und Sikh-Geldverleihern. Zwar verhinderte die Verordnung zur Landveräußerung aus dem Jahr 1900, daß landwirtschaftlich nutzbare Flächen an Geldverleiher fielen, aber sie löste nicht das Problem der Verschuldung der Bauernschaft. Obendrein brach in einigen Distrikten zweimal Hungersnot aus, und die Beulenpest wütete im ganzen Pandschab. Die Seuche forderte über vier Millionen Todesopfer. Unmittelbare Unruhe löste dann die Einbringung einer Gesetzesvorlage aus, die neu besiedeltes Land betraf, das durch die Chenab-Kanäle erschlossen worden war. Die Vorlage wurde in der Annahme bewilligt, daß dieses Eigentum der Regierung sei und der Bauer nur ein Pächter. Diese Auffassung stand jedoch im Widerspruch zu der vorherrschenden Vorstellung vom bäuerlichen Eigentumsrecht. So versagte die Gesetzesvorlage den Ansiedlern das Recht, ohne Genehmigung Bäume zu fällen. Während die Vorlage von der indischen Presse noch heftig kritisiert wurde, setzten die Behörden im Distrikt Rawalpindi einen höheren Steuersatz fest und erhöhten den Wasserzins. Unter den notleidenden Bauern wuchs die Erregung, und städtische Politiker übernahmen die Veranstaltung von Protestversammlungen. Für einen Protest im ganzen Pandschab wählte man den Tag der fünfzigjährigen Wiederkehr des Sepoy-Aufstandes. An manchen Orten wurden die Kundgebungen gewaltsam zerstreut. Die als Aufwiegler verdächtigten Lajpat Rai, Ajit Singh und einige Anwälte wurden verhaftet, die beiden ersteren nach Birma deportiert. Trotz der repressiven Maßnahmen ging die Kritik an dem Gesetzentwurf unvermindert weiter. Als die Behörden bemerkten, daß die Maßnahme auch unter den Sikh-Soldaten Unbehagen hervorgerufen hatte – viele hatten Verwandte in den Siedlungsgebieten – legte Generalgouverneur Lord Minto sein Veto ein. Die Behörden lenkten ein, die Grundsteuer und der Wasserzins wurden wieder herabgesetzt.

Lajpat Rai und Ajit Singh kehrten nach sechs Monaten Verbannung nach Hause zurück.

Aufgrund der angespannten wirtschaftlichen Situation im Pandschab setzte unter den Sikh-Bauern kurz nach der Jahrhundertwende eine Auswanderungswelle nach Kanada und in die Vereinigten Staaten ein. Zunächst kamen sie in kleinen Gruppen und fanden in Sägewerken, Bergwerken und beim Gleisbau Beschäftigung. Obgleich ihre Löhne niedriger als die der weißen Arbeiter waren, konnten sie doch genug Geld auf die Seite legen, um Verwandte in der Heimat zu unterstützen, die dadurch ihrerseits zur Auswanderung ermutigt wurden. Im Herbst 1906 lebten an die 1500 Sikhs in oder in der Nähe von Vancouver. In den folgenden Jahren kamen weitere fünftausend in die kanadische Provinz Britisch-Kolumbien. Die Einwanderung zahlreicher Chinesen und Japaner hatte unter den weißen Kanadiern bereits Animosität hervorgerufen, die Ankunft arbeitsuchender Inder verschlimmerte nur noch diese Haltung. In Vancouver gehörten Tätlichkeiten gegen Sikhs bald zum Alltag. Diese, die in ihrer Heimat vielfach der britischen Kolonialverwaltung treu gedient hatten und jeden Europäer als Respektperson ansahen, waren besonders schockiert über das Verhalten des weißen Mobs.

Zwischen 1904 und 1906 wechselten daher etwa sechshundert Inder – hauptsächlich Sikhs – von Kanada in die USA über. Als die kanadischen Einwanderungsbehörden die Immigration von Indern strenger handhabten, ließen sich noch mehr Inder in den Vereinigten Staaten nieder. Sie fanden als Holzfäller und Landarbeiter in Kalifornien, Oregon und Washington Arbeit. Gegen Ende des Jahres 1910 lebten fast sechstausend Inder in Kalifornien. Bald aber gingen auch die Behörden der USA dazu über, der indischen Einwanderung Einhalt zu gebieten und diejenigen, die es geschafft hatten, mußten Belästigung durch Polizei und weiße Rassisten ertragen.

Um die indischen Einwanderer zu organisieren, gründeten mehrere Hindus und Sikhs 1913 eine Gruppierung mit dem Namen *Hindustani Workers of the Pacific Coast*. In San Franzisko kauften sie ein Haus und begannen mit der Veröffentlichung einer Wochenschrift in Urdu. Später erschien die »*Ghadr*« (Revolution) in verschiedenen indischen Sprachen. Die Gruppierung wurde danach als *Ghadr*-Partei bekannt, und ihre politischen Ziele machten dem Namen alle Ehre. Bereits die erste Ausgabe der »*Ghadr*« vom 1. November 1913 stellte unmißverständlich fest:

»Heute beginnt im Ausland, aber in unserer Landessprache ein Krieg gegen die britische Herrschaft... Wie lautet unser Name? Ghadr. Was ist unsere Arbeit? Ghadr. Wo wird Ghadr ausbrechen? In Indien. Bald wird die Zeit kommen, da Gewehre und Blut die Stelle von Feder und Tinte einnehmen werden.«

Nach einigen Monaten zirkulierte die »*Ghadr*« schon unter indischen Siedlern in Kanada, Japan, Hongkong, China, Singapur, Ostafrika und anderen Ländern, wo es indische Gemeinden gab. Tausende von Exemplaren wurden auch nach Indien geschickt. Die Ghadr-Leute entwarfen Pläne für einen Aufstand, der mit der Zerstörung der britischen Kommunikationslinien beginnen und von befestigten Stellungen in den Wäldern aus fortgesetzt werden sollte. Ausgesuchte Revolutionäre wurden an Waffen ausgebildet.

Im August 1914 reiste die erste Ghadr-Gruppe unter der

Führung von Jwala Singh an Bord der »Korea« von San Franzisko nach Indien. Der britische Nachrichtendienst erfuhr jedoch von den Plänen der Revolutionäre, und sobald die »Korea« in Kalkutta festmachte, wurden die Rädelsführer verhaftet. Diejenigen, die sich der Polizei entziehen konnten, kehrten friedfertig in ihre Dörfer zurück. Gruppenweise trafen weitere Ghadr-Leute aus Kanada, China, den USA und anderen Staaten in Indien ein. Die Polizei nahm Verdächtige sofort in den nördlichen Häfen fest, zog aber nicht die Möglichkeit in Betracht, daß Revolutionäre auch via Südindien einsickern könnten. Viele Ghadr-Leute gelangten auf diesem Umweg in das Pandschab. Anfang Dezember 1914 waren schätzungsweise tausend Revolutionäre in Indien angekommen. Zu ihrer Enttäuschung stellten sie fest, daß die Stimmung in Indien einer Revolution nicht förderlich war. Die überwiegende Mehrheit der Bevölkerung im Pandschab verhielt sich gegenüber den Briten loyal, obgleich sie der Krieg in Europa natürlich ein wenig beunruhigte. Verzweifelt bemühten sich die Ghadr-Leute, das Landvolk für ihre Sache zu gewinnen, aber die hatten kaum Erfolg. Aus diesem Grund knüpften sie zu Beginn des Jahres 1915 Verbindungen mit terroristischen Organisationen in anderen Landesteilen an. Im Januar traf Rash Bihari Bose, der Führer der Gruppe, die 1912 versucht hatte, Vizekönig Lord Hardinge zu ermorden, im Pandschab ein und übernahm die Leitung der Ghadr-Leute. Die Revolutionäre gewannen einige Soldaten in Lahore, Ferozepur und Meerut, und man wählte den 21. Februar 1915 für eine Erhebung der indischen Truppen. Die Revolutionäre warteten jedoch vergeblich auf die Empörung des Militärs. Denn durch einen Agenten war es der Polizei gelungen, den Termin auszukundschaften und den Aufstand im Keim zu ersticken. Unzuverlässige Regimenter wurden entwaffnet, Verdächtige vor ein Kriegsgericht gestellt und hingerichtet. Rash Bihari Bose verließ enttäuscht das Pandschab, zahlreiche andere Revolutionäre fielen der Polizei in die Hände. Einige hundert Revolutionäre wurden in einer Reihe von Prozessen in Lahore, Mandi, Benares und anderen Orten abgeurteilt. Von den im Pandschab Angeklagten wurden 46 gehängt, 194 erhielten langjährige Haftstrafen.

Die Rebellion der Ghadr-Leute war aus mehreren Gründen gescheitert. Es mangelte an Waffen, man besaß nicht genügend Erfahrung, und der britische Nachrichtendienst funktionierte gut. Vor allem waren aber die Massen nicht bereit, sich zu erheben. Reiche Landbesitzer hatten außerdem dem Gouverneur des Pandschabs ihre Loyalität versichert und in den Distrikten Komitees gebildet, um heimgekehrte Auswanderer zu überwachen und sie auf den Pfad des Gehorsams und der Loyalität zurückzubringen. Sogar die Bauern befaßten sich mehr mit dem Krieg als mit der Revolution. Die Geschichte vom heldenhaften Kampf eines Bataillons der 14. Sikhs gegen eine türkische Übermacht am 4. Juni 1915 auf Gallipoli erregte die Sikh-Jugend mehr als Berichte von der Rassendiskriminierung in Kanada und in den Vereinigten Staaten.

Bei Ausbruch des Krieges hatten die Briten die Rekrutierung der Sikhs beschleunigt. Ihre Anzahl in den Streitkräften stieg von 35 000 Anfang 1915 auf über 100 000 bei Kriegsende. Sikhs machten ungefähr ein Fünftel der eingesetzten indischen Truppen aus. Noch eindrucksvoller war die Rekrutierung in den Fürstenstaaten als in Britisch-Indien.

Über 60 000 Sikhs aus Patiala, Jind, Kapurthala, Nabha, Faridkot und Kalsia rückten sein. Sikh-Soldaten kämpften auf fast allen Kriegsschauplätzen in Europa, Afrika und Asien. Als im Verlauf des Krieges Stahlhelme ausgegeben wurden, weigerten sich viele Sikhs, sie anstelle der Turbane zu tragen. Vergeblich wiesen ihre Offiziere darauf hin, daß der *pagri* als solcher von ihrer Religion nicht vorgeschrieben war und daß die Soldaten Ranjit Singhs keine Bedenken gehabt hatten, Eisenhauben zu gebrauchen. Den Sikhs galt jedoch in der Zwischenzeit der Turban als äußeres Zeichen ihrer Religion und so lehnten sie jede andere militärische Kopfbedeckung ab. Ihrer Tapferkeit tat dies keinen Abbruch. Unter den 22 indischen Kolonialsoldaten, die mit dem Militärkreuz ausgezeichnet wurden, waren vierzehn Sikhs.

Zurück in der Heimat hörten die meisten Sikh-Soldaten erstmals von der schlechten Behandlung ausgewanderter Sikhs durch weiße Kanadier und Amerikaner und von den revolutionären Umtrieben der Ghadr-Partei. Ihre Glaubensgenossen berichteten ihnen auch von dem harten britischen Anforderungssystem* in den letzten zwei Kriegsjahren, durch das jedes Dorf gezwungen worden war, eine bestimmte Anzahl von Rekruten zu stellen, und von dem Druck, Kriegsanleihen aufzunehmen. Zusätzlich verschlechtert wurde die mürrische Stimmung im Pandschab durch das Ausbleiben des Sommermonsuns und den Anstieg der Lebenshaltungskosten. Schließlich trat noch

---

*Ursache für die zusätzliche Rekrutierung war der Zusammenbruch Rußlands und die Empörung der Mahsud, Mohmand und Mari Stämme an der nordwestlichen Grenze.

eine Grippeepidemie auf, der bis Ende 1918 über 100 000 Pandschabis erlagen.

Das politische Klima verschlechterte sich so, daß auch gemäßigte Sikhs als Aufrührer in Verdacht gerieten. Die Kriminalpolizei warnte die Regierung vor einer Reihe von Sikhs, die sie der Volksverhetzung bezichtigte. Diese, so hieß es, bezeichneten die Religionsgemeinschaft der Sikhs als Nation und erweckten in ihren Reden, Schriften und bei anderen Gelegenheiten den Eindruck, als habe es sich bei den Opfern und Kämpfen der Vergangenheit um religiöse Verfolgungen gehandelt.

Nach der Beendigung des Großen Krieges erfolgten in Britisch-Indien am 23. Dezember 1919 die Montagu-Chelmsford-Reformen. Sie brachten die Umwandlung der bisherigen Räte in echte Parlamente und dies sowohl in der Zentrale Delhi, das seit 1911 Hauptstadt des Landes war, als auch in den Provinzen, da jetzt die gewählten Mitglieder die ernannten überwogen. Die Macht lag jedoch weiterhin beim britischen Vizekönig, der auch vom Parlament abgelehnte Gesetze durchsetzen konnte. Er war nur London gegenüber verantwortlich.

Die Reformen brachten auch auf der Ebene der Provinzregierungen die indische Ministerverantwortlichkeit für die diesen übertragenen Ressorts Unterrichts- und Gesundheitswesen, öffentliche Arbeiten, Landwirtschaft und Industrie, also Bereiche, die ungefährlich waren. Die Sicherheit blieb den britischen Provinzgouverneuren vorbehalten. Dieses komplizierte System ging in die indische Verfassungsgeschichte als die Dyarchie (Zweierherrschaft) ein. Es hat sich jedoch nicht bewährt.

Die Chief Khalsa Diwan hatte dringend gebeten, für eine

erweiterte Repräsentation der Sikhs zu sorgen. Ein Drittel der Sitze im pandschabischen Parlament schien ihr auf Grund der wirtschaftlichen Bedeutung und militärischen Leistung der Sikhs angemessen. Aber die Reformen von 1919 gestanden den Sikhs eine geringere Vertretung zu als etwa den Muslimen in Provinzen, in denen diese in der Minderheit waren. Die Sikhs, die im Pandschab zwölf Prozent der Bevölkerung ausmachten, erhielten achtzehn Prozent der Sitze, während die Muslime, die in der Provinz Bihar und Orissa elf Prozent der Bevölkerung stellten, dort eine Vertretung von 25 Prozent erhielten.
In der gesetzgebenden Versammlung des Pandschabs erhielten die Sikhs somit 15 von 93 Sitzen, im Staatsrat (Oberhaus) des Zentralparlaments in Delhi einen von 60 Sitzen, in der gesetzgebenden Versammlung (Unterhaus) 3 von 145.
Aber noch vor den Reformen war am 18. März 1919 das Rowlatt-Gesetz verabschiedet worden, das die Internierung von »Aufwieglern« ohne Gerichtsurteil ermöglichte. Wogen der Empörung liefen durch ganz Indien. In Amritsar wude am 30. März 1919 das Geschäftsleben eingestellt, Zwischenfälle ereigneten sich jdoch nicht. Einige Tage später, am 9. April 1919, ließen die Behörden zwei bekannte antibritische Agitatoren des Pandschabs, Dr. Kitchlew und Dr. Satyapal, festnehmen und schnellstens nach Dharamsala bringen. Die Nachricht von ihrer Deportation verbreitete sich in der Stadt, und eine Menschenmenge machte sich auf den Weg zum Bungalow des Vizekommissars, um ihren Protest auszudrücken. Die Polizei hielt die Menge unterwegs an, und bei dem Versuch, sie zu zerstreuen, wurden sechs Menschen getötet und über dreißig verletzt. Die

aufgebrachte Menge war nicht mehr zu bändigen und griff Europäer an. Engländern gehörende Banken, eine Kirche, das Telegraphenamt und das Rathaus wurden in Brand gesteckt. Im Verlauf der Krawalle kamen fünf Briten ums Leben, ein Missionar wurde schwer mißhandelt.
Zwei Tage später rückte Brigadegeneral R.E.H. Dyer mit seinen Soldaten in Amritsar ein. Alle öffentlichen Versammlungen wurden untersagt. Trotz des Verbotes versammelte sich aber am 13. April eine große Menschenmenge auf dem Jallianwala Bagh, einem von Mauern umgrenzten Platz mit wenigen Ausgängen in der Nähe des Goldenen Tempels, um gegen die Festnahme ihrer Führer und die Verabschiedung des Rowlatt-Gesetzes zu protestieren. Bald erschien Brigadegeneral Dyer mit seinen Gurkhas. Ohne Vorwarnung ließ er die Menge brutal zusammenschießen. 379 Tote und 1 200 Verwundete zählte der offizielle Bericht, indische Angaben nannten weit höhere Zahlen. Das Blutbad von Amritsar beleuchtete am besten das Schwanken der britischen Indienpolitik zwischen Zwangsherrschaft und schrittweiser Emanzipation.
Amritsar, Lahore, Gujrat, Gujranwala und Lyallpur wurden unter Kriegsrecht gestellt, Verhaftungswellen folgten. Die Kriegsgerichte arbeiteten mit Hochdruck. Wenn ein Inder Briten begegnete, mußte er aus dem Wagen oder vom Pferd steigen, seinen Regenschirm senken oder sonstige Ehrenbezeigungen erweisen. Eine Woge antibritischer Gefühle erfaßte Indien. Die Sikhs, die bisher die britische Herrschaft als Glück im Unglück betrachtet hatten, begannen nunmehr, auf die neuen Führer Indiens zu blicken: Mahatma Gandhi, Jawaharlal Nehru und Subhas Chandra Bose.

Nach dem Massaker von Jallianwala Bagh wurden die Demonstrationen gegen die britische Kolonialmacht gewalttätig. Brücken, Kirchen, Postämter und andere öffentliche Gebäude gingen in Flammen auf. Die Armee übernahm die Verwaltung. Gujranwala und benachbarte Dörfer wurden bombardiert und mit Maschinengewehren beschossen. Getroffen wurde dabei die weiterführende Khalsa-Schule in Gujranwala, wobei zahlreiche Menschen getötet wurden. In den sieben Wochen Kriegsrecht kamen im Pandschab ungefähr 1200 Menschen ums Leben, mindestens 3600 erlitten Verletzungen. Eingehend untersuchte ein vom *Indian National Congress** ernannter Ausschuß unter Mahatma Gandhi das Blutbad von Jallianwala Bagh sowie die Ausübung des Kriegsrechts. Scharf kritisierte der Ausschuß den Vizegouverneur Sir Michael O'Dwyer, Brigadegeneral Dyer und die beteiligten Offiziere. Die Regierung sah sich schließlich gezwungen, eine offizielle Untersuchungskommission einzusetzen. Den Vorsitz führte Lord Hunter, drei der sieben weiteren Mitglieder waren von London ernannte Inder. Ungerührt erklärte Brigadegeneral Dyer vor der Hunter-Kommission:

»Ich feuerte und setzte das Feuer fort, bis sich die Menge zerstreute; für mich war es das Mindestmaß an Schußwaffengebrauch, das die notwendige moralische und nachhaltige Wirkung erzielen würde, welche zu erzielen meine Pflicht war, wenn ich meine Aktion rechtfertigen sollte.

---

*Die Mitglieder des 1885 gegründeten *Indian National Congress* kamen anfänglich aus der hauchdünnen britisch gebildeten Mittelschicht der Anwälte, Richter, Journalisten und Professoren. Im 20. Jahrhundert wurde der Kongreß schnell zum mächtigsten Sprachrohr des indischen Nationalismus.

Wenn mehr Truppen zur Verfügung gestanden hätten, wären die Verluste entsprechend höher gewesen. Es ging nicht mehr allein darum, die Menge zu zerstreuen, sondern vielmehr darum, eine hinreichende moralische Wirkung unter militärischen Gesichtspunkten zu erzielen, und zwar nicht nur auf die Anwesenden, sondern mehr noch im ganzen Pandschab.«

Einstimmig verurteilte die Hunter-Kommission das Handeln des Brigadegenerals und empfahl dessen Entlassung. Auch im britischen Parlament wurde die Angelegenheit debattiert. Winston Churchill übte an Dyers Vorgehen ätzende Kritik. Er schilderte es als »eine Episode, die in der neuzeitlichen Geschichte des britischen Empires ohnegleichen zu sein schien ... ein ungewöhnlicher Vorfall, ein scheußlicher Vorfall, ein Vorfall, der in einzigartiger und düsterer Isolierung stünde.«

Brigadegeneral Dyer wurde schließlich getadelt, aber Engländer sammelten für ihn eine Ehrengabe und ließen diese mit einem Ehrendegen dem »Retter des Pandschabs« überreichen.

Mahatma Gandhi suchte später Jallianwala Bagh und andere Schauplätze auf, wo Armee und Polizei Greueltaten begangen hatten. Vor riesigen Versammlungen sagte er, daß die wichtigste Eigenschaft eines Patrioten die Furchtlosigkeit sei. Durch Gandhis Anregung entstand eine neue Organisation der Sikhs, die *Central Sikh League*, die sich aus Nationalisten zusammensetzte und der Chief Khalsa Diwan ablehnend gegenüberstand. Das Zeitalter der loyalistischen Sikhs neigte sich dem Ende zu.

Die Rolle der Sikhs im indischen Freiheitskampf

Am 12. Oktober 1920 versammelten sich aufgeschlossene Sikhs in Amritsar auf dem Platz, wo ein Jahr zuvor das Massaker stattgefunden hatte. Während der Versammlung wurden zahlreiche »Unberührbare« getauft. Danach begab man sich gemeinsam zum Goldenen Tempel, um für die Getauften zu beten. Die Verwalter des Heiligtums lehnten es aber ab, den Getauften zu gestatten, heilige Nahrung darzureichen und zu erhalten. Schließlich kam man überein, den Adi Granth zu befragen. Nach dem Vers, der wahllos aufgeschlagen werden sollte, hatte sich jeder zu richten. Die Streitfrage wurde eindeutig entschieden:
»Gott vergibt sogar denen, die ohne Verdienst sind,
Und versammelt sie alle in Seinem Schoß,
Und setzt sie mit dem Boot des Gurus über.«
Bestürzt verließen die bisherigen Verwalter den Akal Takht*. Acht reformistische Sikhs nahmen ihre Plätze ein. Am 15. November 1920 wurde ein Ausschuß konstituiert, um im Pandschab die Gurdwaras zu kontrollieren und zu verwalten, da es bisher dafür keine Vorschriften gegeben hatte. Der Ausschuß erhielt die Bezeichnung *Shiromani*

---
*Höchster Sitz der religiösen Autorität.

Gurdwara Prabandhak Commitee (S.G.P.C.). Die Gründung seines politischen Flügels, des *Akali Dal* (»Bund der Unsterblichen«), erfolgte am 24. Januar 1921 in Amritsar. Seine Mitglieder, die Akalis, beabsichtigten, eine Freiwilligentruppe zu organisieren, sie im Waffengebrauch auszubilden und den korrupten Verwaltern der heiligen Stätten, die die von den Gläubigen gespendeten Gelder verwalteten, die Kontrolle über die Heiligtümer gewaltsam zu entziehen.

Zu Gewalttätigkeiten kam es, als Akalis den Gurdwara in Tarn Taran besetzen wollten. Die Verwalter, die zu einer hinduistisch orientierten Priesterschaft geworden waren, und von denen sich nicht wenige Mätressen hielten, wehrten sich gegen die Übernahme und töteten zwei Akalis. Siebzehn andere wurden verletzt. In dem Handgemenge erlitten aber auch achtzehn Verwalter Verletzungen.

Bis zu diesem Zeitpunkt war die Übernahme der Gurdwaras ziemlich friedlich abgelaufen. Meistens hatten sich die Verwalter der Demokratisierung der heiligen Stätten nicht lange widersetzt und sich bereit erklärt, bezahlte *Granthis* zu werden. Auch in Tarn Taran mußten die Verwalter schließlich nachgeben.

Eine Tragödie ereignete sich im Gurdwara Nankana Sahib, dem Geburtsort Guru Nanaks. Dessen Verwalter Narain Das wollte das Heiligtum nicht an die Reformisten abgeben. In den Morgenstunden des 20. Februar 1921 traf eine Gruppe (*jatha*) von 150 Sikhs unter Führung Lachman Singh Dharovalias in Nankana Sahib ein. Als sie den Gurdwara betraten, fielen von Narain Das angeworbene Mörder über die Gruppe her und metzelten sie nieder. Bei Ankunft der Polizei waren 130 Sikhs tot – auf einem Holzhaufen verbrannt, wohin die Mörder die Toten und Sterbenden geschleppt hatten.

Tief erschüttert nahmen die Sikhs von dem Verbrechen Kenntnis. Die Verwaltung des Gurdwara wurde einem siebenköpfigen Ausschuß übergeben. Der S.G.P.C. rief alle Sikhs auf, zum Zeichen der Trauer schwarze Turbane zu tragen. Dies wurde seitdem zum besonderen Kennzeichen der Akalis. Heute werden von ihnen auch blaue Turbane getragen. Für die Hinterbliebenen der Ermordeten wurde ein Fonds eingerichtet. Von den Geldern sollte auch eine Schule und ein Krankenhaus in Nankana Sahib gebaut werden. Drei Männer wurden wegen der Morde an den 130 Sikhs zum Tode verurteilt und zwei andere – darunter Narain Das – zu lebenslanger Deportation.

Beunruhigt über die Politisierung der religiösen Bewegung ließ die Regierung viele Agitatoren der Sikhs verhaften. Sie wurden zu langen Haftstrafen verurteilt. Die repressiven Maßnahmen und die wirtschaftliche Not – das Ausbleiben des Wintermonsuns wirkte sich im Sommer aus – beschleunigten jedoch die Agitation der Sikhs. Diejenigen, die wie die Mitglieder des Chief Khalsa Diwan mit der Regierung zusammenarbeiteten, nannte man verächtlich *Jholi cuks* – Speichellecker. Eine ungeheure Erregung hatte das Pandschab erfaßt.

Nach der Tragödie von Nankana Sahib ernannten die Behörden einen eigenen Verwalter für den Goldenen Tempel. Dieser legte aber nach einigen Tagen sein Amt nieder, und es fand sich kein Ersatzmann.

Die Führungsgruppe der agitatorischen Sikhs war jedoch in ihren Anschauungen nicht ganz einheitlich. Männer wie Baba Kharak Singh und Mehtab Singh waren im wesentlichen religiös motiviert, während Master Tara Singh* und die drei Brüder Amar Singh, Sarmukh Singh und Jaswant Singh aus Jhabal, die eher die Meinung der Mehrheit vertraten, religiös und nationalistisch dachten.

Der nächste ernsthafte Zwischenfall ereignete sich in Guru ka Bagh (»Garten des Gurus«), unweit von Amritsar. An das Heiligtum grenzte ein Stück Land, auf dem man Akazien gepflanzt hatte, um die Küche des Gurdwara mit Brennholz zu versorgen. In der ersten Augustwoche 1921 erstattete der Verwalter, der sich der Autorität eines gewählten Ausschusses gebeugt hatte, ohne ersichtlichen Grund Anzeige gegen Akalis, die auf dem Gurdwara-Land Bäume fällten. Die Polizei verhaftete die Akalis und legte ihnen unbefugtes Betreten des Stück Landes zur Last. Akali-Führer hielten daraufhin eine Versammlung in Guru ka Bagh ab. Polizei löste die Zusammenkunft auf und nahm die Führer wegen Übertretung der Verordnung zu staatsgefährdenden Treffen (*Seditious Meetings Act*) fest. Unter den Verhafteten befanden sich auch Mehtab Singh und Master Tara Singh. Der S.G.P.C. nahm die Herausforderung an. Jathas aus hundert Akalis wurden zusammengestellt. Die Akalis schworen, keine Gewalt anzuwenden, und machten sich auf den Weg nach Guru ka Bagh. Schon weit vorher hielt sie die Polizei auf und befahl ihnen, sich zu zerstreuen. Als die Akalis sich weigerten, der Aufforderung nachzukommen, knüppelten die Polizisten sie gnadenlos nieder. Augenzeuge eines solchen Polizeieinsatzes war der

---

*Nachdem Tara Singh 1907 den Grad eines Bakkalaureus der philosophischen Fakultät erworben hatte, machte er das Lehrerexamen und wurde in Lyallpur Lehrer. Die Bezeichnung »Master« blieb ihm sein Leben lang.

Missionar C.F. Andrews. Er versagte den gewaltlosen Widerstand leistenden Sikhs seine Anerkennung nicht: »Es war ein Anblick, den ich nie wieder sehen möchte, ein für einen Engländer unglaublicher Anblick. Vier Akali-Sikhs mit schwarzen Turbanen standen ungefähr einem Dutzend Polizisten einschließlich zweier englischer Offiziere gegenüber.
Ihre Hände waren zum Gebet erhoben. Ohne einen Anlaß zu haben, schlug dann ein Engländer mit seinem metallbeschlagenen Stock (*Lathi*) zu und traf einen Sikh am Schlüsselbein. Der fiel auf den Boden, drehte sich herum und stand langsam auf, um noch einmal die gleichen Prügel hinzunehmen, bis er nach wiederholten Schlägen hingestreckt dalag. Andere wurden schneller geschlagen. Es war äußerst brutal. Ich sah selbst, wie einer dieser Polizisten einem Sikh in den Magen trat, der ruhig vor ihm stand. Ich wollte schreien und losstürmen, aber dann sah ich einen Polizisten, der einen Akali-Sikh trat, der zu Boden gestürzt war und ausgestreckt dalag. Und mehr und mehr. Die Brutalität und Grausamkeit der ganzen Szene wurde durch die Tatsache unbeschreiblich vergrößert, daß die Männer, die geschlagen wurden, beteten und einen Schwur abgelegt hatten, in Wort und Tat ruhig und friedfertig zu bleiben ... Keiner wehrte sich oder blickte trotzig. Es war ein wahres Martyrium, eine wahre Glaubenshandlung ... Darin ist etwas weit größeres als ein reiner Zank über Land und Besitz. Ein neues Heldentum, im Leiden erlernt, ist im Land erstanden. Es erinnerte mich an den Schatten des Kreuzes.«
In Amritsar erklärte der Hinduführer Pt. Madan Mohan Malviya: »Ich kann nicht umhin, jede Hindufamilie aufzu-

fordern, wenigstens einen Sohn in die Gemeinde der Khalsa zu führen. Was ich hier erlebe, ist geradezu ein Wunder in unserer ganzen Geschichte.«

C.F. Andrews setzte den Vizegouverneur von der Brutalität der Polizei in Kenntnis und überredete ihn, sich an Ort und Stelle selbst zu überzeugen. Sir Edward Maclagan erschien und befahl, auf Gewaltanwendung zu verzichten. Vier Tage später zog sich die Polizei zurück. Zu diesem Zeitpunkt waren 5 605 Akalis festgenommen und 936 in Krankenhäuser eingeliefert worden. Nach neunzehntägigem Durchhalten hatten die Akalis ihr Ziel erreicht und ergriffen von dem umstrittenen Stück Land Besitz. Im Mai 1923 ließen die Behörden die festgenommenen Akalis frei.

Aber nicht alle Sikhs akzeptierten den Kurs des gewaltlosen Widerstandes, den der S.G.P.C. gewählt hatte. Das Verhalten der Polizei bei Guru ka Bagh veranlaßte einige Sikhs, eine terroristische Untergrundbewegung zu organisieren, um Gewalt mit Gewalt zu begegnen. Zwei der aktivsten Mitglieder dieser *Babbar Akalis* (»Unsterbliche Löwen«) waren Master Mota Singh und der pensionierte *Havildar Major* (Hauptfeldwebel) Kishen Singh Bidang. Um Waffen zu bekommen, schickten die Babbars Agenten in die indischen Fürstentümer und in die nordwestlichen Grenzprovinzen. Außerdem versuchten sie, Soldaten zu überreden, Waffen aus den Depots der Armee zu stehlen. Wie die Ghadr-Leute einige Jahre zuvor waren auch die Babbars im Beschaffen von Waffen nicht allzu erfolgreich. Die Mitglieder der Babbar Akalis konnten ihre Pläne nicht für sich behalten, und so hatte die Kriminalpolizei des Pandschabs keine große Mühe, in die Gruppe Spitzel einzuschleusen. Der Terror der Babbars dauerte nicht lange, dafür war er aber intensiv. Mehrere Monate terrorisierten sie Jullundur Doab und Hoshiarpur. Bei Kämpfen mit der Polizei setzten die meisten Babbars rücksichtslos das eigene Leben ein. Am 31. August 1923 umzingelte ein starkes Polizeiaufgebot vier Babbars in dem Dorf Babeli. Die Terroristen weigerten sich aufzugeben, und als die Hütte, in der sie sich versteckten, in Brand gesteckt wurde, stürzten sie sich mit gezogenen Kurzschwertern auf die Polizisten und starben im Kugelhagel. Noch dramatischer handelte der Babbar Dhanna Singh am 25. Oktober 1923. Einer seiner Kameraden hatte ihn verraten, und er wurde im Schlaf von Polizisten überwältigt. Mit gefesselten Händen gelang es Dhanna Singh, eine Handgranate unter seiner Achselhöhle zur Explosion zu bringen. Die Explosion tötete den Terroristen und neun Polizisten.

Doch schon im Sommer 1923 war die Terrorwelle abgeklungen, und die Polizei hatte die meisten Babbars verhaftet. Sechs Terroristen, unter ihnen Kishen Singh Bidang, wurden zum Tode verurteilt. Keiner von ihnen stellte ein Gnadengesuch, und so wurden sie alle durch den Strang hingerichtet.

Der Akali Dal nützte unterdessen seinen Triumph von Guru ka Bagh, um eine Reinigung des heiligen Teiches (*kar seva*) in Amritsar in Gang zu setzen. Tausende Sikhs aller Schichten leisteten dem Aufruf Folge und brachten den Schlick mit Körben weg. Natürlich nutzten die Akalis diese Gelegenheit zur Propaganda gegen die Regierung. Viele Sikhs hielten einen Falken, der zuweilen erschien und sich auf den zentralen Spitzturm des Goldenen Tempels setzte, für einen Boten Guru Gobind Singhs. Dieser Vorfall verstärkte die religiöse Inbrunst und ließ die Akalis noch volkstümlicher werden, da man ihren Unternehmungen das »Wunder« zuschrieb.

Für neue Unruhe sorgte die Abdankung des Maharadschas von Nabha, Ripudaman Singh, am 9. Juli 1923. Der politische Agent der Briten hatte den Maharadscha »überredet«, zugunsten seines Sohnes zurückzutreten. Ursache der Affäre waren Ripudaman Singhs Streitigkeiten mit dem Maharadscha von Patiala. Der Maharadscha von Nabha war der nationalen Sache zugetan, und auch er hatte nach der Tragödie in Nankana Sahib einen schwarzen Turban getragen. Aufgebrachte Sikhs protestierten am 9. September 1923 gegen die Absetzung und beschlossen, den Maharadscha um jeden Preis auf seinen Thron zurückzubringen. Die Regierung erklärte daraufhin den S.G.P.C. und den Akali Dal für illegal und ließ 59 Akali-Führer festnehmen. Ihnen wurde der Prozeß wegen »Kriegsführung gegen den König« gemacht. Das Verfahren dauerte drei Jahre. Protestversammlungen und Verhaftungen waren alsbald im Pandschab alltäglich.

Um für den Erfolg ihrer Sache zu beten, führten Sikhs im Gurdwara Gangsar in Jaito eine immerwährende Lesung aus dem Adi Granth (*Akhand path*) ein. Die Polizei unterbrach die Lesung, die Sikhs gerieten immer mehr in Rage. Sie betrachteten den Polizeieinsatz als Frevel, und die Protestbewegung nahm weiter zu. In kleinen Gruppen marschierten Akalis nach Jaito, um dort die Festnahme zu provozieren. Sie wurden festgenommen, geschlagen und wieder freigelassen.

Eine fünfhundertköpfige Gruppe erreichte Jaito am 21. Februar 1924. Als die Gruppe sich durch Schüsse in die Luft nicht aufhalten ließ, feuerten die Polizisten in die Menge.

Vierzig bis fünfzig Sikhs wurden getötet, an die dreihundert verletzt. Der Rest wurde festgenommen, einige wegen Tätlichkeit gegenüber der Polizei belangt und zu hohen Haftstrafen verurteilt. Rechtsanwalt Dr. Kitchlew, der Führer des pandschabischen Kongresses, der herbeieilte, um die Umstände des Geschehens zu untersuchen, wurde ebenfalls verhaftet. Die Schüsse von Jaito brachten den Akalis in ganz Indien Sympathien ein.

Am 28. Februar marschierte eine neue Gruppe Sikhs in Amritsar ab und wurde bei ihrer Ankunft in Jaito in Haft genommen. Weitere Jathas folgten und ließen sich ebenfalls festnehmen. Die Regierung versuchte nun, die Akalis zu isolieren, indem sie verbreiten ließ, diese wollten die Herrschaft der Sikhs im Pandschab wiederherstellen. Die Propaganda hatte jedoch die gegenteilige Wirkung. Sogar Sikhs, die sich von der Bewegung ferngehalten hatten, glaubten nun, daß es ihre Pflicht sei, eine Partei zu unterstützen, die die Wiederherstellung ihres Reiches zum Ziel hatte. Da die Beschuldigung jeglicher Grundlage entbehrte, konnten die Sikh-Führer und der Kongreß nunmehr ihrerseits die Regierung bewußter Irreführung beschuldigen.

Als auch in der Armeeführung die Sorge über die Sympathien der Sikh-Soldaten für die Akalis wuchs, eröffnete im März 1924 General Sir William Birdwood Verhandlungen mit den Akali-Führern. Zu diesem Zeitpunkt hatte der S.G.P.C. erklärt, der Kampf (*morca*) um Jaito sei kein Protest gegen die Absetzung Ripudaman Singhs, sondern diene nur dem Zweck, das Recht auf ungestörte Durchführung religiöser Zeremonien in heiligen Stätten durchzusetzen. General Birdwoods Bemühungen zahlten sich aus, als Sir

Malcolm Hailey im Mai 1924 zum Vizegouverneur des Pandschabs ernannt wurde. Hailey war ein gewiefter Taktierer. Gegen die passiven Widerstand leistenden Akalis ging er weiterhin mit polizeilichen Maßnahmen vor, verhandelte aber gleichzeitig mit gemäßigten Sikhs. Hailey reiste durch das Pandschab und warnte die Sikhs, daß eine fortgesetzte Agitation ihre Zukunft in den Streitkräften beeinträchtigen würde. Die Rechnung des Vizegouverneurs ging auf. Obgleich die Jathas weitermarschierten, war die Einheit der Sikhs untergraben. Im Oktober 1924 durfte eine Gruppe loyaler Sikhs eines Reformkomitees, dessen Gründung Hailey angeregt hatte, den Gurdwara in Jaito betreten und ungestört die Lesung abhalten. Durch diesen Schachzug verlagerte Hailey den Kampf von der politischen auf die rein religiöse Ebene.

Am 9. Juli 1925 verabschiedete das pandschabische Parlament ein Gurdwara-Gesetz, das hauptsächlich von dem prominenten Parlamentsmitglied Jodh Singh abgefaßt worden war. Dieses Gesetz übertrug endlich dem S.G.P.C. die rechtmäßige Kontrolle über alle Gurdwaras im Pandschab. Als Sikh wurde definiert, wer an die zehn Sikh-Gurus und den Granth Sahib glaubt und keine andere Religion hat. Allerdings richtete Vizegouverneur Hailey es so ein, daß nur diejenigen inhaftierten Akali-Führer entlassen werden sollten, um den S.G.P.C. zu übernehmen, die ihre vergangenen Taten widerriefen. Eine Gruppe unter Mehtab Singh willigte ein und wurde in der Tat aus der Haft entlassen. Die Mehrzahl der Inhaftierten betrachtete jedoch die bedingte Freilassung als unwürdig. Nach ihrer späteren Entlassung verurteilten sie Mehtab Singhs Leute als Kollaborateure und verdrängten sie aus der Leitung des

S.G.P.C. Die Einheit der Akalis war damit zerbrochen, und die Agitation in Jaito schlief ein. Das politische Ziel der Aktionen, die Wiedereinsetzung des Maharadschas von Nabha, konnte nicht erreicht werden.

Etwa dreißigtausend Sikhs waren in diesen Jahren bei ihren Aktionen festgenommen worden, ungefähr vierhundert hatten dabei ihr Leben verloren und an die zweitausend waren verletzt worden. Ehemalige Sikh-Soldaten, die sich an diesen Unternehmungen beteiligt hatten, wurden die Pensionen gestrichen. Der Anteil der Sikhs in der Armee wurde bis 1930 auf dreizehn Prozent verringert, während die Anzahl pandschabischer Muslime und Pathanen um acht Prozent zunahm. Die Sikhs hatten sich im Zuge der nationalistischen Wiedererweckung Indiens als furchtlose und opferbereite Kämpfer erwiesen, aber noch stand der indische Subkontinent unter britischer Herrschaft.

1927 begann ein neues Kapitel der indischen Verfassungsgeschichte und des Freiheitskampfes. Die Reformen von 1919 hatten vorgesehen, daß nach zehn Jahren die Verfassung überprüft und eine neue Reform erwogen werden sollte. Aber bereits 1927 wurde eine Kommission unter Sir John Simon gebildet, um die indische Verfassungspraxis zu inspizieren und Vorschläge zu unterbreiten. Daß der Kommission kein Inder angehörte und indische Belange nur von Briten untersucht und beurteilt werden sollten, empfanden selbst gemäßigte Inder als nationale Beleidigung. Aus diesem Grund wurde die Simon-Kommission auf ihrer Reise durch Indien boykottiert. Um jedoch diesen Boykott mit einem konstruktiven Beitrag zu verbinden, wurde ein überparteilicher Kongreß einberufen. Ein Ausschuß unter dem Vorsitz von Motilal Nehru erhielt den Auftrag, einen indischen Verfassungsentwurf vorzulegen. Diesen Nehru-Report, der für Indien den Dominion-Status vorsah, mißbilligten jedoch die Muslime, da sie die vorgesehenen Minderheitsrechte für unzureichend hielten. Auch die Sikhs lehnten den Vorschlag ab. Eine Gruppe, die Baba Kharak Singh führte, war über den Report so verärgert, daß sie ihre Beziehungen zum Kongreß abbrach. Die Sikhs beanstandeten, daß Bengalen und das Pandschab von einer Reservierung einer ihren Bevölkerungsanteil übersteigenden Zahl von Sitzen ausgeschlossen worden war, während den Hindus in Sind und in der Nordwest-Grenzprovinz eine solche gestattet war.

Master Tara Singh, Gyani Sher Singh und andere Sikh-Führer forderten für ihre Glaubensgemeinschaft die Reservierung von dreißig Prozent der Sitze im Pandschab. Heftig protestierte Master Tara Singh in einem Telegramm gegen den Nehru-Report. Andere Sikhs sahen außerdem den angestrebten Dominion-Status als zu geringes Ziel an. Da es sich der Kongreß nicht leisten konnte, die Sikhs zu verärgern, versuchte er sie zu beschwichtigen. Motilal Nehru schrieb: »... alles spreche dafür, daß eine befriedigende Lösung in der nahen Zukunft gefunden werden wird.«

Im Dezember 1929 wurde auf der Konferenz des Kongresses in Lahore in einer Resolution die vollständige Unabhängigkeit gefordert und erklärt, daß der Nehru-Report als Fehltritt betrachtet werden sollte. Am 26. Januar 1930 – seitdem wird in Indien alljährlich dieses Datum als *Independence* Day gefeiert – ließ Mahatma Gandhi ein Manifest im ganzen Land verlesen, das in elf Punkten die nationalen Beschwerden Indiens zusammenfaßte. Es forderte die Abschaffung der Salzsteuer, Steuersenkung, Kürzung der

Militärausgaben und Beamtengehälter, Schutzzölle, Abwertung der Rupie und die Freilassung politischer Häftlinge. Die Salzsteuer, die noch 1923 gegen den Willen des indischen Unterhauses verdoppelt worden war, belastete besonders die armen Bauern. Salzhaltiger Sand oder Salzwasser zu illegaler Salzgewinnung ließen sich freilich überall finden. Indem er zur Übertretung des Salzgesetzes aufrief, konnte Gandhi hoffen, die Massen am wirkungsvollsten anzusprechen. Aus dem Kampf gegen die Salzsteuer entwickelte sich ein allgemeines Aufbegehren gegen andere verhaßte britische Vorschriften. Die Verhaftung Ghandis Anfang Mai gab der Bewegung weiteren Auftrieb. Die meisten Muslime blieben ihr jedoch fern. Lediglich in der Nordwest-Grenzprovinz beteiligten sich die Pathanen unter Abdul Ghaffar Khan an der gewaltlosen Agitation. Der Akali Dal bot fünftausend Freiwillige für die Bewegung des »bürgerlichen Ungehorsams« auf. Obgleich die Sikhs dem Kongreß grollten, da ihre Farbe in der Nationalflagge nicht eingeschlossen war, unterstützten sie Ghandis Vorgehen. Als in der Nordwest-Grenzprovinz Sicherheitskräfte von der Schußwaffe Gebrauch machten, erklärte der erregte Master Tara Singh vor einer Ansammlung auf dem Jallianwala Bagh:

»Aus Mitgefühl für ihre tyrannisierten Landsleute werden Sikhs ihr Blut an der gleichen Stelle vergießen, wo die Pathanen es vergossen haben. Man sagt, daß die Sikhs und Pathanen verfeindet sind. Das ist völlig falsch. Die Sikhs und Pathanen sind Söhne des gleichen Mutterlandes, und falls irgendein solcher Eindruck verbreitet ist, daß sie Feinde sind, werden die Sikhs ihn wegwaschen, indem sie ihr Blut mit dem der Pathanen vermischen. Die Sikhs müssen daher ihnen zu Hilfe kommen und ihr Leben hingeben sowie ehrenvoll ihr Pflicht verrichten, wie ihre Gurus sie ihnen auferlegt haben.«

Hundert Akalis meldeten sich freiwillig, um nach Peshawar zu marschieren und ihr Leben für das Land hinzugeben. Doch schon in Dina, in der Nähe von Jhelum, wurden sie von der Polizei aufgehalten und bis zur Bewußtlosigkeit geprügelt. Master Tara Singh war schon vorher festgenommen worden.

Trotz der Schärfe der Bekämpfungsmaßnahmen lag der Regierung doch daran, mit dem Kongreß zu einer Verständigung zu kommen. Zwar schlugen Versuche liberaler Inder, zwischen Regierung und Kongreß zu vermitteln, zunächst fehl, aber im November 1930 fand schließlich die erste *Round Table Konferenz* in London zur Vorbereitung einer neuen Verfassung statt. Der Kongreß war auf der Konferenz nicht vertreten. Die Delegierten der Sikhs stimmten allgemeinen Wahlkreisen mit reservierten Sitzen für Minderheiten zu, widersetzten sich jedoch heftig kommunalen Mehrheiten, die auf eigenen Wahlkreisen beruhten.

Die britische Regierung erkannte schließlich, daß ohne die Stimme des Kongresses die politische Zukunft Indiens nicht mehr sinnvoll diskutiert werden konnte, und entschloß sich zu einer bemerkenswerten Geste. Anfang 1931 wurden Gandhi und die führenden Kongreßpolitiker freigelassen. Am 5. März 1931 schloß Gandhi mit dem Vizekönig Lord Irwin den Gandhi-Irwin-Pakt. Die Regierung versprach, die im Laufe der Agitation erlassenen Notverordnungen zu widerrufen, und Gandhi erklärte sich bereit, die Bewegung des »bürgerlichen Ungehorsams« zu suspendieren. Alle während der Agitation festgenommenen Personen, einschließlich Master Tara Singhs, wurden entlassen. Bevor Gandhi im August 1931 als einziger Delegierter des Kongresses zur zweiten Round Table Konferenz nach London fuhr, legte ihm eine Abordnung Sikhs unter der Leitung Master Tara Singhs ihren Standpunkt dar, obgleich auf der Konferenz Sikhs vertreten waren. Als wichtige Minderheit forderte sie angemessene Sicherheitsklauseln in jeglicher zukünftigen Verfassung.

Ujjal Singh und Sampuran Singh forderten auf der zweiten Round Table Konferenz für die Sikhs eine Vertretung von dreißig Prozent im Pandschab und fünf Prozent im zentralen Parlament mit mindestens einem Sikh im Kabinett. Als Alternative schlug Ujjal Singh eine territoriale Neuordnung des Pandschabs vor. Die Bezirke Rawalpindi und Multan sollten ohne die Distrikte Lyallpur und Montgomery vom Pandschab abgetrennt und der Nordwest-Grenzprovinz zugeteilt werden. Im Pandschab gäbe es dann 43,3 Prozent Muslime, 42,3 Prozent Hindus und 14,4 Prozent Sikhs. In diesem Pandschab würden die Sikhs keine Reservierung einer ihren Bevölkerungsanteil übersteigenden Zahl von Sitzen (*weightage*) fordern. Eine solche Reservierung würden sie nur in der Nordwest-Grenzprovinz und in Sind verlangen, falls die Muslime sie in anderen Provinzen erhielten. Ujjal Singhs Vorschlag fand jedoch kaum Beachtung und wurde zurückgewiesen.

Auf der zweiten Londoner Konferenz wurde wegen der vielschichtigen Bevölkerungsstruktur Indiens eine immer kompliziertere Wahlarithmetik entworfen. Es setzte ein Mandatsschacher ein, der die bestehenden Gegensätze mehr und mehr vertiefte. Die Unsicherheit über die Gestal-

tung der »kommunalen« Machtverhältnisse in einer zukünftigen Verfassung steigerte die Spannungen. Ein gemeinsamer Verfassungsentwurf kam nicht zustande.
Eine Konferenz aller politischer Gruppierungen der Sikhs sprach sich am 28. Juli 1932 gegen jede Verfassung aus, die keinen vollen Schutz der Sikhs durch die Garantie eines tatsächlichen Machtgleichgewichts der drei wichtigsten Bevölkerungsgruppen im Pandschab vorsah. Im September 1932 erfolgte die Gründung des *Khalsa Darbar* als Protest gegen den kommunalen Schiedsspruch (*Communal Award*), den der britische Premierminister MacDonald am 17. August 1932 angekündigt hatte. Dieser Schiedsspruch sah zwölf eigene Wahlkreise für die Minderheiten vor und gestand den Muslimen kommunale Forderungen zu. Die Muslime sollten eigene Wahlkreise mit Reservierung von Sitzen in den gesetzgebenden Körperschaften der Provinzen erhalten. Sikhs wie Hindus betrachteten aber solche Wahlkreise als antinational.
Auch die Sikhs erhielten eine Reservierung von Sitzen, die aber nicht mit der für die Muslime zu vergleichen war. Folgende Stellung war für sie vorgesehen:
33 von 175 Sitzen in der gesetzgebenden Versammlung des Pandschabs
3 von 50 Sitzen in der Nordwest-Grenzprovinz
6 von 250 Sitzen in der föderalistischen Versammlung
4 von 150 Sitzen im Staatsrat.
In Sind und in den vereinigten Provinzen (Gebiete an der Ganga bis nach Benares) gingen sie leer aus.
Die Sikhs sahen in dem Schiedsspruch eine Bedrohung ihrer Existenz. Innerhalb des Khalsa Darbar kam es jedoch bald zu Zwistigkeiten. Gyani Sher Singh und seine Anhän-

ger schieden aus der Organisation aus. Eine neue Gruppierung, der *Khalsa Central Council*, wurde gegründet. Die Ursache für den Austritt war Master Tara Singh, der dem Khalsa Darbar den Anstrich einer Partei gegeben hatte, obgleich sich dieser ursprünglich ohne parteiliche Richtlinien konstituiert hatte. Eine Verschmelzung der Central Sikh League mit dem Khalsa Darbar bestätigte die Befürchtungen der ausgetretenen Sikhs. Mehrere neutrale Sikhs versuchten zwar im Dezember 1933 eine Entzweiung der Glaubensgemeinschaft in politischer Hinsicht abzuwenden, aber ihre Bemühungen scheiterten. Denken in Gruppen und Grüppchen hatte bei den Sikhs wieder einmal die Oberhand gewonnen.

Das britische Parlament verabschiedete schließlich 1935 den kommunalen Schiedsspruch als *Government of India Act*. Von einem Dominion-Status war keine Rede. Zwei Jahre später wurde der für die Provinzen Britisch-Indiens geltende Teil in Kraft gesetzt. Aden und Birma wurden von Indien abgetrennt, die indischen Provinzen neu abgegrenzt. Sie wurden nunmehr ausschließlich in indischer Eigenständigkeit regiert. Der Kreis der Wahlberechtigten wurde erweitert und umfaßte etwa 43 Prozent der männlichen und 10 Prozent der weiblichen Erwachsenen.

Die bevorstehenden Wahlen ließen mehrere neue Parteien im Pandschab entstehen. Unter den Sikhs gab es bislang nur zwei Gruppierungen von Bedeutung: den Akali Dal und die Chief Khalsa Diwan, die die Interessen der konservativen Landaristokratie vertrat. Die Chief Khalsa Diwan änderte nunmehr ihren Namen und trat zu den Wahlen als *Khalsa National Party* an. Sie bemühte sich um die Stimmen britisch gesinnter Sikhs und um die anderer Gegner des Akali Dal. Der Akali Dal seinerseits war nicht willens, mit der Chief Khalsa Diwan zusammenzuarbeiten, und tat sich daher mit dem Kongreß zusammen. In den Wahlen gewann jedoch die konservative, muslimisch orientierte Unionspartei die eindeutige Mehrheit. Sikandar Hayat Khan bildete sein Kabinett aus drei Muslimen, zwei Hindus und dem Sikh Sunder Singh Majithia, dem alten Führer der Chief Khalsa Diwan. Wenig später ging die Unionspartei einen Pakt mit der Muslim-Liga* ein. Außer im Pandschab hatten die Muslime lediglich noch in Bengalen die Mehrheit erringen können. Der große Gewinner der Wahlen war der Kongreß, der nunmehr unter dem Namen Kongreß-Partei auftrat.

Die Erfolge dieser ersten Kongreßregierungen waren beachtlich, und doch brachten gerade sie eine schon lange schwelende Krise zum Ausbruch. Das seit jeher gespannte Verhältnis zu den Muslimen wandelte sich in Haß und Feindschaft. Trotz zum Teil beachtlicher Stimmenanteile sahen sich die Muslime in den übrigen Provinzen von der Mitregierung ausgeschlossen, da die Kongreß-Partei eine Koalition ablehnte.

Im Pandschab arbeitete der Akali Dal eng mit der Kongreß-Partei zusammen. Eine allindische Akali-Konferenz in Rawalpindi ermunterte im November 1938 sogar die Sikhs, der Kongreß-Partei beizutreten. Viele Akali-Funktionäre bekleideten in der Folgezeit hohe Posten in der Kongreß-

---

* Am 30. Dezember 1906 in Dacca unter dem Vorsitz von Nawab Viquar-ul-Mulk, einem früheren leitenden Beamten des Fürstenstaates Haiderabad, als Gegengewicht gegen den vorwiegend von Hindus getragenen Kongreß gegründet.

Partei. Manchem Kritiker schien jedoch diese Politik des Akali Dal nicht gerade uneigennützig zu sein.
Als am 1. September 1939 der Zweite Weltkrieg ausbrach, geriet auch Britisch-Indien in den Strudel der Ereignisse. Bereits 1938 hatte der Premier des Pandschabs, Sikandar Hayat Khan, Großbritannien im Fall eines Krieges bedingungslose Unterstützung zugesagt.
Etwa fünfhundert führende Sikhs versammelten sich unter dem Vorsitz von Master Tara Singh in Amritsar und erklärten sich bereit, mit der Regierung bei der Fortführung des Krieges zusammenzuarbeiten. Das Verhältnis zwischen dem Akali Dal und der Kongreß-Partei verschlechterte sich daraufhin.
Im Gegensatz zum Ersten Weltkrieg zögerten viele Sikh-Bauern, in die Armee einzutreten. Die Aktivität kommunistischer Agenten in der Anfangsphase des Krieges ließ sogar einige Regimenter in ihrer Loyalität schwanken. Ein Teil des *Central India Horse* weigerte sich, in Übersee zu dienen. Über hundert Mann wurden vor ein Kriegsgericht gestellt und einige hingerichtet. Mehrere Sikhs des 31. pandschabischen Regiments desertierten. Vorläufig stellten die Briten die Rekrutierung von Sikhs ein. Ruhe kehrte erst wieder ein, als die Briten den Sikh-Führern versicherten, daß die Interesssen der Sikhs nicht geopfert würden, um die Muslime zu beschwichtigen. Daraufhin wurden wieder Sikhs rekrutiert.
In einem Brief vom 9. August 1940 erläuterte Master Tara Singh dem Kongreßpolitiker Maulana Azad seine politischen Vorstellungen. Er wollte den Briten 100 000 Soldaten anbieten, falls diese der Kongreß-Partei in Form einer Abmachung mehr Unabhängigkeit zugestehen würden. Im

Fall einer Aktion des »bürgerlichen Ungehorsams« bot er seine Unterstützung an, aber die Kongreß-Partei sollte nichts unternehmen, um die Stärkung der Armee und der Industrie zu verhindern, was ja auch im Interesse der Briten lag.
Gandhi war jedoch mit den Vorstellungen Master Tara Singhs nicht einverstanden. Seiner Ansicht nach betonte der Sikh-Führer zu sehr die Gemeinschaft der Sikhs, was den nationalen Interessen der Kongreß-Partei nicht entsprach. Auch Nehru war seiner Meinung:
»Zu diesem kritischen Zeitpunkt ist es für niemand oder für keine Gruppe möglich, zwei Wege zu gehen und die Gunst der britischen Regierung und der nationalen Bewegung zur gleichen Zeit zu gewinnen.«
Master Tara Singh war mithin tief gekränkt. Ein Arbeitsausschuß des Akali Dal unterstützte am 29. September 1940 mit einer Resolution sein Eintreten für eine Verteidigung Britisch-Indiens während der Kriegsjahre. Die Sikhs wollten ihre historische Rolle in der Armee nicht aufs Spiel setzen. Sikh-Führer richteten eine Verteidigungsliga ein und beriefen am 20. Januar 1941 in Lahore eine Zusammenkunft, in der die Sikhs aufgefordert wurden, in die Armee einzutreten. Hinduführer, die nicht der Kongreß-Partei angehörten, folgten diesem Beispiel und appellierten an ihre Glaubensgemeinschaft, Großbritannien in der Stunde der Heimsuchung beizustehen. Die Kongreß-Partei verweigerte den Briten jede Zusammenarbeit, selbst in jener Zeit, als eine japanische Invasion von Birma her drohte, und japanische Flugzeuge Kalkutta und Madras bombardierten.
Für Britisch-Indien wurde die Situation bedrohlich, als die

Japaner 1941/42 im Pazifikraum und auf dem asiatischen Festland vordrangen. Bereits einige Monate vor dem Überfall auf Pearl Harbour am 7. Dezember 1941 hatten japanische Agenten Kontakte mit Führern der indischen Gemeinden in Thailand, Hongkong, Birma, Britisch-Malaya, Singapur und auf den Philippinen geknüpft. Die Japaner wählten Rash Bihari Bose, der seit 1915 in Japan lebte, als Mittelsmann zu den Auslandsindern. Bose hatte den Japanern die Zusage abgerungen, daß im Falle eines Krieges mit Großbritannien Inder nicht als feindliche Untertanen behandelt werden würden, sondern daß ihm indische Armeeangehörige überstellt werden würden. Bose zeigte eine besondere Vorliebe für Sikhs. In Thailand arbeiteten mit ihm Amar Singh, der fast zwanzig Jahre in britischen Gefängnissen verbracht hatte, Gyani Pritam Singh und Chanda Singh zusammen. In Britisch-Malaya unterstützte ihn vorwiegend Budh Singh, der allgemein als »malaysischer Gandhi« bekannt war.

Nach dem schnellen japanischen Vormarsch bildeten sich in den besetzten Gebieten indische Unabhängigkeitsligen. 1942 wurde dann auf zwei Konferenzen eine einheitliche Unabhängigkeitsliga geschaffen, die die Japaner als einzige Vertretung der indischen Bevölkerung in ihrem Herrschaftsbereich anerkannten. Noch im Dezember 1941 bot der in Kriegsgefangenschaft geratene Hauptmann Mohan Singh vom 14. pandschabischen Regiment den Japanern seine Dienste an. Mohan Singh wurde in den Rang eines Generals erhoben und zum Kommandierenden Offizier der neu aufgestellten *Indian National Army* (I.N.A.) ernannt. Von den zwanzigtausend Indern, die sich freiwillig zum Dienst in der I.N.A. meldeten, waren etwa ein Drittel Sikhs. Die erste Division der I.N.A. war im Herbst 1942 einsatzbereit. Die Beziehungen zu den Japanern kühlten sich aber ab, als diese trotz gegenteiliger Versprechen indische Kriegsgefangene schlecht behandelten und der japanische Befehlshaber Singapurs die direkte Kontrolle über die I.N.A.-Mannschaften übernahm. Es kam zu ernsthaften Auseinandersetzungen mit den Japanern, da von indischer Seite Zusicherungen über die Zukunft Indiens sowie die Verfügung über das von seinen Besitzern im Stich gelassene indische Eigentum in Südostasien gewünscht wurden. Der Höhepunkt der Unstimmigkeiten kam im Dezember 1942, als Oberst Narinjan Singh Gill, dem die Führung der I.N.A. in Birma übertragen worden war, festgenommen wurde. Mohan Singh löste daraufhin die I.N.A. auf und trat von seinem Posten zurück. Die Japaner nahmen ihn ebenfalls in Haft.*

Rash Bihari Bose versuchte, die I.N.A. zu erhalten, und übernahm im April 1943 die alleinige Führung der Unabhängigkeitsliga. Das Hauptquartier wurde von Bangkok nach Singapur verlegt. In dieser schwierigen Lage traf der ehemalige Spitzenpolitiker der Kongreß-Partei, Subhas Chandra Bose, in Japan ein und übernahm von Rash Bihari Bose die Leitung der Unabhängigkeitsliga.

Subhas Chandra Bose reorganisierte innerhalb einiger Wo-

---

*Mohan Singh wurde nach zweimonatigem Gewahrsam in einem Bungalow auf eine Insel gebracht und blieb dort bis Dezember 1943. Danach wurde er nach Sumatra geschickt, wo ihn die Briten festnahmen. Im November 1945 brachte man Mohan Singh nach Delhi. Er wurde im Mai 1946 vorbehaltlos entlassen. Im gleichen Jahr kam es in zahlreichen indischen Städten zu Massendemonstrationen gegen die I.N.A.-Prozesse. Die Angeklagten wurden zu lebenslanger Deportation verurteilt, aber später alle durch Erlaß des Vizekönigs amnestiert.

chen die Unabhängigkeitsliga und die I.N.A. Im Zuge der japanischen Frühjahrsoffensive 1944 kam die I.N.A. an der birmanisch-indischen Front zum Einsatz. Zu Beginn der Monsunzeit blieb die Offensive jedoch vor Imphal stecken, da es sowohl an Nachschub als auch an der nötigen Luftunterstützung fehlte. Denn die Masse der japanischen Luftstreitkräfte konzentrierte sich auf dem pazifischen Kriegsschauplatz. Im Januar 1945 schlug sich die I.N.A. erneut mit der 14. britischen Armee und wurde in den Zusammenbruch der japanischen Front in Birma hineingezogen. Mitte Mai 1945 gab es für die I.N.A.-Truppen keine Hoffnung mehr. Subhas Chandra Bose flüchtete aus Rangun nach Singapur und von dort nach Bangkok. Am 18. August 1945 kam er bei einem Flugzeugabsturz ums Leben.
Der rasche japanische Vormarsch nach dem Kriegsausbruch im Pazifik zwang die britische Regierung zu einem letzten Versuch, »alle Kräfte des indischen Lebens zusammenzufassen, damit sie ihr Land gegen die Drohung der Invasion verteidigen«. Winston Churchill kündigte am 11. März 1942 im Unterhaus die Entsendung von Sir Stafford Cripps, dem einstigen Führer des linken Flügels der Labour-Partei, nach Indien an. Das Angebot, das Cripps mitbrachte, sah vor, daß unmittelbar nach Beendigung des Krieges eine aus Repräsentanten der gesetzgebenden Versammlungen der Provinzen und Vertretern der Fürstenstaaten zusammengesetzte verfassunggebende Versammlung gebildet werden sollte. Diese Versammlung habe mit der britischen Regierung einen Vertrag auszuhandeln, der die Einzelheiten der Machtübertragung regeln solle. Durch diesen Vertrag müsse der Schutz der rassischen und religiösen Minderheiten gesichert werden. Das britische Angebot

sah aber auch schon die Möglichkeit einer Teilung des indischen Subkontinents vor. Denjenigen Provinzen, die die künftige Verfassung nicht akzeptieren würden, wurde eine gleichberechtigte Behandlung mit der Indischen Union zugesagt.

Cripps' Verhandlungen scheiterten jedoch an den vorgesehenen Übergangsregelungen für die Dauer des Krieges. Der Brite war weder bereit, die Verteidigung des Landes in indische Hände zu legen noch eine indische Kabinettsregierung mit dem Vizekönig als konstitutionellem Oberhaupt zuzugestehen. Am 12. April 1942 reiste Sir Stafford Cripps mit leeren Händen wieder nach London zurück. In einem Brief vom 31. März 1942 an Cripps erklärte Master Tara Singh:

»Wir haben alle Hoffnung verloren, irgendeine Berücksichtigung zu erhalten. Aber wir werden uns mit allen möglichen Mitteln einer Abtrennung des Pandschabs von einer allindischen Union widersetzen.«

Einige Tage nach Cripps' Abreise wurde der Glaube der Sikhs an die Kongreß-Partei arg erschüttert. Eine Gruppe von Mitgliedern der gesetzgebenden Versammlung in Madras – sie gehörte zur Kongreß-Partei – verabschiedete eine Resolution, die gegenüber der muslimischen Forderung nach einem eigenen Staat Nachgiebigkeit empfahl. Der Führer dieser Gruppe war C. Rajagopalachari, ein Politiker, der Gandhis Vertrauen besaß. Zwar mißbilligte der Arbeitsausschuß der Kongreß-Partei die Resolution und zwang Rajagopalachari zurückzutreten, aber bei den Sikhs blieb die Verunsicherung.

Die von Gandhi erdachte *Quit-India*-Bewegung, die den sofortigen Abzug der Briten forderte, – die Muslime beteilig-

ten sich nicht daran – führte 1942 zu blutigen Unruhen, die Polizei und Militär mit harter Hand unterdrückten. Die Akalis beurteilten diese Bewegung unterschiedlich. Ein Teil schloß sich ihr an, Master Tara Singhs Gruppe unterstützte jedoch die Rekrutierung der Armee.
Am 26. September 1942 erklärte Master Tara Singh auf der allindischen Akali-Konferenz in Lyallpur, daß er nicht an die von Mahatma Ghandi verkündete Doktrin des gewaltlosen Widerstandes glaube. Er riet den Sikhs in ihrem eigenen Interesse und in dem des Landes, sich nicht von der augenblicklichen Begeisterung mitreißen zu lassen.
Abseits von der Quit-India-Bewegung blieb auch die wieder zugelassene Kommunistische Partei, für die der Krieg durch die britisch-sowjetische Allianz inzwischen zum »Volkskrieg« geworden war. Ein Großteil der pandschabischen Kommunisten waren Sikhs. Offen unterstützte die Kommunistische Partei die Forderung der Muslim-Liga nach einem eigenen Staat.
Politisch waren sich die Sikhs also keineswegs einig. Gopal Singh, der Schriftführer der neu gegründeten *Central Sikh League of India*, gab zu verstehen, daß Master Tara Singh und seine Gefolgsleute nach seinem Dafürhalten mit dem Imperialismus eine Allianz eingegangen waren. Die Central Sikh League of India strebte ein Wiederaufleben des Nationalismus bei der breiten Masse der Sikhs und die Aufstellung regierungsfähiger politischer Kader an, um die Interessen der Sikhs bei Zentral- und Provinzbehörden wahrzunehmen. Als Mitglieder schloß die Central Sikh League of India alle Sikhs aus, die dem S.G.P.C. und lokalen Gurdwara-Ausschüssen angehörten, ebenso die Amtsinhaber des alten Akali Dal. Wegen dieser Einschrän-

kung gelang es der neuen Gruppierung nicht, sich zu einer Volkspartei zu entwickeln.

Als sich Master Tara Singhs Stellvertreter Ajit Singh Sarhadi der Minderheitsregierung der Muslim-Liga in der Nordwest-Grenzprovinz anschloß, geriet der Akali Dal bei den nationalistischen Kreisen erneut in Miskredit. Dieser Schritt fand aber auch in seiner eigenen Partei keineswegs Zustimmung. Die politische Atmosphäre vergiftete sich mehr und mehr. Die hinduistische Presse bezichtigte die Sikhs, ähnlich der Muslim-Liga, einen eigenen Staat für eine Glaubensgemeinschaft anzustreben. Die Gegensätze zwischen den verschiedenen Glaubensgemeinschaften traten immer deutlicher in den Vordergrund.

Auf einer Versammlung am 20. August 1944 in Amritsar, die Führer aller Sikh-Parteien besuchten, wurde Gandhi scharf kritisiert. Gyani Kartar Singh, der 1937 in die gesetzgebende Versammlung des Pandschabs gewählt worden war, erklärte: »Laßt uns jetzt damit aufhören, auf Mr. Gandhi als Schutz unserer Interessen zu blicken.«

Master Tara Singh erklärte zum ersten Mal, daß die Sikhs eine eigene Nation bildeten. Eine Resolution, die einen unabhängigen Sikh-Staat forderte, wurde aber als »unmögliches Verlangen« zurückgewiesen. Ujjal Singh und Gyani Kartar Singh wiesen darauf hin, daß das *Azad Punjab*-Programm als Erwiderung auf die Forderung nach einem muslimischen Staat anzusehen sei. Der 3. September 1944 wurde zum Protesttag erklärt. An diesem Tag fanden Umzüge und Versammlungen statt, auf denen Resolutionen verabschiedet wurden, die die Forderung nach einem muslimischen Staat verurteilten.

In Großbritannien gewannen im Verlauf des Krieges jene

Politiker an Boden, die ihr Land von der Bürde, zu der Britisch-Indien geworden war, befreien wollten. Auch die Tatsache, daß der indische Subkontinent, dessen Industrialisierung im Lauf des Krieges rasche Fortschritte gemacht hatte, zu einem Gläubiger des Königreiches geworden war, trug zu dieser Entwicklung bei. Im Juli 1945 brachten die Wahlen in Großbritannien den Sturz der Regierung Churchill und die Einsetzung der Regierung Attlee, der Mitglied der Simon-Kommission gewesen war. Obgleich sich Konservative und Labour-Partei in der Kriegskoalition gleichermaßen zum Cripps-Angebot und der zukünftigen Unabhängigkeit Indiens bekannt hatten, legten die Konservativen dabei doch ein größeres Gewicht auf den Schutz der Minoritäten als Voraussetzung der Unabhängigkeit, während die Labour-Partei eine rasche Lösung des Indienproblems ohne wesentliche Vorbedingungen anstrebte.
Unmittelbar nach dem Amtsantritt der Labour-Regierung wurden daher die Führer der indischen Parteien von Vizekönig Lord Wavell zu einer Konferenz nach Simla geladen, um über eine indische Interimsregierung zu beraten. Master Tara Singh repräsentierte auf dieser Konferenz die Sikhs. Sie scheiterte jedoch an der Forderung Ali Jinnahs, des Führers der Muslime, daß alle muslimischen Minister von seiner Liga gestellt werden müßten.
Die 1945/46 durchgeführten Wahlen bestätigten Jinnah sowohl in seiner Haltung als auch in seinen Befürchtungen. Trotz großer Erfolge der Muslim-Liga wurden infolge der Weigerung der Kongreß-Partei, diese an Koalitionsregierungen zu beteiligen, die gleichen Verhältnisse wie 1937 hergestellt. Besonders schwierig war die Lage im Pandschab, der labilsten und, wie sich rasch herausstellte, gefähr-

detsten Provinz. Die Muslim-Liga war hier zwar die stärkste Partei, aber ohne absolute Mehrheit. Eine Koalition der Kongreß-Partei mit der konservativen Unionspartei und dem Akali Dal konnte die Muslim-Liga an der Regierungsübernahme hindern.* Von den 175 Sitzen hatten die Muslim-Liga 75, die Kongreß-Partei 51, die Unionspartei 20, die Unabhängigen 7 und der Akali Dal 22 erhalten.

Viel schwieriger war der nächste Schritt, nämlich die Bildung einer indischen Zentralregierung und die Einberufung einer verfassunggebenden Versammlung. Im März 1946 erschien eine Delegation der britischen Regierung in Indien. Sie schlug vor, eine Zentralregierung mit begrenzten Zuständigkeiten sowie selbständige Provinzen beziehungsweise Provinzgruppen nach dem Zwei-Nationen-Prinzip zu bilden. Damit wäre der Muslim-Liga eine Art Pakistan zugestanden worden, während sich die Kongreß-Partei mit ihrer Forderung nach Erhaltung der Gesamtunion durchgesetzt hätte. Das Konzept wurde zwar von den streitenden Partnern im wesentlichen angenommen, scheiterte aber an den Ausführungsmodalitäten.

In ihren Gesprächen mit der Delegation des britischen Kabinetts befürworteten die Sikh-Führer Master Tara Singh, Gyani Kartar Singh und Harnam Singh ein vereinigtes Indien und forderten für die Sikhs einen autonomen Status. Master Tara Singh meinte, daß er im Fall einer Teilung einen separaten Sikh-Staat vorziehen würde, der das Recht hätte, entweder mit Indien oder mit Pakistan einen Staatenbund einzugehen. Bereits am 9. März hatte der

---

*Der Muslim-Liga war die Politik der Unionspartei nicht konsequent genug gewesen.

S.G.P.C. die Forderung vieler Sikhs nach einem eigenen Staat gutgeheißen. Seine Resolution hatte jedoch die Grenzen des beabsichtigten Sikh-Staates nicht festgelegt.

Der Sikh-Politiker Baldev Singh traf später mit den Briten zusammen. Als Sir Stafford Cripps ihn fragte, was er von einem *Sikh homeland* mit besonderen Privilegien für die Sikhs halte, das sich aus den pandschabischen Gebieten zusammensetze, in denen keine Gemeinschaft dominierte, erachtete Baldev Singh ein solches Gebiet für zu klein. Vielleicht hat Baldev Singh damals die Möglichkeit vertan, mit den Briten über einen autonomen Sikh-Status ins Gespräch zu kommen.

Insgesamt betrachtete die britische Kabinettsmission die Forderung nach einem separaten Sikh-Staat eher als ein Argument der Sikhs gegen Pakistan, das vorgebracht worden war, um die muslimischen Bestrebungen nach einem eigenen Staat zu vereiteln. Im britischen Parlament gab Sir Stafford Cripps am 18. Juli 1946 folgende Erklärung zur Sikh-Frage ab:

»Was die Sikhs verlangen, ist eine Art besonderer Behandlung, ähnlich der, die die Muslime erhalten. Die Sikhs sind jedoch eine viel kleinere Gemeinschaft – 5 1/2 Millionen gegenüber 90 Millionen Muslimen – und leben geographisch nicht so, daß ein Gebiet gebildet werden kann, wo sie sich in der Mehrheit befinden.«

Da die Bildung einer Interimsregierung mit der Muslim-Liga und der Kongreß-Partei nicht vorankam, ersuchte Vizekönig Lord Wavell am 12. August den Präsidenten der Kongreß-Partei Nehru, ein Kabinett zu bilden. In seiner Besorgnis, die Briten könnten sich mit der Kongreß-Partei arrangieren, sah sich Ali Jinnah zum Handeln gedrängt und

erklärte den 16. August 1946 zum *Direct Action Day*. An diesem Tag verwandelte der Mob von Kalkutta die Stadt in ein Schlachtfeld. Das »große Töten« forderte 4700 Tote, 15 000 Verletzte und machte 150 000 Menschen zu Flüchtlingen. In Kalkutta gab es 1946 an die zwanzigtausend Sikhs, von denen die meisten sich ihren Lebensunterhalt als Taxifahrer oder kleine Geschäftsleute verdienten. Obwohl die Muslime sie als einen militanten Flügel der Hindus betrachteten – viele kamen in den ersten Tagen der Ausschreitungen ums Leben –, glückte es den Sikhs in Kalkutta, das Vertrauen der Hindus und Muslimen zu gewinnen. Sie retteten in Gefahr geratene Menschen beider Konfessionen und boten ihnen Schutz in ihren Gurdwaras.
Vielerorts führten die Schreckensnachrichten aus Kalkutta zu Kettenreaktionen, und besonders in Bihar rächte sich die Hindumehrheit blutig an den Muslimen. In Delhi traten am 2. September 1946 die Kongreßführer in den Exekutivrat des Vizekönigs ein und bildeten eine Interimsregierung. Den Geschäftsbereich der Verteidigung übernahm Baldev Singh, der sich zuvor bei Premierminister Attlee schriftlich über die den Sikhs angetane Ungerechtigkeit beschwert hatte. Attlee hatte geantwortet, die Sikhs sollten ihre Interessen durch die Wahl von Vertretern für die konstituierende Nationalversammlung und durch die Mitwirkung beim Verfassungsentwurf wahrnehmen.
Im Oktober traten fünf Vertreter der Muslim-Liga Ministerämter an, übten aber, insbesondere der Finanzminister Liaqat Ali Khan, Obstruktion. Das gespannte Klima in der Regierung, das jede konstruktive politische Arbeit vereitelte, brachte die Kongreßführer wohl bald dazu, sich mit der Teilung Indiens abzufinden.

Im Dezember des gleichen Jahres erlebten die Sikhs im Distrikt Hazara (Nordwest-Grenzprovinz) die mörderischen Ausschreitungen der muslimischen Mehrheit. Zahlreiche Sikh-Dörfer wurden zerstört, und Sikh-Flüchtlinge strömten in das mittlere und östliche Pandschab. Im Pandschab rief die Muslim-Liga im Januar 1947 den »allgemeinen gewaltlosen Massenkampf gegen das reaktionäre Ministerium« aus. Die Regierung unter Khizr Hayat Khan war in der Tat insofern reaktionär, als sie durch Beschränkung der politischen »Freiheiten« den Ausbruch eines Bürgerkrieges verhinderte.

In dieser brisanten Lage wurde Lord Wavell abberufen. Gleichzeitig gab der britische Premierminister Attlee am 20. Februar 1947 bekannt, seine Regierung sei entschlossen, die britische Herrschaft in Indien spätestens im Juni 1948 zu beenden, welche politischen Kräfte dort auch immer die Macht übernehmen würden.

Attlees Ankündigung brach die Widerstandskraft der pandschabischen Regierung, und sie trat acht Tage später zurück. Vor dem Gebäude der gesetzgebenden Versammlung in Lahore spielten sich erregte Szenen ab. Master Tara Singh zog sein Kurzschwert aus der Scheide und rief: »Tod Pakistan!«

Als der Kandidat der Muslim-Liga keine Mehrheit fand, übernahm der britische Gouverneur die Regierung. Eine neue Welle der Gewalt erfaßte das Pandschab, und die Sikhs rekrutierten ehemalige Angehörige der I.N.A., um den Goldenen Tempel und andere historische Gurdwaras zu schützen. Laut Innenminister MacDonald kamen bis Mittag des 19. März 1947 infolge der von der Muslim-Liga ausgelösten Unruhen 2 049 Hindus und Sikhs um oder wurden schwer verletzt. Das Pandschab drohte in einem Meer von Blut zu ersticken. Eine dreitägige Rundreise durch die von Krawallen verwüsteten Städte Lahore, Rawalpindi und Jhelum brachte Nehru zu der traurigen Erkenntnis, daß ein vereinigtes Indien verloren war. Der Arbeitsausschuß der Kongreß-Partei tat den ersten Schritt, als er formal die Teilung des Pandschabs forderte.

Auch der Akali Dal betrachtete nunmehr bei einer Tagung in Amritsar eine Landesteilung als das einzige Mittel, um den Hader im Pandschab zu beenden. Am 18. April trafen Master Tara Singh, Baldev Singh und Gyani Kartar Singh mit Lord Mountbatten, dem neuen Vizekönig, zusammen und sprachen sich für eine Teilung des Pandschab aus, um weiteres Blutvergießen zu verhindern.

Am 2. Juni 1947 legte Lord Mountbatten den indischen Parteiführern noch einmal den Plan der britischen Kabinettsmission vor. Als Ali Jinnah ihn wiederum ablehnte, schlug der Vizekönig die Teilung des indischen Subkontinents vor. In der Nacht zum 3. Juni prüften die Arbeitsausschüsse der Muslim-Liga und der Kongreß-Partei den Plan. Am nächsten Tag informierten die Vertreter der Muslim-Liga, der Kongreß-Partei und der Sikhs Lord Mountbatten von der Annahme des Planes. Im Pandschab und in Bengalen hatte eine nach Religionsgruppen getrennte Abstimmung über Einheit oder Teilung dieser Provinzen zu entscheiden. Die Majorität für die Teilung fand sich in beiden Regionen.

Noch am gleichen Tag erklärte der Vizekönig im Rundfunk:

»Wir haben die Position der Sikhs sorgsam bedacht. Diese tapfere Gemeinschaft bildet etwa ein Achtel der Bevölke-

rung des Pandschabs, aber sie sind so verteilt, daß jede Teilung dieser Provinz sie zwangsläufig teilen wird. Allen von uns, denen das Wohl der Sikh-Gemeinschaft am Herzen liegt, tut es leid, daran zu denken, daß die Teilung des Pandschabs, die sie selber wünschen, ihre Spaltung in größerem oder kleineren Umfang nicht vermeiden kann. Das genaue Ausmaß der Spaltung wird der Grenzkommission überlassen, in der sie natürlich vertreten sein werden.«
Baldev Singh äußerte sich einen Tag später zur Teilung: »Sie erfreut nicht jedermann und die Sikhs schon gar nicht, aber sie ist sicher der Mühe wert. Sie ist nicht ein Kompromiß, sondern eine Regelung. Laßt sie uns als solche wahrnehmen!«
Den Vorsitz der Grenzkommission führte Sir Cyril Radcliffe. Jeder Kommission gehörten vier Richter an, von denen zwei Muslime waren. In der pandschabischen Kommission vertrat Teja Singh, ein Richter des pandschabischen Gerichtshofs, seine Glaubensgemeinschaft. Die Sikhs setzten ihre Hoffnung, die Heiligtümer, Heime und den Grund im westlichen Pandschab zu retten, darauf, daß die Kommission außer der Verteilung der Bevölkerung »andere Faktoren« berücksichtigen würde. Sir Cyrill Radcliffe traf die Entscheidung. Dem östlichen Pandschab, das bei Indien verblieb, schlug er dreizehn Distrikte zu, nämlich die Distrikte der Bezirke Ambala und Jullundur, den Distrikt Amritsar und einige Bereiche (*taihsils*) von Lahore und Gurdaspur. Das östliche Pandschab bekam außerdem die oberen Flußstrecken des Sutlej, der Beas und der Ravi. Den Rest – 62 Prozent der Gesamtfläche und 55 Prozent der Bevölkerung – erhielt Pakistan.
Der Radcliffe-Schiedsspruch war für Muslime und Hindus

so gerecht wie möglich. Die Gemeinschaft, der kein Schiedsspruch hätte gerecht werden können, ohne den anderen Ungerechtigkeit widerfahren zu lassen, waren die Sikhs. Ihre fruchtbarsten Böden, über 150 historische Gurdwaras und die Hälfte ihrer Bevölkerung blieben auf der paktistanischen Seite der Grenzlinie.

Während die Grenzkommission noch Beratungen abhielt, verschlechterte sich die Lage im Pandschab. Muslime besorgten Waffen aus den Gebieten der Bergstämme in der Nordwest-Grenzprovinz und Bahawalpur, Sikhs erhielten sie aus den Fürstenstaaten, vor allem aus Patiala, Kapurthala und Faridkot. Es wurde offenkundig, daß es nach der Ziehung der Grenzlinie zum offenen Kampf zwischen den Religionsgemeinschaften kommen und ein Bevölkerungsaustausch stattfinden würde. Daher sollte eine *Boundary Force* unter Generalmajor Rees den Schutz der Bevölkerung überwachen.

Am 15. August 1947, fast ein Jahr vor dem ursprünglich vorgesehenen Termin, trat die Teilung Indiens in Kraft. Während es in Bengalen verhältnismäßig ruhig blieb, begann im Pandschab ein grauenhaftes Massaker. Seit März schon hatten sich zahlreiche Hindus und Sikhs aus dem Nordwesten nach Osten aufgemacht, um in Patiala, Ludhiana und anderen Sikh-Zentren Zuflucht zu finden. Am Tag der Teilung war der Exodus zu einer wahren Menschenflut geworden. Im östlichen Pandschab wurde die muslimische Polizei aufgelöst, und die Muslime waren nunmehr der Willkür plündernder Sikh-Banden und dem hinduistischen R.S.S.* ausgeliefert. Im September erreichte das allgemei-

---
* 1925 von Dr. Keshav Hedgewar gegründete kampfbundartige Organisation (*Rashtriya Swayamsevak Sangh*) des Hindu-Kommunalismus.

ne Morden seinen Höhepunkt. Etwa achteinhalb Millionen Menschen befanden sich auf der Flucht. Gruppen von Sikhs, verzweifelt über die Zerschneidung ihres religiösen Stammlandes, extremistische Hinduorganisationen und fanatische Muslime überboten sich im Verein mit kriminellen Banden in bestialischem Wüten. Es gab Flüchtlingszüge, in denen nur noch der Lokführer lebend den Zielbahnhof erreichte. Die Zahl derer, die während der Massenflucht umkamen, wird sich nie genau feststellen lassen. Sie ging in die Hunderttausende.

Die Unsicherheit über den genauen Grenzverlauf steigerte die Panik. Die Hast der Machtübertragung zeigte jetzt ihre blutigen Folgen. Es war versäumt worden, die Grenzgebiete unter straffe Militärverwaltung zu stellen. Die schwache Boundary Force mit etwa 55 000 Soldaten war ihrer Aufgabe nicht gewachsen. Die einheimischen Politiker hatten die Katastrophe nicht vorausgesehen und waren auf den riesigen Bevölkerungsaustausch nicht vorbereitet. Ungefähr zweieinhalb Millionen Sikhs verließen ihre Heimat und suchten im östlichen Pandschab einen Neubeginn.

Punjabi Suba

Sobald es die Lage gestattete, begannen Konferenzen beider Staaten über die Rückführung verschleppter Frauen und die Behandlung des zurückgelassenen Besitzes der Flüchtlinge. In Jullundur wurde ein Amt für Wiederansiedlung eingerichtet, und die Regierung übernahm die Häuser und den Grund der muslimischen Aussiedler. Die Flüchtlinge wurden bestimmten Dörfern und Städten zugewiesen. Auf dem Land wurde jeder Familie vorläufig eine »Pflugeinheit« von zehn Morgen abgetreten. Außerdem bekam sie Darlehen, um Saatgut und landwirtschaftliches Gerät zu kaufen. Als sich herausstellte, daß der Bevölkerungsaustausch keine vorübergehende Erscheinung war, mußten die vorläufigen Zuteilungen auf Dauer gewährt werden. Die Hindus und Sikhs hatten allerbeste Böden zurückgelassen, das Land der Muslime im östlichen Pandschab war hingegen verhältnismäßig mager. Man schuf nun einen »Standardmorgen«, einen Morgen, der zwischen zehn und elf *Maunds** Weizen hervorbringen konnte. Die Sikh-Bauern, die im westlichen Pandschab viel Grund besessen hatten, mußten jetzt mit weniger Land auskommen.

---
* Indische Gewichtseinheit: Ein Maund entspricht $82^{2/7}$ britischen Pfund.

Noch schlechter erging es den städtischen Sikhs. Die von den Muslimen zurückgelassenen Sachwerte in den Städten waren im Vergleich zu denen der Sikhs in Pakistan ziemlich gering. Hinzu kam, daß der Sikh-Kaufmann mit dem Hinduflüchtling und den etablierten Geschäftsleuten konkurrieren mußte.

Die Verkleinerung der landwirtschaftlichen Flächen zwang frühere Großgrundbesitzer, ihr Land selbst zu bestellen, anstatt es zu verpachten. Die Schicht der vom Pachtertrag in den Städten lebenden Großgrundbesitzer verschwand praktisch. Die Bauern investierten ihre Ersparnisse in Traktoren und in andere technische Errungenschaften. Als neuer Erwerbszweig entwickelte sich die Geflügelzucht, die lange vernachlässigt worden war. Rasch ging es mit dem östlichen Pandschab aufwärts. Bereits nach fünf Jahren gab es keine Flüchtlingslager mehr. Der Unternehmungsgeist der Sikh-Bauern machte sich aber auch außerhalb des Pandschabs bemerkbar, da aufgrund der Bodenknappheit viele von ihnen in den malariaverseuchten Dschungel von Uttar Pradesh und in den verwilderten Gebieten von Madhya Pradesh und Rajasthan angesiedelt wurden. Wie die Bauern zeigten auch die im Handel tätigen Sikhs die gleiche Entschlossenheit, ihre wirtschaftliche Bedeutung wiederzugewinnen.

In politischer Hinsicht bedeutete die Massenflucht der westpandschabischen Sikhs eine Schwächung der Position ihrer Führer, da sich deren Anhängerschaft verstreute. Politiker des östlichen Pandschabs traten in den Vordergrund: Pratap Singh Kairon, Swaran Singh und Gyan Singh Rarewala. Die bedeutendste Auswirkung der Flucht war die Konzentration von Sikhs in bestimmten Distrikten des östlichen Pandschabs. Obwohl die Sikh-Flüchtlinge über ganz Indien verteilt waren und Tausende auswanderten, verblieben mehr als drei Viertel der Glaubensgemeinschaft in Malwa, das die Wiege des Sikhismus gewesen war. Einstweilige Hauptstadt des östlichen Pandschabs wurde Simla. Im Mai 1948 entstand die *Patiala and East Punjab States Union* (P.E.P.S.U.) aus den ehemaligen Sikh-Staaten Patiala, Nabha, Jind, Kapurthala und Faridkot sowie aus Malerkotla und Nalagarh. *Rajpramukh** wurde Maharadscha Yadavendra Singh, der neue Wege gewiesen hatte, als er die Fürsten überredet hatte, sich der Indischen Union anzuschließen. Der Akali Dal war mit der Schwierigkeit konfrontiert, daß die Land- und Stadtbevölkerung der Sikhs verschiedene wirtschaftliche Interessen hatten. Auch schon vor der Teilung waren die städtischen Sikhs aufgrund ihrer Berufe den Hindus näher gestanden. Außerdem hatten sich prominente Sikh-Politiker wie Baldev Singh und Swaran Singh der Kongreß-Partei angeschlossen. Gegen die Kongreß-Partei eingestellt war die städtische Führung des Akali Dal, positiv standen ihr hingegen die ländlichen Jat-Sikhs gegenüber. Letztere Gruppe dominierte, da sich Master Tara Singh und Gyani Kartar Singh noch bemühten, ihren alten Einfluß wiederzuerlangen. Unter der Leitung von Udham Singh Nagoke und Ishar Singh Mujhail verbündete sich die »Landgruppe« mit dem Maharadscha von Patiala. Diese Allianz nahm den S.G.P.C. für sich ein und beschloß, sich der Kongreß-Partei anzuschließen.

---

* In der Indischen Union Titel der Fürsten, die das Oberhaupt der neuen, aus verschiedenen früheren Fürstenstaaten zusammengesetzten Provinzen bildeten.

Durch diesen Entscheid sahen sich die übrigen Akali Dal-Politiker gezwungen, den gleichen Schritt zu vollziehen, um ihren Einfluß nicht ganz zu verlieren.
Mit Unterstützung der Akalis wurde Gopi Chand Bhargava Chefminister. Als besonderes Entgelt forderten die Akalis die Einbeziehung Gyani Kartar Singhs in das Kabinett und den Ausschluß der nationalistischen Sikhs. Bhargava schloß einen Kompromiß, indem er Pratap Singh Kairon, einen fähigen Organisator, der seine Ausbildung in den USA erhalten hatte, im Kabinett beließ und den anderen nationalistischen Sikh durch Gyani Kartar Singh ersetzte. Die Regierung erwies sich jedoch als instabil. Die Kongreß-Gruppe unter Bhim Sen Sachar kritisierte den Chefminister wegen seines Entgegenkommens, und als Sachar schließlich das Kabinett bildete, war er auf die Unterstützung der Akalis angewiesen. Obgleich die Akalis seit März 1948 in der Kongreß-Partei mit einigem Erfolg gearbeitet hatten, beschlossen sie im Juli 1950, die Kongreß-Partei zu verlassen und den Akali Dal wieder aufleben zu lassen. Allerdings verließ nur einer ihrer 23 Gesetzgeber die Kongreß-Partei. Dieser, Jaswant Sing Duggal, war wie Master Tara Singh ein verdrängter Städter. Die in der Kongreß-Partei Verbliebenen waren hingegen bäuerliche Jat-Sikhs. Der Akali Dal bemühte sich nun um die konstitutionelle Sicherung der Sikhs, da sie seiner Ansicht nach zu Unrecht keinen Minderheitenstatus erhalten hatten.
1952 errang die Kongreß-Partei in der P.E.P.S.U aber mehr Sitze als der Akali Dal – 122 gegen 33. In der Pandschabi sprechenden Region bekam die Kongreß-Partei allerdings nur 31,3 Prozent der Stimmen, der Akali Dal 24 Prozent. Chefminister wurde Bhim Sen Sachar. Seine Kritik an der

Demokratie der Indischen Union drückte Master Tara Singh 1953 mit folgenden Worten aus:
»Wir kämpften Schulter an Schulter mit anderen, wenn auch nicht in ihrer vordersten Reihe, um den Engländer mit der Hoffnung zu verjagen, daß sein Weggang eine Ära der Freiheit einleiten wird, die die Quelle von Freude und Überfluß sein wird, aber ich muß zugeben, daß wir uns verkalkuliert haben. Der Engländer ist gegangen, aber Freiheit ist nicht gekommen... Unter dem Gewand der Demokratie und Säkularisierung wird unsere Partei, unsere Freiheit und unsere Religion unterdrückt. Meine Beschwerde richtet sich nicht gegen die Demokratie, aber gegen die Heuchelei, die unter dem Gewand der Demokratie paradiert.«
Die Hauptursache für das Unbehagen der Sikhs im freien Indien war das Wiederaufkommen des Hinduismus, der drohte, die Minderheiten zu verschlingen. Dies manifestierte sich in einer phänomenalen Zunahme hinduistischer Organisationen, im Wiederaufleben des Sanskrit und in dem eifrigen Eintreten für die Sprache Hindi. Besonders jene Organisationen, die mit der Arya Samaj und ihrem politischen Gegenstück, dem *Jana Sangh**, in Beziehung standen, begannen eine Kampagne, in der sie die Pandschabi sprechenden Hindus aufforderten, Hindi als ihre Muttersprache registrieren zu lassen. Bedenklich wurde der Rückfall der Sahajdhari Sikhs in den Hinduismus. Sogar dort, wo

---

*»Volksbund«. Entstand 1951 in der Zusammenarbeit von Mitgliedern des R.S.S., die nach dem Verbot ihres Bundes die Notwendigkeit einer politischen Betätigung eingesehen hatten, und S.P. Mookerji, einem ehemaligen Vorsitzenden der 1906 gegründeten kommunalistischen Partei *Hindu Mahasabha*. Der Jana Sangh vertritt konservativ-nationalistische Ziele.

sie feste Gemeinschaften wie in Bombay bildeten, tauchten in ihren Heiligtümern Hindugötter neben dem Adi Granth auf. Auch im Ausland waren die Traditionen auf dem Rückzug. In den USA, Kanada und Großbritannien war die Zahl der Kesadhari Sikhs ohnehin nicht bedeutend. Wo die Sikhs jedoch dicht gedrängt zusammenlebten – im östlichen Pandschab, in Malaysia und Ostafrika – war die Neigung zu Abtrünnigkeit von den Traditionen der Khalsa nicht so groß. Rückfällig zeigten sich allerdings die kastenlosen Sikhs* und bezeichneten sich als Hindus. Der Grund dafür war nicht religiöser, sondern wirtschaftlicher Natur: Die 1950/51 tabellarisch zusammengestellte Kastenordnung, die allen unberührbaren Kasten der Hindus besondere Vorrechte gewährte, beinhaltete nur vier Unterkasten der unberührbaren Sikhs. Folglich zögerten die ausgeschlossenen Unterkasten nicht, der Khalsa-Tradition zu entsagen, um Beihilfen in Anspruch nehmen zu können. Wie konnten die Sikhs in dieser Lage ihre ausgeprägte und besondere Identität bewahren? Die einzige Hoffnung lag darin, eine Provinz oder einen Bundesstaat zu schaffen, wo sie auf der Unterrichtung der pandschabischen Sprache, ihrer Schriften und Geschichte bestehen konnten, um so

---

* Seit Guru Gobind Singh dominierten die Jats im Sikhismus. Eine untergeordnete Rolle spielten die kastenlosen (*Harijan*) Sikhs, die in zwei Gruppen zerfielen: die *Mazhabi* Sikhs mit dem Hintergrund der Kehrer-Kaste und die *Ramdasia* Sikhs, deren Vorfahren der Kaste der Lederarbeiter angehörten. Inzwischen sind Heiraten zwischen Sikhs der Jat-Gruppe und der Nicht-Jats immer seltener geworden. In den Dörfern der Jat-Sikhs gibt es einen besonderen Platz, wo die Mazhabis leben. Dennoch darf nicht vergessen werden, daß es der Gemeinschaft der Sikhs glückte, viele der diskriminierenden Aspekte der Kaste auszumerzen. Das Bestehen der Sikhs auf Gleichheit ist also nicht nur ein frommer Mythos.

die jüngere Generation in der Tradition der Khalsa zu erziehen. Master Tara Singh äußerte sich dazu im September 1955:
»Ich glaube, wir können unsere Religion nicht retten, ohne politische Macht in der Pandschabi sprechenden Region zu erlangen, und falls mir jemand einen anderen Weg nennt, werde ich gewillt sein, diesen Weg zu akzeptieren.«
Der Unmut der Akalis richtete sich rasch auf die Sprachenfrage. Sie argumentierten, daß abgesehen von Haryana das Pandschabi die Umgangssprache des Pandschabs sei und daß die Literatur meist in der Gurmukhi-Schrift verfaßt sei. Daher solle Haryana, das nach dem großen Aufstand von 1857 dem Pandschab angegliedert worden war, wieder abgetrennt und seinen Hindi sprechenden östlichen Nachbarn zugeschlagen werden. Pandschabi in Gurmukhi-Schrift sollte die einzige Sprache und Schrift der Provinz sein.
Es war kein Geheimnis, daß in einer Pandschabi sprechenden Provinz (*Punjabi Suba*) die Sikhs die Mehrheit der Bevölkerung stellen würden. Die Forderung nach der Suba war damit eigentlich ein Verlangen nach einem Sikh-Staat. Das Sprachproblem war lediglich der Anlaß. Die Bildung des südindischen Bundesstaates Andhra Pradesh am 1. Oktober 1953 nach einer von den Kommunisten unterstützten Kampagne aus den Telugu sprechenden Teilen von Madras sowie die Forderung nach einem Marathi sprechenden Staat ermutigten die Akalis, eine Punjabi Suba zu verlangen.
Im Januar 1956 löste der bisherige Entwicklungsminister Pratap Singh Kairon Sachar als Chefminister ab. Im selben Jahr wurde die P.E.P.S.U. bei der Reorganisation der indi-

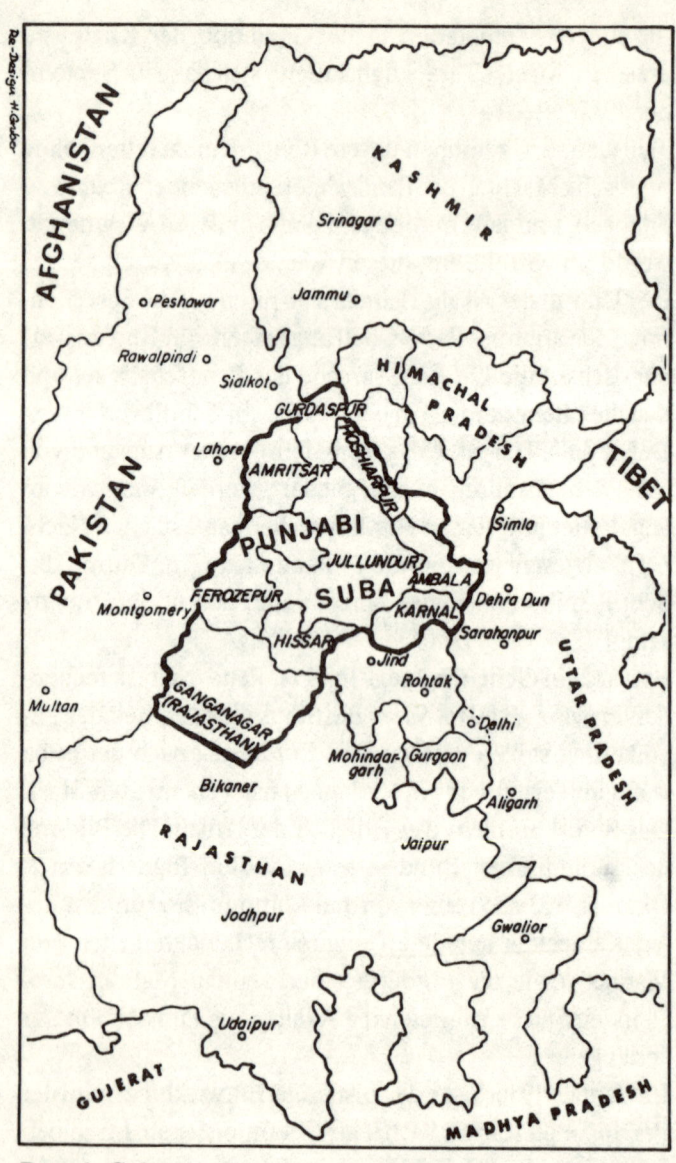

Punjabi Suba

schen Bundesstaaten mit dem Rest des östlichen Pandschabs zum Bundesstaat Pandschab vereinigt. Ursprünglich hatte die Reorganisationskommission sogar die Einbeziehung von Himachal Pradesh befürwortet, die Forderung einer Punjabi Suba jedoch abgelehnt: »Die Frage nach einem Pandschabi sprechenden Staat erübrigt sich erstens, weil es ihr an der allgemeinen Unterstützung der Bevölkerung, die in dem Gebiet lebt, mangelt, und zweitens, da sie keinen der Spannungsgründe beseitigen wird, von denen die Forderung nach einem Pandschabi sprechenden Staat herrührt. Der beabsichtigte Staat wird weder das Sprachenproblem noch das kommunalistische Problem lösen, und weit davon entfernt, interne Spannung abzubauen, die zwischen kommunalistischen und nicht sprachlichen Gruppen existiert, könnte sie die bestehenden Gefühle weiter verschlimmern.«

Der neue Bundesstaat Pandschab wurde in eine Hindi- und in eine Pandschabi-Region aufgeteilt. Beide Regionen erhielten ein begrenztes Maß an Autonomie. Der Akali Dal ging nach dieser Neuorganisation daran, seinen zukünftigen politischen Kurs festzulegen. Bevor jedoch eine Entscheidung fiel, gab Gyan Singh Rarewala, ein ehemaliger Chefminister der P.E.P.S.U., eine Erklärung ab, in der er den Akali Dal aufforderte, aufgrund der veränderten Umstände das Feld der Politik zu verlassen und sich nur noch auf religiöse und kulturelle Angelegenheiten der Sikhs zu beschränken. Außerdem sollte die Organisation ihren Mitgliedern gestatten, sich der Kongreß-Partei anzuschließen.

Zunächst lehnte die Führungsgruppe des Akali Dal einen solchen Schritt ab, aber dann willigte man doch ein. Denn man befürchtete, die Unterstützung der ländlichen Sikhs zu verlieren, da sich Pratap Singh Kairon vor seiner Tätigkeit als Chefminister mit Erfolg um die Hebung des Lebensstandards auf dem Land bemüht hatte.

Für die Wahlen des Jahres 1957 brachte die Kongreß-Partei 26 frühere Akalis auf ihrer Kandidatenliste unter. Die befriedigte aber Master Tara Singh nicht, der sich trotz der Fusion der Kongreß-Partei nicht angeschlossen hatte, und einen Anteil von etwa vierzig Sitzen verlangte. Folglich stellte er mehr als fünfzehn eigene Kandidaten auf, die er *Panthic**-Kandidaten nannte.

Die Kongreß-Partei gewann die Mehrzahl der Sitze. Sie erhielt 120, der Jana Sangh neun, die Kommunisten sechs. Die restlichen 29 Sitze gingen an andere Gruppierungen und die Unabhängigen – Master Tara Singhs Panthic-Kandidaten. Alles in allem unterstützten 1957 die ländlichen Sikhs im allgemeinen die Kongreß-Partei und die Kommunisten, während die städtischen Sikhs die Unabhängigen und den Jana Sangh wählten. Die Hindus gaben vor allem in den Städten ihre Stimmen dem Jana Sangh.

Master Tara Singh übte weiterhin Kritik. Er beschuldigte die Kongreß-Partei, sich in die Angelegenheiten der Gurdwaras einzumischen, und erklärte die regionale Lösung von 1956 als nicht endgültig. Am 16. September 1958 verkündete er bei einem Empfang in Delhi, daß er die Forderung nach einer Punjabi Suba wiederaufnehmen werde und bereits im Oktober 1958 fand die erste Punjabi Suba-Konferenz in Amritsar statt.

---

* Den Sikh *panth* (wörtlich: Pfad) betreffend. Gewöhnlich verweisen die Sikhs auf ihre Gemeinschaft als den Panth.

Master Tara Singh verlor zwar die nächsten Präsidentschaftswahlen des S.G.P.C., was die gesamte pandschabische Hindupresse begrüßte, aber er kündigte an, die allgemeinen S.G.P.C.-Wahlen im Januar 1960 mit dem Thema Punjabi Suba zu bestreiten. In der Zwischenzeit entschied die Führung der Kongreß-Partei am 26. Dezember 1959, den Bundesstaat Bombay in zwei Staaten – Gujarat und Maharashtra – zu teilen. Diese Entscheidung war für die kommenden S.G.P.C.-Wahlen nicht unerheblich, denn die Sikhs mußten zu ihrem Ärger feststellen, daß nur noch das Pandschab als einziger zweisprachiger Staat übrigblieb. Das Ergebnis der Wahlen fiel zur vollsten Zufriedenheit Master Tara Singhs aus. Seine Gruppierung gewann 132 der 139 Sitze. Gegenüber der Presse erklärte der unermüdliche Sikh-Politiker:
»Trotz Einmischung der Regierung haben wir die Wahl gewonnen. Es scheint, daß die Sikhs unsere Forderung nach einer Punjabi Suba unterstützt haben.«
Im Akal Takht schworen unter der Führung Master Tara Singhs die 132 Gewählten, sich für das Schaffen einer Punjabi Suba nötigenfalls zu opfern. Der Arbeitsausschuß des Akali Dal wies die Akalis an, sich unverzüglich von der Kongreß-Partei zu trennen. Der Aufforderung folgten aber lediglich sieben der 28 Mandatsträger im pandschabischen Parlament. Die übrigen blieben in der Kongreß-Partei, viele von ihnen kritisierten sogar unverhüllt Master Tara Singh. Dessen ungeachtet verkündete der Geschmähte am 30. April 1960 seine Pläne für eine große Punjabi Suba-Agitation. Überzeugt, daß die Akalis im Begriff waren, einen Morca in Gang zu setzen, ordnete Chefminister Pratap Singh Kairon die vorsorgliche Verhaftung Master Tara

Singhs an. Die Fortführung der Agitation übernahm daher ein Schützling Master Tara Singhs, *Sant** Fateh Singh, ein 130 Kilo schwerer Hüne. Im Gegensatz zu Master Tara Singh pflegte er sich in freundlichen und sanften Worten auszudrücken. Seine Entschlossenheit beeinträchtigte dies aber nicht.

Gemäß den Angaben des Akali Dal wurden im Verlauf der Agitation über 57 000 Personen festgenommen. Laut Regierungsverlautbarungen handelte es sich aber nur um 26 000. Die Situation verschärfte sich, als Sant Fateh Singh am 18. Dezember 1960 ein Fasten bis zum Tode begann. Sein Vorhaben blieb nicht ohne Folgen. Ministerpräsident Nehru erklärte, daß im Pandschab im wesentlichen Pandschabi die vorherrschende Sprache sei und diese auf jede Art gefördert werden sollte. Gegen die Zusicherung der Regierung, die Beschwerden der Sikhs zu prüfen, wurde am 9. Januar 1961 der passive Widerstand eingestellt, und Sant Fateh Singh brach sein Fasten ab.

Master Tara Singh bemühte sich sogleich nach seiner Freilassung, von Nehru Zusicherungen wegen der Punjabi Suba zu bekommen. Der Ministerpräsident widersprach jedoch der Behauptung, die Ablehnung einer Pandschabi sprechenden Provinz bedeute eine Benachteiligung der Sikhs. Verbittert beschloß Master Tara Singh, sich zu Tode zu fasten. Am 15. August 1961 fing er im Goldenen Tempel mit seinem Fasten an, doch die Regierung blieb unbeugsam. Nach 47 Tagen ohne Nahrung war der Wille des alten Mannes gebrochen, und er beendete die selbst auferlegte Qual. Master Tara Singh rettete dadurch sein Leben, um

---

* Ein Heiliger, ein eifriger Anhänger. Auch ein religiöser Führer.

seinen Ruf aber war es geschehen. Im Akal Takht wurde er des mangelnden Glaubens beschuldigt und wegen der Verletzung der geheiligten Tradition des Märtyrertodes bestraft: Master Tara Singh mußte fünf Tage lang die Schuhe der Versammlung putzen. Obwohl er die Buße akzeptierte, war es mit seiner Karriere vorbei. Außerdem war es schon vorher zwischen ihm und Sant Fateh Singh zur Entfremdung gekommen, da der Sant offensichtlich nur auf der Sprachenfrage bestand, während Master Tara Singh einen Sikh-Mehrheitsstaat anstrebte.

Unterdessen hatte die Regierung eine dreiköpfige Kommission unter dem Vorsitz des ehemaligen Oberrichters S.R. Das ernannt, um die Beschwerden der Sikhs zu untersuchen. Die Akalis trauten der Kommission jedoch nicht so recht und forderten die Sikhs auf, sie zu boykottieren. Dies geschah dann auch weitgehend.

Die Wahlen des Jahres 1962 brachten dem Akali Dal neunzehn Sitze ein, der Kongreß-Partei neunzig. Acht fielen an den Jana Sangh, neun an die Kommunisten und 25 an die Unabhängigen und andere. Nach den Wahlen kam es zum offenen Bruch zwischen Master Tara Singh und Sant Fateh Singh. Auslösendes Ereignis war die Entscheidung von Master Tara Singhs Gruppe – sie kontrollierte noch den Akali Dal und den S.G.P.C. – zwei Vertraute Sant Fateh Singhs zu suspendieren. Die beiden Politiker – Lachman Singh Gill und Jiwan Singh Umranangal – hatten früher Master Tara Singh politisch und persönlich nahegestanden, ihn aber verlassen, da sie ihn mittlerweile nur als den Führer des städtischen Akali Dal ansahen. Jetzt hatten sie seinen Rücktritt gefordert. Der Höhepunkt des Zwists wurde im Juli 1962 erreicht, als Sant Fateh Singh in Ludhiana entschied, einen neuen Akali Dal zu bilden und sich mit dem alten zu messen, der durch das Versagen seiner Führung in Verruf gekommen war. Die Popularität des Sant war enorm, und bald dominierten seine Anhänger im S.G.P.C.. Sant Fateh Singh erklärte, daß es keine Punjabi Suba auf Kosten der Hindu-Sikh Eintracht geben könnte und daß eine solche Provinz ohne die Nicht-Sikhs auch ohne großen Nutzen sein würde.

Auch in Wirtschaftsfragen wurde der Unterschied zu Master Tara Singhs Gruppe deutlich. Die Anhänger des Masters betonten ihre Ablehnung der sozialistischen Politik der Kongreß-Partei und betrachteten die Kommunisten als Agenten ausländischer Mächte. Die Sant-Gruppe sah sich hingegen grundsätzlich als fortschrittlich und forderte die Verstaatlichung der Banken.

Der Unmut der Gruppe, die ihren Rückhalt bei den ländlichen Sikhs hatte, gegen die Städter war nicht zu verkennen. Die Forderung nach einer Punjabi Suba hatte aber nach wie vor Bedeutung, und Sant Fateh Singh trat in Verhandlungen mit Ministerpräsident Lal Bahadur Shastri, dem Nachfolger Nehrus, ein. Als die Gespräche ergebnislos blieben, drohte der Sant ein Fasten bis zum Tode an. Sant Fateh Singh mußte jedoch sein Vorhaben verschieben, da sich Indien plötzlich im Krieg befand. Pakistanische Truppen waren im August 1965 als »Zivil-Freiwillige« verkleidet in Kaschmir eingedrungen, um einen propakistanischen Aufstand in dem überwiegend muslimischen Gebiet zu entfachen. Es kam allerdings zu keinem Massenaufstand, sondern zu einem regelrechten Krieg zwischen Indien und Pakistan. Pakistan wurde geschlagen, und Indien setzte einen Waffenstillstand zu seinen Bedingungen durch. Angetan von den militärischen Leistungen der Sikhs im Krieg gegen Pakistan, versprach Shastri eine Prüfung der Sikh-Wünsche. Zwei Tage nach dem Waffenstillstand ernannte die Zentralregierung einen Kabinettsausschuß, um die Forderung nach einer Punjabi Suba wieder zu untersuchen. Die Mitglieder des Ausschusses waren Indira Gandhi, Y. B. Chavan und Mahavir Tyagi. Zur Unterstützung wurde ein Parlamentsausschuß gebildet, dessen Vorsitz der ehemalige Akali Dal-Politiker Hukam Singh führte.

Das Entgegenkommen der Regierung in Delhi war aber auch dadurch zu erklären, daß die pandschabische Kongreß-Partei nach dem Tode Pratap Singh Kairons im Jahre 1964 in mehrere Klüngel zerfallen war und sich der Forderung nach einer Punjabi Suba nicht mehr energisch genug widersetzen konnte. Hinzu kam, daß die *Haryana Lok Samiti*, eine von Jats beherrschte Partei, einen separaten Bundesstaat Haryana verlangte. Noch bevor die beiden Ausschüsse zu einem Urteil gekommen waren, beschloß der auf Veranlassung Indira Gandhis einberufene Arbeitsausschuß der Kongreß-Partei Anfang März 1966 mit überwältigender Mehrheit, aus dem existierenden Pandschab einen Bundesstaat mit Pandschabi als offizieller Sprache zu schaffen.

Am 1. November 1966 wurde das Pandschab in die neuen Bundesstaaten Pandschab und Haryana aufgeteilt. Die südlichen Distrikte des alten Ostpandschabs bildeten den neuen Bundesstaat Haryana, der gebirgige Distrikt von Kangra ging an Himachal Pradesh. Der neue Bundesstaat Pandschab bestand aus den Distrikten Gurdaspur, Hoshiarpur, Amritsar, Kapurthala, Jullundur, Ludhiana, Ferozepur, Bhatinda sowie einem Teil des Distrikts

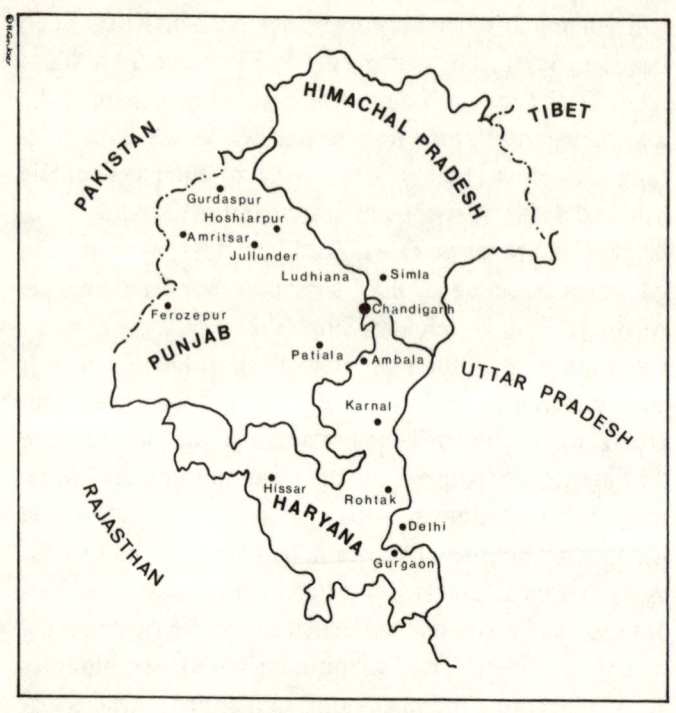

Reorganisation des Pandschabs – 1966

Sangrur und den Bereichen Ropar und Kharar des Distrikts Ambala. Die Grenzziehung hatte einen Pandschabi sprechenden Bundesstaat geschaffen, der in Wirklichkeit ein Sikh-Mehrheitsstaat war. Dennoch war der Akali Dal unzufrieden, da zwischen den beiden neuen Staaten enge Verbindungen blieben, so ein gemeinsamer Gouverneur und Gerichtshof. Gemeinsame Hauptstadt wurde Chandigarh – von 1950 bis 1960 unter der Leitung des Architekten Le Corbusier erbaut. Die Stadt wurde zum Unionsgebiet erklärt und beiden Bundesstaaten zur Benutzung überlassen.

Angesichts der bevorstehenden Wahlen waren sich die meisten Akalis darüber im klaren, daß sie wegen ihrer Anziehungskraft für eine bestimmte Glaubensgemeinschaft nicht hoffen konnten, selbst die Macht zu erlangen. Aus diesem Grund verhandelten die Sant Akalis mit den Nicht-Kongreß-Parteien und begannen, die extremen kommunalistischen Richtungen ihrer Partei, vor allem die der Gruppe Master Tara Singhs, zu bekämpfen. Das Wahlprogramm des Sant Akali Dal für 1967 war daher voller Platitüden, um jeden Teil der Sikh-Bevölkerung versöhnlich zu stimmen. Master Tara Singhs Gruppe bestritt hingegen den Wahlkampf mit religiösen Sachverhalten. Sie forderte zudem einen politischen Status für die Sikhs mit Selbstbestimmung innerhalb der Indischen Union. Bei den Wahlen erlebte die Master-Gruppe jedoch ein Fiasko. Sie erhielt lediglich zwei Sitze, während der Sant Akali Dal 24 gewann. Stärkste Partei wurde die Kongreß-Partei mit 48 Sitzen. Daraufhin taten sich alle anderen Parteien – die zwei Akali Dals, der Jana Sangh, die Republikaner, die Unabhängigen und die beiden kommunistischen Parteien* – zusammen. Das Kabinett dieser neuen Koalition bildete am 8. März 1967 der Sant Akali Gurnam Singh, ein ehemaliger Richter. Ursache für den Machtverlust der Kongreß-Partei im Pandschab war vor allem die veränderte politische Orientierung der Sikh-Bauern. Sie betrachteten die Kongreß-Partei inzwischen als eine Lobby der Geschäftsleute und Industriellen.

---

* Die Kommunistische Partei hatte sich 1964 in zwei miteinander in Fehde liegende Gruppen gespalten. Die abgesplitterte Kommunistische Partei (Marxisten) – KP(M) – vertrat einen Sozialismus chinesischer Prägung.

Unzufriedene Akalis bereiteten dem neuen Kabinett aber von Anfang an Schwierigkeiten. Der Vizepräsident des Sant Akali Dal, Harcharan Singh Hudiara, hatte nicht einmal einen Ministerposten erhalten, obgleich er das Amt des Regierungschefs anstrebte. In einem von der Kongreß-Partei gestellten Mißtrauensantrag stimmten er und sein Freund Hazara Singh Gill gegen die Koalition. Der Antrag wurde mit einer Mehrheit von elf Stimmen abgelehnt, und die beiden Sant Akalis am 26. Mai 1967 suspendiert. Noch am gleichen Tag kündigte Harcharan Singh Hudiara die Bildung einer neuen Akali Dal-Gruppe an.

Ein anderer Rivale Gurnam Singhs – Lachman Singh Gill – war darüber verärgert, daß seine Anhänger in der Regierung keine Posten bekommen hatten. Lachman Singh Gill verließ am 22. November 1967 mit fünf Sant Akalis, einem Master Akali, sechs Unabhängigen und drei Republikanern die Koalition. Drei Tage später bildete er mit Unterstützung der Kongreß-Partei die neue Regierung. Am Tag von Lachman Singh Gills Abfall starb in Amritsar – als ob es das Schicksal so gewollt hätte – der vieldiskutierte Master Tara Singh.

Ende 1967 führte die Gill-Regierung per Gesetz Pandschabi in Gurmukhi-Schrift als einzig offizielle Amtssprache des Bundesstaates ein. Abgesehen von den Extremisten fand sich der Jana Sangh mit dieser Realität ab. Die Kongreß-Partei entzog aber schließlich der Gill-Regierung ihre Unterstützung, so daß sie im August 1968 zurücktreten mußte. Im Februar 1969 wurde der (Sant) Akali Dal stärkste Partei mit 43 Sitzen. Die Master-Gruppe hatte sich unterdessen gänzlich aufgelöst. Das Amt des Regierungschefs übernahm Gurnam Singh. Während das erste Gurnam

Singh-Kabinett eine von den Akalis geführte Koalition gewesen war, war das zweite dem Namen nach eine Akali-Regierung, in der zwei Minister des Jana Sangh amtierten.
Von den früheren Forderungen nach Landreform und Verstaatlichung der Banken war keine Rede mehr. Der reichen Bauernschaft wurden sogar Zugeständnisse versprochen. Weggefallen war auch die Streitfrage der staatlichen Autonomie.
Opfer der neuen Regierung wurde alsbald Lachman Singh Gill. Er wurde wegen Bestechlichkeit festgenommen. Kurz darauf starb er.
Eine Krise zog herauf, als der *Jathedar** Darshan Singh Pheruman ankündigte, bis zum Tode zu fasten, um den Anschluß Chandigarhs an den Bundesstaat Pandschab zu erzwingen. Nach 74tägigem Fasten starb er am 27. Oktober 1969. Um sein inzwischen etwas verblaßtes Image aufzubessern, begann Sant Fateh Singh am 2. Januar 1970 aus dem selben Grund zu fasten und kündigte für den 1. Februar seine Selbstverbrennung an.
Der Märtyrertod Darshan Singh Pherumans hatte die Zentralregierung nicht unberührt gelassen, und Ministerpräsidentin Indira Gandhi gab am 29. Januar 1970 bekannt, daß Chandigarh dem Bundesstaat Pandschab ordnungsgemäß zugeteilt werde. Haryana werde zum Ausgleich einige Hindi spechende Dorfbereiche und einen Teil des Bereiches Fazilka erhalten. Sant Fateh Singh akzeptierte den Schiedsspruch und brach sein Fasten ab. Als Frist für die Durchführung der Zuteilung wurden fünf Jahre bestimmt.

---

* Ursprünglich der Befehlshaber einer Jatha. Der Titel bezeichnet heute einen Führer-Organisator des Akali Dal.

Im März 1970 trat das Kabinett Gurnam Singh zurück, da der Chefminister sich von Sant Fateh Singh und dessen Gefolgsmann Sant Chanan Singh keine Vorschriften mehr machen lassen wollte. Ein neues Kabinett der Akali-Jana Sangh-Koalition wurde am 28. März mit Parkash Singh Badal als Regierungschef gebildet. Gurnam Singh verließ nach einiger Zeit das Feld der Politik und kam wenig später bei einem Flugzeugabsturz ums Leben.

Bei den Neuwahlen im März 1972 gewann der Akali Dal nur 24 Sitze. Die Kongreß-Partei erhielt 66, die Kommunistische Partei Indiens zehn, die Kommunistische Partei (Marxisten) einen und die Unbhängigen drei. Der Jana Sangh ging leer aus. Der Sieg der indischen Truppen* über die Pakistaner im Dezember 1971 hatte zweifelsohne die Popularität Indira Gandhis und damit die der Kongreß-Partei stark gefördert.

Als Oppositionspartei griff der Akali Dal die pandschabische Kongreß-Partei wegen ihrer angeblichen Benachteiligung der Sikhs und der Gleichgültigkeit der Zentrale gegenüber der Entwicklung im Pandschab an. Sant Fateh Singh war aufgefordert worden, sich aus der aktiven Politik zurückzuziehen, und er hatte sich gefügt, aber nach einigen Monaten kursierten Gerüchte, daß er sein politisches Comeback vorbereitete.

Im Oktober 1972 wurde Sant Fateh Singh zum Patron des Akali Dal gewählt und gleichzeitig ermächtigt, den Präsidenten des Dal zu nominieren. Neue politische Richtlinien

---

* Einer der erfolgreichsten Militärs im 3. indisch-pakistanischen Krieg war der Generalleutnant Jagjit Singh Aurora. Seine Soldaten zwangen eine pakistanische 100 000-Mann-Armee in Ostpakistan zur Kapitulation.

konnte er allerdings nicht mehr setzen. Sant Fateh Singh erlitt einen Herzanfall und starb am 30. Oktober 1972. Viele Sikhs dachten, daß sein Vertrauter Sant Chanan Singh an seine Stelle treten würde, aber auch dieser erlag am 23. November 1972 einem Herzanfall. Die Sant-Ära des Akali Dal war zu Ende.

Khalistan?

Am 17. Oktober 1973 kam die wegweisende Anandpur Sahib-Resolution des Akali Dal zustande. Sie nannte als politisches Ziel »die Schaffung von sozio-politischen Zuständen, in denen die Gemeinschaft eine überragende Position hat«. Dies zielte auf einen autonomen Status.
Der Akali Dal machte erneut von sich reden, als Indira Gandhi vom Juni 1975 bis März 1977 mit dem Ausnahmezustand* regierte und fast alle Führer der Oppositionsparteien im ganzen Land verhaftet wurden. Die Akaliführer blieben erstaunlicherweise von diesen Repressalien zunächst verschont. Die Regierung drückte – wohl auf der Suche nach Verbündeten – sogar den Wunsch aus, mit den Akalis in einen Dialog zu treten, um über einige Sikh-For-

---
* Der Oberste Gerichtshof in Allahabad hatte am 12. Juni 1975 Indira Gandhi unkorrekter Wahlpraktiken für schuldig befunden und sie angewiesen, im Parlament künftig nicht mehr mit abzustimmen. Ihr Amt als Ministerpräsidentin durfte sie weiterhin ausüben. In ihrer Entschlossenheit, an der Macht zu bleiben, ließ Indira Gandhi den Staatspräsidenten den »inneren Notstand« ausrufen. Die offizielle Propaganda pries den Ausnahmezustand als einen Schlag gegen Versuche rechtsgerichteter Parteien, die Verfassung zu beseitigen und Indien zu einem neuen Chile zu machen. Die schließlich für den 20. März 1977 ausgeschriebenen Wahlen brachten der Kongreß-Partei eine Niederlage. Der neuen Regierung (*Janata*-Bündnis) gehörten auch zwei Akalis an.

derungen zu verhandeln. Die Führungsgruppe des Akali Dal distanzierte sich jedoch von der Kongreß-Partei und mißbilligte deren Politik. Eine Resolution des Akali Dal stellte Ende Juni 1975 fest:
»Der Akali Dal sieht mit Sorge, daß die Auferlegung des inneren Notstandes und Aufhebung der Grundrechte unter falschem Vorwand völlig ungerechtfertigt, unangebracht und politisch begründet ist. Diese Maßnahme ist ohne Zweifel ein Angriff auf die bürgerlichen Freiheiten, Freiheit der Presse und Freiheit der Rede, eine Vergewaltigung der Demokratie und ein großer Schritt in Richtung Diktatur. Der Akali Dal ist die ganze Zeit ein Verfechter von Demokratie und bürgerlichen Freiheiten gewesen und wird sogar jetzt gegen diese faschistische Tendenz der Kongreß-Partei kämpfen.«
Am 9. Juli 1975 setzte der Akali Dal einen Morca zur Rettung der Demokratie in Gang, und alle seine Spitzenpolitiker boten sich zur Verhaftung an. Die Bewegung dauerte bis zum Tag der Ankündigung von Parlamentswahlen an. Laut den Angaben des Akali Dal wurden in diesem Zeitraum über 40 000 Akalis aufgrund des »Gesetzes zur Aufrechterhaltung der inneren Sicherheit« und der »Verordnungen zur Verteidigung Indiens« festgenommen.
1977 gewann der Akali Dal in den pandschabischen Parlamentswahlen 58 Sitze und bildete trotz der eindeutigen Mehrheit zusammen mit der Janata-Gruppierung, einem rechtsgerichteten Kartell, eine Koalitionsregierung. Auffallend war dabei, daß alle Akali-Mitglieder dieser Regierung ländlicher Herkunft waren. Die städtischen Sikhs, die etwa vierzig Prozent der Sikh-Gemeinschaft ausmachten, fanden keine Vertretung.

In den späten sechziger und frühen siebziger Jahren hatte niemand extremistische Akalis wie Kapur Singh und Dr. Jagjit Singh Chauhan, einen ehemaligen Generalsekretär des Akali Dal, politisch ernst genommen. Ihre Anhänger waren in der Hauptsache jüngere Sikhs aus den Städten. Ab 1973 kam es jedoch zu schweren Zusammenstößen zwischen Sant Nirankaris – einer Abspaltung von den Nirankari Sikhs – und Anhängern eines Sant Jarnail Singh Bhindranwale, der die Akalis als zu gemäßigt anzugreifen pflegte. Am 13. April 1978 wurden bei einer solchen Auseinandersetzung in Amritsar achtzehn Menschen getötet, zahlreiche erlitten Verletzungen.

Als sich unter den Bauern allmählich Bitterkeit über die Unfähigkeit der Zentralregierung, ihre Interessen zu schützen, breit machte, und immer mehr Jugendliche von der steigenden Arbeitslosigkeit betroffen wurden, kam diese Entwicklung den Extremisten gelegen. Einige von ihnen gründeten 1978 die *Dal Khalsa*, um für die Sikhs den politischen Status der Selbstbestimmung zu erkämpfen. Mitte 1978 veranstaltete ein Dutzend Dal Khalsa-Leute in einem Büro des S.G.P.C. in Chandigarh eine Kundgebung und schenkte dem Arbeitsausschuß des Akali Dal gläserne Armringe. Zum ersten Mal wurde die Forderung nach einem separaten »Khalistan«* erhoben und offen erklärt, daß Indien nicht das Mutterland der Sikhs sei. In der Folgezeit nahm die Zahl der Mitglieder der Dal Khalsa zu, und ihre Aktivitäten erregten erhöhte Aufmerksamkeit. Der Extremismus erhielt dann aber von anderer Seite her Auftrieb.

---

* »Land des Reinen«

Viele pandschabische Bauern verlangten ein größeres Maß an Kontrolle über die öffentlichen Verteilungssysteme und gründeten daher ihren eigenen Interessenverband, der höhere Preise für landwirtschaftliche Grundprodukte und niedrigere Preise für staatliche Versorgungsleistungen forderte. Die Kongreß-Partei war vielen Forderungen der reichen Grundbesitzer nicht abgeneigt, da sie auch unter ihnen Anhänger hatte, aber ernsthaft wolle sie diese nur erwägen, wenn dadurch der Akali Dal als politischer Widersacher verdrängt werden konnte. Unter Innenminister Zail Singh begann die Kongreß-Partei nach Verbündeten Ausschau zu halten, um die Akalis zu schlagen. Anstatt jedoch den Kommunalismus zu bekämpfen, trafen sich Zail Singh und Indira Gandhis jüngster Sohn Sanjay Ende 1979 mit jenem Sant Jarnail Singh Bhindranwale, dessen Anhänger des öfteren mit den Sant Nirankaris blutige Auseinandersetzungen ausgetragen hatten.

Fast jeder Beobachter, der nicht gerade ein blinder Parteigänger der Kongreß-Partei war, sagte später, daß Zail Singh es war, der Bhindranwale ermuntert habe, mit stillschweigender Unterstützung der Kongreß-Partei die Akalis anzugreifen. Bhindranwale kandidierte im Namen der Kongreß-Partei für den S.G.P.C., erlitt jedoch eine Niederlage. Wie lange er unter den Fittichen der Kongreß-Partei verblieb, kann nur vermutet werden. Erschreckend klar wurde allerdings, daß er sich sehr bald als Jarnail Singh Frankenstein erwies.

Als der Akali Dal bei den Wahlen von 1980 keine Mehrheit erlangte – er erhielt 37 Sitze, die Kongreß-Partei hingegen 63* –, begannen die Akalis eine neue Agitationsrunde gegen die Zentralregierung, um ihre eigene politische Basis zu vergrößern und eine Revanche für die nächste Runde vorzubereiten. Der Schlüssel zum Verständnis der Akali-Agitation lag in der Tatsache, daß sie von bitteren Ressentiments gegen den von den Monopolisten des indischen Kapitalismus angehäuften Reichtum erfüllt waren. Eine Streitfrage war nach wie vor der Anschluß von Chandigarh – ein Versprechen, das Indira Gandhi 1970 geleistet, aber nicht gehalten hatte, um in Haryana keine Wählerstimmen einzubüßen. Besorgnis rief auch der abnehmende Prozentsatz an Sikhs im Militär hervor. Unterdessen nahmen die Aktivitäten von Sikh-Extremisten zu. Im April 1980 geriet Bhindranwale in den Verdacht, den Mord an Baba Gurbachan Singh angeordnet zu haben, dem Führer der Nirankari Sikhs, die von den Akalis als ketzerisch verurteilt worden waren.

Noch im gleichen Jahr spaltete sich der Akali Dal in einen gemäßigten Teil unter Sant Harchand Singh Longowal und Parkash Singh Badal und in einen radikalen unter Jagdev Singh Talwandi. Auf einer Konferenz in Chandigarh bezeichnete im März 1981 Ganga Singh Dhillon, ein in Indien geborener naturalisierter Amerikaner, die Sikhs als »Nation« und riet ihnen, »die außerordentliche Mitgliedschaft der Vereinten Nationen nach den Richtlinien der P.L.O.« zu beantragen. Zum Verdruß der Veranstalter – Mitgliedern der Chief Khalsa Diwan – jubelten die Zuhörer dem

---

* In den Wahlen für das Zentralparlament vom 3. Januar 1980 hatte die Kongreß-Partei die Macht wiedererlangt (unter dem Janata-Bündnis hatte sich die politische und wirtschaftliche Lage verschlechtert). Indira Gandhis Partei siegte bei den folgenden Neuwahlen in acht von neun Bundesstaaten. Nur in Tamil Nadu trug eine Koalition regionaler Organisationen mit den beiden kommunistischen Parteien den Sieg davon.

Redner zu Militante Nihangs* und obskurantistische Sants nahmen Ganga Singh Dhillons Rat ernst. Durch Appelle an das religiöse Empfinden der Sikh-Massen und an ihre ruhmreiche Vergangenheit hofften sie die zunehmende Herausforderung durch die Gebildeten in der Gemeinschaft zu überwinden. Ende März erklärte der S.G.P.C. unter der Führung von Gurcharan Singh Tohra die Sikhs zur Nation. Die Auffassung des S.G.P.C. von einer Nation entsprach dem Urdu-Wort »*Kaum*« (Gemeinschaft), das aber sehr unterschiedliche Interpretationen zuläßt.

Einen Monat später beschloß die in Anandpur Sahib tagende »Weltkonvention der Sikhs«, bei den Vereinten Nationen den Beobachterstatus für die Nation der Sikhs zu beantragen und innerhalb der Indischen Union einen eigenen Gliedstaat zu verlangen.

Im September entführten einige Mitglieder der Dal Khalsa ein indisches Verkehrsflugzeug nach Lahore, um ihrer Forderung nach einem Staat Khalistan Nachdruck zu verleihen. Beide Akali Dal-Gruppen verurteilten die Entführung nicht, stimmten aber auch nicht in den Ruf nach Khalistan mit ein. Der radikalere Jagdev Singh Talwandi unterschied zwischen der erstrebten »Sikh-Nation« und einem »*Sikh homeland*«. Er forderte nationale Selbständigkeit im verfassungsmäßigen Rahmen.

Am 9. September fiel der Journalist Lala Jagat Narain einem Mordanschlag zum Opfer. Er hatte die Forderung nach der Gründung eines Staates Khalistan kritisiert. Vier Tage später erging ein Haftbefehl gegen Sant Jarnail Singh

---

* Bis 1925 hatten die Nihangs die Heiligtümer bewacht. Danach bestand ihre Aufgabe nur noch darin, Landstreitigkeiten zu schlichten.

Bhindranwale. Der suchte in einem Gurdwara in der Nähe von Amritsar Zuflucht. Seine Anhänger sicherten das Gelände und kämpften gegen die Polizei. Bhindranwale stellte sich überraschend am 20. September, wurde jedoch am 15. Oktober auf Anordnung Zail Singhs wieder entlassen, die Strafverfolgung eingestellt. Offenbar hoffte man, daß ein freier Bhindranwale dem Akali Dal Schaden zufügen würde. Im Bundesstaat Pandschab war es aber ohnehin unruhig geworden: Ein »*Link*«-Berichterstatter schrieb am 11. Oktober 1981:
»Eine eilige Tour durch den Staat und Diskussionen mit Führern praktisch aller politischen Parteien sowie mit einigen der Untergrundbewegung Dal Khalsa haben es völlig klar gemacht, daß die Sikhs als eine religiöse Minderheit ein Gefühl des Grolls entwickelt haben: die Empfindung, daß sie benachteiligt werden. Es ist dieses Gefühl des Grolls, das von den Fanatikern unter den Extremisten ausgenützt wird. Wahrscheinlich hält dieser Umstand die gemäßigten Akali-Führer ab, einen festen Standpunkt gegen die sezessionistischen Kräfte im Staat einzunehmen. Und es ist wiederum dieser Umstand, der sogar die säkularen Führer und die Parteien verwirrt hat.«
Die Unruhe im Pandschab war jedoch auch auf einen komplexen Wandel der sozialen und wirtschaftlichen Strukturen zurückzuführen. Seit Jahrzehnten gab es hier Spannungen zwischen den reichen Bauern der prosperierenden Landwirtschaft, die während der »grünen Revolution«* der sechziger Jahre zu einer Macht geworden waren, und den Händlern in den Städten. Die Bauern, mehrheitlich Anhänger des Sikhismus, standen zunächst unter dem Einfluß der hinduistischen Stadtelite, die ihre Produkte ver-

kaufte und den Geldfluß zurück auf das Land sicherte. Mit der zunehmenden Bedeutung des Pandschabs als Kornkammer Indiens und als Arbeitsplatz für Hunderttausende von Landarbeitern aus ganz Nordindien änderte sich die Vermögenslage zugunsten der Landwirte, während Handel und Industrie in den Städten sich nur mäßig entwickelten. Der Akali Dal repräsentierte inzwischen die wirtschaftlichen Aufsteiger in den pandschabischen Dörfern, während die Kongreß-Partei Handel und Gewerbe unterstützte.
Der Wohlstand blieb jedoch nicht ohne soziale Folgen. Die Mazhabi Sikhs verließen in Scharen die schlechtbezahlte Fronarbeit auf den Feldern und strömten in die Städte, um sich als Industriearbeiter zu verdingen. Diese Entwicklung hatte nicht nur eine Entfremdung der Unterschichten vom Akali Dal, sondern auch von den Institutionen der Sikh-Religion zur Folge. Die Akali-Führer suchten nach einem Weg der Anpassung, um das Vertrauen der Abtrünnigen zurückzugewinnen, während die Fundamentalisten den Reformbewegungen einen harten Kampf ansagten. 1978 war der Akali Dal noch stark genug zu verhindern, daß die Fundamentalisten seine Politik beeinträchtigten. Dies und die Niederlage im S.G.P.C. bildeten ebenso den unmittelbaren Hintergrund des Aufstieges von Sant Jarnail Singh Bhindranwale.
Anfang 1982 kam es in Amritsar zu schweren Unruhen zwi-

---

* Die seit den sechziger Jahren von der Regierung systematisch geförderte Steigerung der Agrarproduktion durch ertragsreichere Getreidesorten, Einsatz von Kunstdünger und Bewässerungsausbau. Die sprunghaft angestiegene Erzeugung von Weizen verdrängte aber in den Anbauflächen Reis, Ölpflanzen und Hülsenfrüchte, die ebenso wie die Hirse das Grundnahrungsmittel der Armen und Landlosen sind.

schen Hindus und Sikhs, nachdem die abgetrennten Köpfe von Kühen vor zwei Hindutempeln gefunden worden waren. Zu der Tat bekannte sich die Dal Khalsa. Als die Behörden mit der Festnahme von Sikh-Fanatikern begannen, erkannte Bhindranwale, daß er einer neuerlichen Verhaftung nicht würde entgehen können. Zusammen mit bewaffneten Anhängern suchte er am 19. Juni 1982 im Goldenen Tempel Zuflucht. Die Dal Khalsa und die Studentenvereinigung *All India Sikh Students Federation* (A.I.S.S.F.) stellten sich auf seine Seite.

Bhindranwale repräsentierte einen Wiedererweckungs-Sikhismus, ein Eiferertum, das imstande war, eine militante Minderheit in eine moralische Mehrheit zu verwandeln. In dieser Hinsicht waren Gewalt und Ritual von Bedeutung. Es erklärt, warum er eine so starke Anziehungskraft auf viele ehemalige Sikh-Maoisten im Pandschab ausübte. Deren politische Welt war gleichfalls stark von Gewalt, Liturgie und Ritual geprägt. Der Umstand, daß die Polizei sie in den späten sechziger und frühen siebziger Jahren mit äußerster Brutalität behandelt hatte, war der Grund ihrer dauerhaften Abwendung vom herrschenden System. Bhindranwale impfte diesen demoralisierten Ex-Maoisten Militanz und Stolz ein. Er sprach davon, »alle Ungerechtigkeiten zu rächen« und sich gegen das Gesetz zu schützen. Viele ehemalige Naxaliten* schlossen sich ihm an und wurden

---

* 1967 entfesselte der Bezirksausschuß der KP(M) in dem westbengalischen Dorf Naxalbari einen Bauernaufstand, der auf andere Landesteile übergriff. Das nachhaltigste Echo fand er aber bei Arbeitslosen aus dem städtischen Mittelstand. Die KP(M) distanzierte sich von den »Naxaliten« und schloß ihre Führer aus. Diese gründeten eine weitere kommunistische Partei mit der Bezeichnung »Marxistisch-Leninistisch«.

zu den beredtesten Verteidigern des Sikh-Chauvinismus. Sie bemühten sich nach Kräften, diese neu entdeckten Werte an eine jüngere Generation von Sikh-Studenten weiterzugeben.
Der indische Politikwissenschaftler Sumanta Banerji schrieb 1982 in der *Economic and Political Weekly* über die Vorgänge in der Sikh-Gemeinschaft:
»Das Wiedererstarken fanatischer Treue zu traditionellen Riten und Symbolen der Sikh-Religion entspringt nicht rein religiösen Motiven. Es hat viel mit dem Wunsch gewisser Kreise zu tun, entstehende kulturelle und wirtschaftliche Abweichungen innerhalb der Gemeinschaft zu erstikken. Trotz der ursprünglichen Botschaft der Kastenlosigkeit werden religiöse Sikh-Institutionen heute mit den mächtigen Jat-Großgrundbesitzern und reichen Bauern assoziiert. Die Angehörigen der niederen Kasten der Gemeinschaft, die zugleich auch die Ärmsten sind, schließen sich reformistischen Sekten wie den Nirankaris oder den Radha Soamis an, die ihnen einen Status der Gleichheit verheißen. Um die religiöse Gemeinschaft intakt zu erhalten (und das ist notwendig für die neue wohlhabende Klasse der Jat-Bauern, wenn sie in Verhandlungen oder Auseinandersetzungen mit der Bundesregierung die Massen der Sikhs hinter sich mobilisieren wollen), hat man Fundamentalisten wie Bhindranwale für nützlich befunden.«
Bhindranwale war also auch für die wohlhabenden Bauern und die Akali-Führer bis zu einem gewissen Grad ein höchst wirksames Werkzeug. Aber warum griffen die Behörden nicht ein? Respektierten sie den Tempelbereich als exterritoriales Gelände? Im Bundesstaat Pandschab herrschte damals eine Kongreß-Regierung. Die Schlußfol-

gerung lag nahe, daß die Kongreß-Partei Bhindranwale tolerierte, um ihr altes Ziel zu erreichen und die Akalis auszuschalten. Je länger die Extremisten sich im Goldenen Tempel hielten, so dachte man wohl, um so größere Spannungen würde dies innerhalb des Akali Dal schaffen. Diese Annahme war nicht falsch. Sant Harchand Singh Longowal betrachtete die Entwicklung der Dinge mit wachsendem Mißfallen.

Als die Situation im Pandschab sich verschlechterte, beschloß Indira Gandhi, einen Sikh zum Präsidenten der Indischen Union zu machen. Am 15. Juli 1982 wurde Zail Singh, der Innenminister der Zentralregierung, mit großer Mehrheit zum Staatspräsidenten gewählt. Er war der erste Sikh, der in dieses Amt aufstieg. Als ein Journalist ihn fragte, was er von seiner Nominierung halte, erwiderte Zail Singh: »Wenn meine Führerin gesagt hätte, ich solle einen Besen in die Hand nehmen und Straßenkehrer werden, dann hätte ich es getan. Sie hat mich dazu ausersehen, Präsident zu sein.«

Um dem radikalen Bhindranwale in Sachen Nationalismus den Rang abzulaufen, präsentierte Sant Harchand Singh Longowal am 4. August 1982 der Zentralregierung 48 politische, religiöse und wirtschaftliche Forderungen. Leicht zu erfüllen schien nur der Wunsch, als eigene Religionsgemeinschaft in der Verfassung anerkannt zu werden. Eine weitgehende politische Autonomie war für Delhi dagegen völlig indiskutabel. Umstritten war schon, ob Amritsar der Status einer heiligen Stadt eingeräumt werden könne. Heikel war ebenfalls das Verlangen nach Vergrößerung des Bundesstaates auf Kosten anderer Gebiete sowie eine höhere Wasserzuteilung für die Bauern aus den Flüssen.

Die Verhandlungen mit Longowal schleppten sich hin, aber dadurch hatte sich die Zentralregierung für eine besonders gefährliche Taktik entschieden. Indem sie die Akalis zermürbte, förderte sie objektiv das Heranwachsen eines unheilvollen Sikh-Nationalismus, der sich über alle ungeschriebenen Spielregeln hinwegsetzte. Sant Harchand Singh Longowal mußte mit ansehen, wie Bhindranwale ihm unterdessen auch im Tempel den Rang ablief. Während die ständig anwachsende Schar von Anhängern jeden Tag neue Waffen anschleppte, hielt der 35jährige Fanatiker Gericht. Er bestrafte Diebe, schlichtete Eheprobleme, verteilte Land, beschenkte Arme – und entschied über Leben und Tod seiner Gegner. Je länger sich die Verhandlungen hinzogen, desto mehr eskalierte der Terror im Pandschab. Der Aufstieg Zail Singhs zur Präsidentschaft hatte keinerlei Auswirkung auf das Verhalten Bhindranwales. Er fuhr fort, die Zentralregierung zu verhöhnen, und seine Motorradkommandos ermordeten weiterhin politische Gegner. Auf dem Dach im dritten Stock der Gemeinschaftsküche, wo traditionsgemäß zweimal täglich eine freie Mahlzeit für jeden Tempelbesucher serviert wird, schwor Bhindranwale Tag für Tag Hunderte von Bauern, die von religiösen Einpeitschern auf dem Lande nach Amritsar in Marsch gesetzt wurden, auf seine Ziele ein. Abends marschierten die Bauern dann vom Goldenen Tempel durch die engen Gassen in einer illegalen Demonstration zum Hof der Stadtverwaltung, wo auch das Polizeihauptquartier untergebracht war, und ließen sich widerstandslos festnehmen. Die Gefangenen wurden meist am nächsten Tag wieder entlassen. Die Entscheidung Delhis, die Angelegenheit einfach treiben zu lassen, führte zu einer scharfen Polarisierung im

Pandschab. Als Reaktion auf Bhindranwales Exzesse waren Hindukommunalisten auf die Straße gegangen, und es war klar, daß bald noch mehr Blut fließen würde. Indem Indira Gandhi versäumt hatte, die Extremisten gleich zu Anfang im Goldenen Tempel zu stellen, hatte sie zugelassen, daß sich die Initiative von Delhi nach Amritsar verlagerte. Indira Gandhi machte nunmehr Zugeständnisse. Am 25. November 1982 proklamierte sie Amritsar zur heiligen Stadt. Dies bedeutete, daß der Verkauf von Alkohol, Fleisch und Tabak auf dem Gelände des Goldenen Tempels hinfort verboten war. Zusätzlich sollte es eine tägliche Rundfunkübertragung von Sikh-Gottesdiensten geben.
1983 erlegte die Zentralregierung dem Pandschab schließlich wegen der »sich verschlechternden Lage von Gesetz und Ordnung« eine Präsidialregierung auf. Dennoch wurde die Situation allmählich chaotisch, und die Wirtschaft wurde immer mehr in Mitleidenschaft gezogen. Die lokale Polizei war, wie es hieß, besonders korrupt. Zwar hatte man bei der Einsetzung der Präsidialregierung auch einen neuen Polizeichef eingeflogen, aber der blieb untätig und wartete auf Anweisungen von oben. In Delhi wurden Indira Gandhi widersprüchliche Ratschläge erteilt. Von Dezember 1982 an sprach sich ihr Sohn Rajiv für einen Kurswechsel und für die Vertreibung der Extremisten aus dem Goldenen Tempel aus. Bhindranwale störte dies keineswegs:
»Sagt ihm, er soll kommen und es versuchen. Ich habe keine Angst vor ihm oder seiner Mutter. Wer ist sie denn schon? Die Tochter eines Pandits. Sagt ihr, sie soll herkommen, wenn sie mit mir reden will.«
Je länger die Zentralregierung zögerte, im Goldenen Tempel einzugreifen, desto mehr Gehör fand die wilde Dema-

gogie der Extremisten. Die Privilegierten unter den Sikhs hatten mit Bhindranwale einen Kriegerpriester, der für die Aufrechterhaltung der etablierten Gesellschaftsordnung sorgte. Der religiöse Fundamentalismus wurde zu einem Deckmantel, unter dem sie sich weiter auf Kosten ihrer Glaubensgenossen bereichern konnten. Der einzige »säkulare« Teil dieser Agitation war ein wirtschaftlicher Chauvinismus. Das Pandschab, hieß es, stehe ausgezeichnet da und erzeuge mehr Wohlstand als die benachbarten Bundesstaaten. Warum sollte das Pandschab sich zwingen lassen, seinen Reichtum mit den ärmeren Gebieten Nordindiens zu teilen? Dies war Demagogie der übelsten Art, denn es wurde bewußt die Tatsache ignoriert, daß es auch im Pandschab noch viel Armut gab. Nirgendwo sonst in Indien gab es so viele unfreie Arbeitskräfte. Die Agitation Bhindranwales lenkte bestens von solchen Tatsachen ab. Die KP(M), die einzige Linkspartei mit einer Basis im Pandschab, sah ihre Rolle als Vermittler zwischen Regierung und Akalis, anstatt eine Kampagne gegen Bhindranwale zu starten. Diese Zurückhaltung war eine alte Krankheit der Linken, deren Wurzeln in einer absonderlichen Vorstellung vom Säkularismus lagen. Anstatt ihn als Gelegenheit zu betrachten, die junge Generation im Geiste der Rationalität zu erziehen und ein weltoffenes Bewußtsein zu fördern, lobten die meisten nicht-kommunalistischen politischen Gruppen in schöner Eintracht alle Religionen über den grünen Klee.

Im Februar 1984 kamen Indira Gandhi und ihr engster Beraterkreis zu der Erkenntnis, daß es keine auf dem Verhandlungswege herbeigeführte Einigung mit den Extremisten geben könne. Noch im April jenes Jahres stellte Rajiv

Gandhi fest, daß Bhindranwale ein »religiöser Führer« sei und kein Politiker. Wenn das als Versuch gemeint war, den Fundamentalisten versöhnlich zu stimmen, dann war es ein kläglicher Mißerfolg. Das Ausmaß, in dem die Kongreß-Partei in den Jahren 1982 bis 1984 mit Bhindranwale verhandelte, ist noch nicht bekannt, dürfte aber früher oder später ans Licht kommen.

Als Anfang April 1984 in Amritsar ein ehemaliger Abgeordneter, der Hinduanwalt Lal Khanna, und mehrere seiner Leibwächter erschossen wurden, flammten in der Stadt wieder schwere Unruhen auf, in deren Verlauf Hindus Geschäfte von Sikhs in Brand setzten, und Sikhs mit Ausschreitungen gegen Hindus antworteten.

Die Behörden reagierten mit der Verhängung eines zweitägigen Ausgangsverbots in Amritsar. In Delhi erklärte sich die Regierung inzwischen zu einer Änderung der Verfassung bereit, um die Sikhs als eigene Religionsgemeinschaft anerkennen zu können. Daraufhin sagte der Akali Dal einen auf eine Woche veranschlagten Protest im Pandschab ab. Sant Harchand Singh Longowal pries das Entgegenkommen der Zentralregierung als »großen Erfolg« und sagte, er hoffe, Delhi werde bei der Lösung der anderen Sikh-Probleme ähnliche Klugheit zeigen. Indira Gandhi schränkte jedoch ein, gewisse sezessionistische Forderungen des Akali Dal seien unerfüllbar, da sie sich gegen die Interessen der ganzen Nation richteten.

Die Welle der Gewalt riß jedoch nicht ab. Die Sicherheitskräfte erhielten Befehl, auf jeden Verdächtigen ohne Warnung zu feuern. Aber die Krise war mit solchen Methoden nicht mehr zu lösen. Im Mai 1984 genehmigte die Regierung schließlich einen Plan, in den Goldenen Tempel einzudringen. Der Polizei konnte die Aufgabe nicht übertragen werden, denn die Extremisten waren nach allen vorliegenden Berichten schwer bewaffnet. Aus diesem Grund wurde die Armee mit der Operation betraut, wobei die Beteiligung von Sikh-Soldaten von entscheidender Bedeutung war, um den säkularen Charakter des Unternehmens zu wahren.

Ende Mai kündigten entschlossene Sikhs an, ihre Agitation aus dem Pandschab zu tragen und das übrige Indien von der Getreideversorgung abzuschneiden. Die Lage drohte völlig außer Kontrolle zu geraten.

Das Areal des Goldenen Tempels ist um einen riesigen Teich angelegt, in dessen Mitte sich der Hari Mandir, der allerheiligste Schrein der Tempelanlage, befindet. Auf der einen Seite liegen die Quartiere, in denen die Akali-Führer wohnten und arbeiteten, auf dem gegenüberliegenden Ufer befindet sich außer weiteren Unterkünften der Akal Takht. In diesem Teil des Goldenen Tempels hatte Bhindranwale sein Hauptquartier aufgeschlagen.

Am Abend des 30. Mai 1984 begannen Truppen, das Gelände des Goldenen Tempels zu umstellen. An der Operation waren 70 000 Mann beteiligt. Indira Gandhi trat am 2. Juni zu einer Sondersendung an die Nation vor die Fernsehkameras und erklärte, die Regierung habe beschlossen, der Gewalt und dem Terrorismus im Pandschab ein Ende zu bereiten.

Der Generalleutnant Ranjit Singh Dayal, dem das Kommando West unterstand, wurde als Sonderberater des Gouverneurs nach Amritsar geschickt. Die Militärs ließen drei Tage lang den Goldenen Tempel und andere Gebiete im Pandschab beobachten. Am 3. Juni wußten sie, daß sie einer Gruppe entschlossener Extremisten gegenüberstanden, von denen etliche militärisch ausgebildet waren. Hier handelte es sich nicht nur um bloße Rabauken. Ein Generalmajor namens Shahbeg Singh, der wegen Korruption aus der Armee ausgestoßen worden war, befand sich seit Monaten bei Bhindranwale und hatte dessen Anhänger gedrillt. Am 4. und 5. Juni wurden die Extremisten aufgefordert, sich kampflos zu ergeben. Die Antwort waren Feuerstöße aus Maschinengewehren. Am späten Abend des 5. Juni glückte es einem Kommandotrupp, im Schutze der Dunkelheit in den Teil der Tempelanlage einzudringen, wo sich die Akali-Führer festgesetzt hatten. Indira Gandhi hatte Befehl gegeben, um jeden Preis alle unbewaffneten Akalis unversehrt herauszubringen. Die vierzig Soldaten des Kommandotrupps holten die wichtigsten Führer des Akali Dal heraus, unter ihnen Sant Harchand Singh Longowal. Bhindranwales Scharfschützen fielen dabei drei Mann des Kommandotrupps zum Opfer, vierzehn wurden verwundet.

Am Morgen des 6. Juni 1984 begann die Operation »Blauer Stern«. Die Truppen hatten Befehl, allzu große Schäden am Goldenen Tempel zu vermeiden, was ihren Gegnern einen deutlichen Vorteil brachte. Mehr als hundert Soldaten kamen während des ersten vergeblichen Sturmangriffs ums Leben. Ein höherer Offizier erklärte gegenüber der *India Today:*

»Es war äußerst bitter für die Soldaten, zusehen zu müssen, wie ihre Kameraden in dem aus dem Tempel abgefeuerten Kugelhagel fielen, und nicht zurückschießen zu dürfen. Offen gesagt, auch wir hätten nie geglaubt, daß unsere Männer so viel Geduld aufbringen würden.«

Daraufhin setzten die Befehlshaber der Sturmtruppen gepanzerte Mannschaftswagen, Panzer und Artillerie ein. Damit brachten sie die Maschinengewehrnester auf dem Wasserturm und zwei weiteren minarettartigen Türmen der Tempelanlage zum Schweigen. Scharfschützen töteten die Besatzung zweier Maschinengewehrstellungen auf dem Zentraltempel. Gegen Ende des Tages erlahmte die Verteidigung, der Widerstand brach zusammen. Sant Jarnail Singh Bhindranwale und Shahbeg Singh starben mit ihren Schnellfeuergewehren in der Hand. Mit ihnen kam auch Amrik Singh ums Leben, der Vorsitzende der A.I.S.S.F., die im März verboten worden war.

Im indischen Fernsehen bekannte der Kommandeur des Unternehmens, Generalmajor Kuldip Singh Brar, nach den Kämpfen: »Sie waren weit besser bewaffnet, als wir je geglaubt hätten, und sie kämpften wirklich bis zum letzten Mann.«

Einer der ersten, die den Goldenen Tempel nach der Erstürmung betraten, war Staatspräsident Zail Singh. Allein die offiziell bekanntgegebenen Verluste sprachen für sich: 800 bis 1000 Anhänger Bhindranwales und über 200 Soldaten. Wahrscheinlich war die Zahl der Opfer aber viel größer, als die Zensur die Welt wissen ließ. Nach erkennungsdienstlicher Behandlung wurde die Leiche Bhindranwales wie alle anderen toten Sikhs entsprechend den traditionellen religiösen Riten verbrannt.

Zunächst waren die Sikhs im Pandschab, im übrigen Indien und im Ausland wie betäubt, als sie von der Erstürmung des Goldenen Tempels hörten. Im Bundesstaat Pandschab griff das Militär weiter hart durch. Truppen in Kompaniestärke durchkämmten die Dörfer und nahmen verdächtige

Sikhs fest. Die Soldaten mußten aber nicht nur auf aufrührerische Sikhs schießen, sondern auch auf meuternde Sikh-Soldaten. Als sie über Auslandssender von den Vorkommnissen in Amritsar hörten, meuterten an die fünftausend Sikh-Soldaten in neun nordindischen Garnisonen. In den Kasernen von Ramgarh im nordostindischen Bihar plünderten Angehörige einer Sikh-Einheit die Waffenkammern und machten sich mit gestohlenen Jeeps und Armeelastwagen auf den Weg ins Pandschab. Als der Stützpunktkommandant, ein Hindu, sie aufhalten wollte, erschossen ihn die Meuterer. Sikhs meuterten auch in Poona bei Bombay und rasten mit requirierten Fahrzeugen in Richtung Bombay, um den Flugplatz zu stürmen und Flugzeuge zu kapern. Im Bundesstaat Rajasthan rebellierten sechshundert Sikh-Soldaten der Garnison Ganganagar und schossen Polizeistreifen nieder, die sich ihnen in den Weg stellten. Die Meuterer erreichten sogar die Grenze des Pandschabs. Weitere Meutereien ereigneten sich im Fort Williams von Kalkutta, in Ferozepur und in Kaschmir. Die Führung der Streitkräfte reagierte auf die Ereignisse mit höchstem Alarm. Hinduistische und muslimische Soldaten, Panzer und Helikopter wurden eingesetzt, um die nach dem Pandschab drängenden Meuterer aufzuhalten. Über hundert Soldaten fanden bei den anschließenden Kampfhandlungen den Tod. Die Masse der aufrührerischen Sikh-Soldaten wurde gefangengenommen. Aber auch im Ausland sorgten die Nachrichten von den Vorfällen in Amritsar für Aufregung und Unruhe. In Australien, Großbritannien, Kanada und in den Vereinigten Staaten kam es zu Ausschreitungen und Demonstrationen gegen indische Einrichtungen.
In Indien traten viele Abgeordnete, Beamte und Offiziere,

die dem Sikhismus angehören, von ihren Ämtern zurück.
Andere warfen demonstrativ ihre indischen Auszeichnungen fort.
Bhindranwale wurde für viele Sikhs zum Märtyrer ihrer Gemeinschaft. Viele Legenden kursierten sogleich über sein Ende, die meisten davon reine Phantasieprodukte. Bauern behaupteten, sie hätten ihn mit einem Falken auf dem Handgelenk gesehen, andere wollten plötzlich einen fliegenden Falken wahrgenommen haben. Der Falke war der Lieblingsvogel Guru Gobind Singhs gewesen.
In London erklärte Dr. Jagjit Singh Chauhan, selbsternannter Präsident von Khalistan, daß Indira Gandhis Tage gezählt seien. Zeitungsberichten zufolge soll Chauhan Verbindungen zur südafrikanischen Regierung haben. In den USA verfügt er über prominente Kontakte. Sein engster Kontaktmann ist Senator Jesse Helms aus North Carolina. Chauhan behauptet, auch von General Daniel Graham unterstützt zu werden, einem der Vorsitzenden des Nationalen Sicherheitsrates. Im Pandschab hingegen ist seine Anhängerschaft einigermaßen begrenzt.
Bis zur Erstürmung des Goldenen Tempels besaß die Idee eines unabhängigen Khalistan mehr Anhänger außerhalb* als innerhalb der Indischen Union. Ob dies auch nach dem 6. Juni 1984 noch gilt, bleibt abzuwarten.
Wie sehr sich Indira Gandhi auch bemühte, in Privatgesprächen und Appellen die aufgebrachte Sikh-Bevölkerung zu beruhigen, der Schock über den Angriff auf den Golde-

---

* Anzahl der 1984 im Ausland lebenden Sikhs: Kanada – 350 000, USA – 200 000, Großbritannien – 350 000, Europa (ohne GB) – 100 000, Malaysia – 250 000, Australien – 58 000.

nen Tempel hielt an. Abend für Abend strahlte das staatliche Fernsehen Filme aus, in denen wenigstens einmal das prächtige Heiligtum zu sehen war. Delhi versuchte die Sikhs davon zu überzeugen, daß der Zentraltempel beim Sturmangriff nicht beschädigt worden war.
Die Verhandlungen über die Wiederinstandsetzung des Goldenen Tempels wurden zwischen der Zentralregierung und Baba Santa Singh, dem Führer der Nihangs, geführt. Während sich die Nihangs an die Arbeit machten, richtete Baba Santa Singh ohne Unterlaß Angriffe gegen die Akalis, weil sie zugelassen hatten, daß sich die Extremisten im Heiligtum einnisten konnten:
»Warum haben die Akalis nicht gehandelt, als Bhindranwales Männer sich hier in dieser Weise aufführten, als sie ihre Notdurft auf den Balkons des Akal Takht verrichteten, als sie ihre Leibwäsche dort zum Trocknen aufhängten? Warum haben sie mich nie um Hilfe gebeten? Ich hätte nur zu gern meine Kavallerie hineingeschickt. Wofür sind denn diese tapferen Reiter da, wenn nicht dafür, die heiligen Stätten vor der Schändung zu bewahren? Weil sie ihre eigenen Sikh-Truppen nicht gerufen haben, mußte Mrs. Gandhi die ihren schicken.«
Die Hintergründe der Katastrophe waren dem Nihang-Führer sicherlich nicht bekannt, und seine verbalen Attacken hatten wohl nur den Zweck, sich und seine Leute in den Vordergrund zu stellen. Als die ersten Reparaturen abgeschlossen waren, gab die Regierung den Goldenen Tempel am 25. Juni für einen Tag zur Besichtigung frei. Viele Besucher brachen in Tränen aus, als sie über die von Panzerketten zermalmten Marmorplatten rund um den heiligen Teich schritten und vor der zerschossenen Fassade des

Akal Takht standen, dem zweitwichtigsten Heiligtum des Tempelbezirks. Selbst die Behauptung der Regierung, der Hari Mandir sei unbeschädigt geblieben, erwies sich als Lüge. Die mit Gold gedeckte Kuppel und die Marmorwände waren mit Einschußlöchern übersät.
Die Sikhs traf die Beschädigung ihres bedeutendsten Heiligtums in ihrem Selbstverständnis. In einer Flut von Leserbriefen an Zeitungen brachten sie ihre Verzweiflung über den Sturm auf den Goldenen Tempel zum Ausdruck: warum hat Indira Gandhi die Fanatiker zwei Jahre lang ihr Unwesen treiben lassen? Warum wurden die Terroristen nicht ausgehungert?
»Wenn wir Fehler gemacht haben«, verteidigte die Ministerpräsidentin ihre Haltung im Parlament, »dann aus Mitgefühl und im Bestreben, niemanden zu verletzen.«
Diese Erklärung Indira Gandhis klang vielen Sikhs wie blanker Hohn. Der Sikh-Historiker und Publizist Khushwant Singh schrieb dazu in *The Illustrated Weekly of India*: »Ich bin davon überzeugt, daß Frau Gandhi die Anwesenheit Bhindranwales und seiner Ganoven im Goldenen Tempel nur als Vorwand genutzt hat, um allen Sikhs die Nase blutig zu schlagen. Die Regierung hat dem Land einen schlechten Dienst erwiesen. Ihre Handlungsweise hat die Sikhs in die Isolation getrieben und selbst gemäßigte Sikhs zu Extremisten gemacht.«
Eine solche Ansicht empörte wiederum die Hindus, da es schließlich die fünf Hohepriester des Goldenen Tempels gewesen waren, die Bhindranwale gestattet hatten, sich im Heiligtum niederzulassen. Die Erbitterung über die Zerstörungen und die Besetzung des Goldenen Tempels durch die Armee war dadurch aber nicht aus der Welt zu schaffen.

Mitte Juli rief die religiöse Führung der Sikhs zu gewaltloser Besetzung des Goldenen Tempels durch unbewaffnete Sikhs, vor allem Frauen, auf. Das Militär reagierte mit erneuter Ausgangssperre und Festnahmen, wo immer sich mehr als zehn Sikhs an einem Ort versammelten.
Viele Sikhs machten Indira Gandhi allein für das Geschehen verantwortlich. Sikh-Fanatiker sannen auf blutige Rache.
In einem Gespräch mit dem bengalischen Historiker Nenai Sadhan Bose im August 1984 ging die indische Ministerpräsidentin ausführlich auf den Bundesstaat Pandschab ein. Erstaunlicherweise zählte sie zwar einige interessante Details über die Akalis und ihren Opportunismus auf, kritisierte aber den Extremisten Bhindranwale nicht. Vielleicht lag dies daran, daß dieser inzwischen tot war, aber viele seiner Anhänger lebten noch. Die Diskussion wurde am 4. November 1984 in der in Kalkutta erscheinenden Wochenzeitung *Sunday* veröffentlicht. So sagte Indira Gandhi:
»Heute würde ich sagen, daß die Pandschab-Frage sehr ernst ist, weil die Integrität des Landes noch nie zuvor in dieser Weise herausgefordert worden ist. Und diese Herausforderung hat sich nicht im Pandschab erhoben. Sie ist von draußen gekommen. Der Ruf nach einem eigenen Staat wird nicht in unserem Lande erhoben. Er kommt von außen. Er wird in den USA erhoben, er wird in Kanada erhoben, er wird in Westdeutschland erhoben. In Großbritannien ist er verhaltener, aber in Kanada ist er am lautesten, dicht gefolgt von den USA . . .
Nun ist die Pandschab-Situation sehr komplex; das Kastenelement ist hinzugekommen, weil unter den Sikhs die Jat-Sikhs glauben, sie seien anderen überlegen. Aber auch der

Akali Dal ist überzeugt, daß man kein Sikh ist, wenn man kein Akali ist ... Es ist wie in alten Zeiten, als die Hindu-Mahasabha sagte, wer nicht für uns ist, der ist kein echter Hindu, oder als die Muslim-Liga behauptete, daß ein Muslim im Kongreß kein wirklicher Muslim sei.
Daher sind das sehr gefährliche Theorien, weil sie uns zum Fundamentalismus führen, der den Keim der Zerstörung in sich trägt, der eigenen Religion sogar, wenn man so engstirnig geworden ist ...«
Nachdem der Konflikt im Bundesstaat Pandschab zu einem vorläufigen Ende gekommen war, nahm Indira Gandhi ihre Reisen durch Indien auf, die den bevorstehenden Wahlkampf einleiten sollten. Wie ihr Vater neigte sie bei solchen Anlässen dazu, alle Sicherheitsmaßnahmen zu ignorieren. Am 30. Oktober 1984 kehrte sie in die Hauptstadt zurück. Den Morgen des 31. Oktober verbrachte Indira Gandhi in der Safdarjung Road 1 mit ihren Enkelkindern, als ihr gemeldet wurde, daß sie der Schauspieler Peter Ustinov mit einem Fernsehteam in ihrem Büro, nur einige Minuten Fußweg von ihrem Haus entfernt, zu einem Interview erwarte. Unter den diensthabenden Sicherheitsbeamten waren auch zwei Sikhs. Einer von ihnen, Unterinspektor Beant Singh, gehörte seit vielen Jahren zu ihrer Leibwache. Die Geheimdienstchefs hatten nach den Vorkommnissen im Goldenen Tempel seine Versetzung angeordnet, aber Beant Singh war in Tränen ausgebrochen und hatte die Ministerpräsidentin gebeten, die Anordnung aufzuheben. Daraufhin hatte Indira Gandhi den Befehl widerrufen.
Als sie an jenem 31. Oktober 1984 von ihrem Haus zum Büro hinüberging, wurde sie von Beant Singh und Wachtmei-

ster Satwant Singh niedergeschossen. Selbst als Indira Gandhi schon regungslos am Boden lag, feuerte Satwant Singh noch mit seiner Maschinenpistole auf sie. Satwant Singh wurde gestellt, Beant Singh von anderen Sicherheitsbeamten getötet. Das Attentat war sorgfältig geplant gewesen. Beant Singh hatte gewußt, daß Indira Gandhi an diesem Tag keine kugelsichere Weste trug. Beide Sikhs werden der Überzeugung gewesen sein, daß sie die Ministerpräsidentin um der Ehre ihrer Religion willen töten mußten.

Am Abend des 31. Oktober wurde Rajiv Gandhi von Staatspräsident Zail Singh als neuer Ministerpräsident vereidigt. Am Tag darauf kam es zu blutigen Ausschreitungen der Hindus gegen die Sikhs. Der Zorn war im Land überall echt, doch nützten ihn fanatische Anhänger der Kongreß-Partei sogleich aus. Während der Leichnam Indira Gandhis auf dem Scheiterhaufen verbrannt wurde, stand auch Delhi, die Stadt, in der sie den größten Teil ihres Lebens verbracht hatte, in Flammen. Hindus überfielen Sikh-Familien und brannten ihre Häuser, Firmen und Geschäfte nieder. Die Stadt ertrank im Blut, während die Polizei teilnahmslos zuschaute. Sikhs wurden aus vollbesetzten Bussen gezerrt und niedergestochen, Frauen vergewaltigt und kleine Kinder lebendig verbrannt. Zahlreiche Gerüchte über die Hintergründe des Attentats heizten die Atmosphäre zusätzlich auf. Sie reichten von Verdächtigungen gegen den CIA bis zu der Ansicht, Indira Gandhi sei einem Komplott zum Opfer gefallen, an dem auch hohe Offiziere beteiligt gewesen seien. Eine ganze Glaubensgemeinschaft wurde für den Tod Indira Ghandis bestraft. Doch trotz der grauenhaften Ausschreitungen gab es auch Hindus, die

ihren Sikh-Nachbarn halfen und ihnen Schutz gewährten – oft unter großem persönlichem Risiko.
Der neue Ministerpräsident Rajiv Gandhi befahl schließlich den Streitkäften, den Hinduhorden Einhalt zu gebieten. In über sechzig Städten wurden Ausgangssperren verhängt. Die Armee erhielt Befehl, auf Unruhestifter ohne Warnung zu schießen. Rajiv Gandhi suchte dann die eilig organisierten Flüchtlingslager auf, in die sich die Sikhs von Delhi vor den Hindus geflüchtet hatten. Er weinte, so wird berichtet, und schüttelte viele Hände. Als sein Großvater Jawaharlal Nehru 1947 Ministerpräsident wurde, hatte auch er Flüchtlingslager besucht und sich zornig über das Unvermögen der Polizei geäußert, das Leben unschuldiger Menschen zu schützen. Auch der Enkel übte massive Kritik an der Polizei. Rajiv Gandhi versprach den Überlebenden des Pogroms Hilfe und Unterstützung. Wenige Wochen danach stellte sich heraus, daß die Ausschreitungen nicht spontan gewesen, sondern von einigen Fanatikern in der Kongreß-Partei geschürt und ausgeführt worden waren. Das Problem von Recht und Ordnung war in diesem Fall im wesentlichen eine Frage der Rückführung von Teilen der Kongreß-Partei und der weitgehend kommunalistisch unterwanderten Polizei unter ein gewisses Maß an Kontrolle.
Bitterkeit spaltete wie ein Keil das Land. Der Akali Dal verlor unter seinen Anhängern gewaltig an Ansehen, weil er weder in der Lage gewesen war, gemäßigte Forderungen durchzusetzen noch den Aufstieg der Extremisten und Khalistan-Protagonisten zu verhindern. Strenge Maßnahmen gegen potentielle Sikh-Terroristen trieben vor allem jugendliche Sikhs in den Untergrund oder veranlaßten sie

zur Flucht in das Nachbarland Pakistan. Gleichwohl kam Rajiv Gandhi den Sikhs im April 1985 in einigen Punkten entgegen. Er ließ acht Akali-Führer aus der Haft frei, hob das Verbot der radikalen Studentenorganisation der Sikhs auf und sicherte eine Untersuchung der Greuel nach dem Attentat auf seine Mutter zu. Die aus der Haft entlassenen Akalis waren zunächst vollauf damit beschäftigt, sich gegenseitig die Führung streitig zu machen.

Trotz aller Vorsichtsmaßnahmen gelang es den Sicherheitskräften allerdings nicht, Anschläge von Extremisten zu verhindern. Am 10. und 11. Mai 1985 überzog eine Welle von Bombenterror Delhi und die benachbarten Bundesstaaten. 22 Detonationen forderten 85 Menschenleben, über 220 Personen wurden teilweise schwer verletzt. Polizei und Armee wurden in höchste Alarmbereitschaft versetzt und nahmen allein an einem Tag über tausend verdächtige Sikhs fest. Das Ziel der Bombenleger bestand offensichtlich darin, Vergeltungsmaßnahmen der Hindus gegen nicht im Pandschab lebende Sikhs zu provozieren, die dann zur Flucht in das vermeintlich sichere Stammland gezwungen wären. Dies würde den Autonomiebestrebungen nochmaligen Auftrieb geben.

Aber auch im Ausland blieben extremistische Sikhs nicht untätig. Kanada entwickelte sich zur Hochburg der Radikalen. Als am 23. Juni 1985 vor der Küste Irlands ein aus Toronto und Montreal kommender Jumbo-Jet der Fluggesellschaft *Air India* abstürzte, wobei alle 329 Insassen umkamen, wurde als Ursache für die Katastrophe die Explosion einer Bombe an Bord der Maschine vermutet. Am gleichen Tag explodierte im Flughafen von Tokio ein Sprengsatz in einem Koffer, der aus einem eben gelandeten

Flugzeug aus Vancouver stammte. Zwei Arbeiter kamen bei der Explosion ums Leben. Drei verschiedene extremistische Sikh-Gruppen, darunter die »Sikh-Studenten-Föderation«, bekannten dann in Briefen und Telefonanrufen ihre Täterschaft.
Die A.I.S.S.F. wies jedoch jede Beteiligung ihrer Organisation an den Terrorakten von sich. In einer in Amritsar veröffentlichten Erklärung hieß es, kein A.I.S.S.F.-Zweig sei außerhalb Indiens tätig geworden. Torontoer Vertreter der Sikh-Organisation *Council of Khalistan* stellten sogar die Theorie auf, die indische Regierung selbst habe die Terroranschläge veranlaßt, um die separatistischen Sikhs zu diskreditieren. Zwei Sikhs, die sich in einem Trainingslager für Söldner hatten ausbilden lassen, wurden später von den amerikanischen Behörden im Zusammenhang mit dem Flugzeugabsturz festgenommen. Einige Wochen vor dem Absturz des Jumbo-Jets hatte das FBI unmittelbar vor der Visite Rajiv Gandhis in Washington ein Mordkomplott gegen den indischen Ministerpräsidenten aufgedeckt. Vier der fünf festgenommenen Sikhs waren aus Kanada gekommen.
Die indische Regierung entnahm sezessionistischen Blättern aus London Hinweise, daß in entlegenen Wäldern geheime paramilitärische Ausbildungslager existierten. Außerdem wollte der indische Geheimdienst wissen, daß kanadische Sikh-Extremisten Geld sammelten, um Waffen für die Untergrundkämpfer in das Pandschab zu schmuggeln.
In der Zwischenzeit bemühte sich die Zentralregierung, den Konflikt im Bundesstaat Pandschab auf politischer Ebene zu lösen. Geheime Verhandlungen wurden mit Sant

Harchand Singh Longowal, dem moderaten Akali-Führer, eingefädelt. Am 24. Juli unterzeichneten dann Rajiv Gandhi und Longowal nach einer 36stündigen Verhandlung ein Abkommen. Die Vereinbarung gestand den Sikhs den alleinigen Anspruch auf Chandigarh zu, alle übrigen strittigen Probleme sollen einer Kommission überlassen werden. Die Truppen im Pandschab sollen nicht mehr nach eigenem Ermessen Verdächtige festnehmen und Häuser durchsuchen dürfen. Ferner sicherte Rajiv Gandhi den etwa fünftausend desertierten Sikh-Soldaten zu, ihnen nach ihrer Verurteilung bei der Eingliederung in bürgerliche Berufe behilflich zu sein. Longowal bekannte sich dafür ausdrücklich zur indischen Verfassung.

Die meisten Inder, Hindus wie Sikhs, nahmen die Vereinbarung mit Erleichterung auf. Doch die Anhänger des toten Bhindranwale und die A.I.S.S.F. lehnten das Abkommen als »Ausverkauf« und »Verrat« ihrer Interessen ab. Widerstand regte sich auch in Haryana, wo eine Abtretung Chandigarhs abgelehnt wird. 28 Oppositionsabgeordnete aus Haryana legten aus Protest ihre Mandate nieder.

Als Rajiv Gandhi am 17. August 1985 die Wahlen für den Bundesstaat Pandschab auf den 22. September festsetzte, hatten die Extremisten laut der indischen Nachrichtenagentur UNI Sant Harchand Singh Longowal auf die »Abschußliste« gesetzt. Drei Tage später trafen ihn die tödlichen Kugeln bei den Wahlvorbereitungen in einem pandschabischen Dorf. »Longowal ist unsterblich«, sangen Tausende im Trauerzug, die den ermordeten Akali-Führer auf dem Weg zur Verbrennungsstätte begleiteten. Das Gesicht des Toten zeigte ein beinahe heiteres, friedliches Lächeln.

Zum Nachfolger wurde ein Vertrauter des Ermordeten gewählt, Surjit Singh Barnala, der maßgebend an den Vorbereitungen des Abkommens mitgearbeitet hatte. Die Wahlen wurden nicht abgesagt, sondern lediglich um drei Tage auf den 25. September 1985 verschoben. Trotz der Spannungen liefen sie weitgehend friedlich ab. Die Wähler ignorierten den Boykottaufruf, und der Akali Dal erhielt eine Zweidrittelmehrheit. Neuer Regierungschef wurde Surjit Singh Barnala, nachdem ihn sein Hauptrivale Parkash Singh Badal vorgeschlagen hatte.
Rajiv Gandhi hatte gegen den Widerstand seiner Parteigenossen in allen Wahlkreisen schwache Kandidaten aufgestellt, entschlossen zu verlieren, um dem Land zu helfen. Hätte die Kongreß-Partei gesiegt, dann wären die unterlegenen gemäßigten Sikhs möglicherweise in die Arme der Extremisten getrieben worden. Allerdings dürfte die Regierungsverantwortung allein für die Zukunft nicht ausreichen. Auch andere Maßnahmen müßten ergriffen werden. Im November 1985 lebten noch immer an die viertausend Angehörige der Opfer der Ausschreitungen, vor allem Witwen und Waisen, unter unmenschlichen Bedingungen in Lagern. Obwohl die Regierung behauptete, daß fast alle der damals obdachlos gewordenen Menschen in neue Heime umgesiedelt worden sind, bewiesen mehrere primitive Notaufnahmelager in der Hauptstadt das Gegenteil. Und sollte im Bundesstaat Pandschab ein Wirtschaftsaufschwung, der auch durch massive Hilfe der Zentralregierung herbeigeführt werden soll, nicht in Bälde realisiert werden, besteht die Gefahr, daß die Extremisten neuen Auftrieb erhalten.

Ausgewählte Literatur

Archer, John Clark: *The Sikhs in relation to Hindus, Moslems, Christians, and Ahmadiyyas*, Princeton 1946

Cook, Hugh C.B.: *The Sikh wars. The British Army in the Punjab*, Delhi 1975

Domin, Dolores: *India in 1857-59,* Berlin 1977

Eagle, Jon: *Servants of God*, Franklin 1980

Gill, P.S.: *Heritage of Sikh culture. Society, morality, art*, Jullundur 1975

Gill, P.S.: *History of Sikh nation. Foundation, assassination, resurrection*, Jullundur 1978

Gulati, K.Ch.: *The Akalis, past and present*, New Delhi 1974

Gupta, Hari Ram: *History of the Sikhs*, volume I, 1739-1768, Calcutta 1939

Heathcote, T.A.: *The Indian Army*, London 1974

Jaina, N.K.: *Sikh religion and philosophy*, New Delhi 1979

Johar, S.S.: *Handbook on Sikhism,* Delhi 1977

Latif, Syad Muhammad: *History Of The Panjab,* New Delhi 1964

MacLeod, W.H.: *The evolution of the Sikh community*, Oxford 1976

Mac Munn, G.F.: *The Armies Of India*, London 1911

Malcolm, John: *A Sketch of the Sikhs*, London 1812

Malik, Arjan Dass: *An Indian guerilla war*, New Delhi 1975

Narang, A.S.: *Storm Over The Sutlej*, New Delhi 1983

Schrenck-Notzing, Caspar: *Hundert Jahre Indien*, Stuttgart 1961

Singh, Fauja: *Military System of the Sikhs,* Patiala 1968

Singh, Ganda: *Early European Accounts of the Sikhs*, Calcutta 1962

Singh, Gopal: *A history of the Sikh people*, New Delhi 1979

Singh, Gopal: *The religion of the Sikhs*, London 1971

Singh, Harbans: *Guru Nanak And Origins Of The Sikh Faith,* Bombay 1969

Singh, Khushwant: *A History of the Sikhs,* 2 volumes, Princeton 1963 und 1966

Tariq, Ali: *Die Nehrus und die Gandhis*, Frankfurt usw. 1985

Trumpp, Ernst: *Die Religion der Sikhs*, Leipzig 1881

Webster, John C.B.: *The Nirankari Sikhs*, Delhi 1979

Register

Abbott 137 f.
Abdul Ghaffar Khan 206
Abdus Samad Khan 55
Adi Granth 31, 50, 52, 104, 162, 170 ff., 174, 176, 178, 180, 194, 201, 234
Ahluwalias 84 f.
Ahmad Khan 80
Ahmad Khan Abdali 64
Ahmad Shah Abdali 50, 65–74
Ajit Singh (Sohn Guru Gobind Singhs) 49
Ajit Singh 183 f.
Ajit Singh Sandhawalia 111, 114, 116
Ajit Singh Sarhadi 219
Akal Takht 34, 194, 239, 241, 265, 270 f.
Akali Dal 195, 200 f., 206, 210–213, 218 f., 221, 225, 231 f., 237, 239–242, 244, 247–254, 256 f., 260, 264, 273, 275, 279
Akalis (Verwegene Krieger) 68, 77, 103 f., 127
Akalis (Mitglieder des Akali Dal) 195 ff., 199–204, 207, 218, 232, 235, 238 f., 241, 245 ff., 250, 252 ff., 260, 263, 266, 270, 272, 276
Akbar 27, 29, 32
Alam II. 75, 78
Allard 94, 100 f., 132
All India Sikh Students Federation (A.I.S.S.F.) 258, 267, 277 f.
Amar Singh (Bruder von Jaswant Singh und Sarmukh Singh) 197
Amar Singh 214
Amar Singh Thapa 86, 88
Amherst (Lord) 96
Amrik Singh 267
Amrit 43, 53, 153
Anand-Vermählung 174

Anandpur Sahib-Resolution 250
Andrews, C.F. 198 f.
Angad (Guru) 23, 26 f.
Arjun (Guru) 30–34
Arora 171
Arya Samaj 178, 180, 233
Attar Singh Sandhawalia 114
Attariwalas 107
Attlee 220, 223 f.
Auckland (Lord) 102, 105
Aurangzeb 36 f., 39 f., 42, 47, 50
Avitabile, de Paolo 95, 132
Azad, Maulana 212
Azad Punjab-Programm 219
Azim Khan 91 f.
Azizuddin 90, 103

Baba Ala Singh 65
Baba Dayal 171 ff.
Baba Deep Singh 66
Baba Gurbachan Singh (Guru) 254
Baba Kharak Singh 196, 205
Baba Khem Singh Bedi 179
Baba Santa Singh 270
Babur 22 f.
Babbar Akalis 199 f.
Baghel Singh 76
Bahadur Shah 50 ff, 54 ff.
Bahadur Shah II. 164, 168
Baj Singh 54
Baksh, Kam 51
Bakht, Jawan 168
Balak Singh 175
Baldev Singh 222 f., 225 f., 231
Baluchen 88
Banda 51, 53–57, 75
Bandai 57
Banerji, Sumanta 259
Baoli Sahib 35
Beant Singh 273 f.
Beas Radha Soamis 174
Becher 155

287

Beg, Adina 66 f.
Beg, Din 47
Beg, Mirza 42
Bhai Buddha 31
Bhai Gurdas 25
Bhai Ram Singh 91
Bhaktas 19
Bhakti-Bewegung 19, 25
Bhang 64, 104
Bhanga Singh 86
Bhangis 64, 75 f., 82, 88
Bhargava, Gopi Chand 232
Bhindranwale (siehe Sant Jarnail Singh Bhindranwale)
Bibi Mohran 103
Bikram Singh 179
Birdwood, William 202
Bose, Nenai Sadhan 272
Bose, Rash Bihari 186 f., 214 f.
Bose, Subhas Chandra 191, 215 f.
Browne, James 77
Budh Singh (Urgroßvater Maha Singhs) 79
Budh Singh 214
Budh Singh Singhpuria 89
Budha Dal 60
Bular, Rae 14
Burnes, Alexander 99 f.

Call 52
Canning (Lord) 169
Canora 138
Central Sikh League 193, 210
Central Sikh League of India 218
Chait Singh 81
Chand Kaur 109, 112 f., 115
Chand, Mohkam 85, 88–91
Chand, Prithi 30
Chand, Rattan 172
Chand, Sansar 86
Chand, Sri 15, 23
Chanda Singh (Bruder Chand Kaurs) 115

Chanda Singh 214
Charat Singh Sukerchakia 68
Chattar Singh Attariwala 120, 137 f., 142, 165
Chavan, Y.B. 243
Chet Singh Bajwa 109 f.
Chief Khalsa Diwan 180, 189, 193, 196, 210 f., 254
Churchill, Winston 193, 216, 220
Cis-Sutlej Sikhs 64, 87, 157
Clive, Robert (Lord) 73
Communal Award 209
Cooper 164
Council of Khalistan 277
Cowan 177
Cripps, Stafford 216 f., 222
Currie, Frederick 137

Dal Khalsa 64
Dal Khalsa (Untergrundbewegung) 252, 255 f., 258
Dal Singh 84
Dalhousie (Lord) 139, 145, 155, 158 f., 165, 169
Dalip Singh 107, 117, 120, 123, 136, 147 f., 150–154, 170
Darbara Singh 172 f.
Darshan Singh Pheruman 247
Das, Amar (Guru) 24, 27–30
Das, Bhagwan 33
Das, Dharam 43
Das, Lakhmi 15
Das, Madho 51
Das, Narain 195 f.
Das, Ram (Guru) 30, 174
Das, S.R. 241
Dasam Granth 50
Dasven Padsah Ka Granth 50
Daultan 12
Dayal, Shiv 174
Desa Singh Majithia 88
Dhanna Singh 200
Dharam Singh 51

288

Dhian Singh Dogra 103, 107, 109–116
Dhirmal 38
Divali 57
Dogras 75, 103, 107, 110 f., 114 ff., 118 f.
Dost Mohammed Khan 98, 105
Dums 16
Dyah Singh 156
Dyal, Ram 91
Dyer, R.E.H. 191 ff.

Edwardes 137 ff.
Ellenborough (Lord) 123

Fakir-ud-Din 136
Fateh Khan 89–92
Fateh Singh 84, 86
Firoz Khan 92

Gandhi, Indira 243, 247 f., 250 254, 260, 262–266, 269–274
Gandhi, Mahatma 177, 191 ff., 205–208, 213, 217 ff.
Gandhi, Rajiv 262 f., 274–279
Gandhi, Sanjay 253
Ganga Singh Dhillon 254 f.
Gardner 112, 122, 132
Ghadr-Partei 185, 188
Ghadr-Revolutionäre 185 ff., 199
Gobind Singh (Guru) 38–54, 64, 69 f., 77, 79, 104, 106, 152, 171, 175, 177, 200, 234, 269
Goldener Tempel 93, 191, 194, 196, 224, 240, 258, 260 ff., 264 f., 267, 269–273
Gopal Singh 218
Gough, Hugh 124–130, 132 f., 137, 139–145
Government of India Act 210
Graham, Daniel 269
Grant, Hope 128
Granth Sahib (siehe Adi Granth)

Grey, John 130
Gulab Singh Bhangi 82
Gulab Singh Dogra 107, 110 f., 113 ff., 118 f., 130, 134 f., 150, 164
Gulbahar Begam 103
Gurcharan Singh Tohra 255
Gurkhas 86, 88, 100, 191
Gurmatta 57
Gurmukh Singh 179
Gurmukhi-Schrift 26, 235, 246
Gurnam Singh 245 f., 248
Guru Granth Sahib 31
Gyan Singh Rarewala 230, 237
Gyani Kartar Singh 219, 221, 225, 231 f.
Gyani Pritam Singh 214
Gyani Sher Singh 205, 209

Hailey, Malcolm 203
Harcharan Singh Hudiara 246
Hardinge, Henry 125, 127 ff., 133, 135
Hardinge (Lord) 186
Hargobind (Guru) 33–36
Hari Mandir 30 f., 34, 66, 265, 271
Hari Singh 177
Hari Singh Nalwa 93, 95 ff.
Harijan Sikhs 234
Harnam Singh 221
Haryana Lok Samiti 243
Hazara Singh Gill 246
Hedgewar, Keshav 227
Helms, Jesse 269
Hira Singh Dogra 107, 113, 116 ff.
Hodson 167 f.
Hindu Mahasabha 233, 273
Hindustani Workers of the Pacific Coast 185
Huebra 132
Hukam Singh 243
Hunter (Lord) 192

Imam-ud-Din 135
Indian National Army (I.N.A.)
 214 ff., 224
Indian National Congress
 (siehe auch Kongreß-Partei)
 192
Irwin (Lord) 207
Ishar Kaur 109
Ishar Singh Mujhail 231

Jabbar Khan 93
Jagdev Singh Talwandi 254 f.
Jagjit Singh Aurora 248
Jagjit Singh Chauhan 252, 269
Jahan 35 f.
Jahan, Nur 32
Jahan Dad Khan 90, 92
Jahangir 32, 34 f.
Jaimal Singh 174
Jalla 117 f.
Jallianwala Bagh-Massaker
 191 f.
Jana Sangh 233, 238, 241, 245–248
Janata-Bündnis 250 f., 254
Jassa Singh Ahluwalia 63,
 69 f., 75
Jassa Singh Ramgarhia 78, 82
Jaswant Singh 197
Jaswant Singh Duggal 232
Jats 20, 28, 34, 46, 75, 176, 234, 243
Jat-Sikhs 231 f., 234, 272
Jawahar Singh 118 ff.
Jawala Singh 113
Jehan Khan 73 f.
Jerome Xavier 33
Jetha 29 f.
Jindan 117–120, 123, 136, 148 ff.
Jinnah, Ali 220, 222, 225
Jiwan Singh Umranangal 241
Jodh Singh 203
Jujhar Singh 49
Jwala Singh 186

Kabir 19
Kahan Singh Man 136 f., 141
Kahan Singh Nakkai 89
Kalu, Mehta 12–15
Kamran 92
Kanhayas 75
Kanihya 48
Kapur Singh (Khalsa-Führer)
 60, 63
Kapur Singh 252
Kashmira Singh 107
Kesadharis 46, 171, 234
Khafi Khan 39, 54
Khalistan 252, 255, 269
Khalsa 44–47, 53, 57–60, 62, 65,
 68, 74, 97, 102, 104, 107,
 120 ff., 162, 170, 181, 199, 234 f.
Khalsa Central Council 210
Khalsa Darbar 209 f.
Khalsa National Party 210
Khanna, Lal 264
Kharak Singh 91, 97 f., 107,
 109 ff.
Kharal-Stämme 164
Kharam Singh 78
Khatri(s) 13, 43, 45 f., 171
Khattaks 92
Khizir Hayat Khan 224
Khosal Singh 75
Khsatriya 51
Khushwant Singh 271
Khusro 32
Kishen Singh Bidang 199 f.
Kitchlew 190, 202
Koh-i-Nur 90, 147, 151
Kommunisten 218, 238, 241 f.
Kommunistische Partei
 (Indiens) 218, 245, 248
Kommunistische Partei
 (Marxisten) 245, 248, 258, 263
Kongreß-(Partei) 205, 207 f.,
 211 ff., 215, 217, 220 ff., 225,
 231 f., 237 ff., 241 ff., 245 f.,

248, 250 f., 253 f., 257, 260, 264, 273 ff., 279
Krishan, Hari (Guru) 37 f.
Kukas 152, 175 ff.
Kuldip Singh Brar 267

Lachman Singh Dharovalia 195
Lachman Singh Gill 241, 246 f.
Lahna Singh Sandhawalia 116 f.
Lal, Nand 42
Lal Singh 119, 121 ff., 125 f., 129 f., 135 f.
Lawrence, Henry 135 f., 148, 160
Lawrence, John 165 f., 169
Le Corbusier 244
Lehna 23, 26
Lehna Singh 72 f.
Liaqat Ali Khan 223
Littler 127
Login, John 150
Longowal (siehe Sant Harchand Singh Longowal)
Lyall, James 180

Macauliffe, A.M. 180
MacDonald (Premierminister) 209
MacDonald 224
Maclagan, Edward 199
Maha Singh 79
Mahal, Zeenat 168
Mahmud 81, 92
Majithias 107
Mal, Jawahar 175
Malviya, Pt. Madan Mohon 198
Malwa-Sikhs 65, 76, 78, 157
Man Bai 33
Marathen 50, 65, 67 f., 75 f., 78, 87
Mardana 15 f., 21 ff., 83
Masands 30, 34, 37–40

Master Mota Singh 199
Master Tara Singh 197, 205–208, 210, 212 f., 217–221, 224 f., 231 ff., 235, 238–242, 246
Matcalfe, Charles 87
Mazhabis 234, 257
Mehtab Singh (Märtyrer) 61 f.
Mehtab Singh 196 f., 203
Mian Khan 41
Mian Udham Singh 111
Milkha Singh 81
Minto (Lord) 183
Mir Mannu 64 ff.
Mirza Khan 67
Miskin 66
Misls 63 f., 99, 105
Mohammed, Azam 51
Mohammed, Yar 92
Mohan Singh 214 f.
Montagu-Chelmsford-Reformen 189
Mookerji, S.P. 233
Mountbatten (Lord) 225
Muazzin 42
Mughlani Begum 65
Muin-ul-mulk 64
Müller, Bamba 150
Mulraj 137
Multana Singh 107
Muslim-Liga 211, 218–225, 273
Muzaffar Khan 89, 91

Nabha-Sikhs 85
Nadir Shah 60 f., 64
Najibuddaulah 75
Nakkai-Sikhs 89
Namdharis (siehe auch Kukas) 175, 178
Nana Sahib 165
Nanak (Guru) 13–28, 31, 34 f., 45 f., 69, 83, 152, 171, 173, 177 f.
Nanaki 12, 16
Nao Nihal Singh 109–112

Narain, Lala Jagat 255
Narinjan Singh Gill 215
Nath, Dina 103, 136
Nawaz Khan 63
Naxaliten 258
Nehru, Jawaharlal 191, 213, 222, 225, 240, 275
Nehru, Motilal 204 f.
Nehru-Report 205
Nicholson 125, 163
Nihal Singh 133
Nihangs 77, 116, 119, 255, 270
Nirankaris 170 f., 173 f., 177, 252, 254, 259
Nur Mohammed 70
Nur-ud-Din Bamzai 68

Ochterlony, David 87
O'Dwyer, Michael 192

Pahul 43, 75, 152, 161
Painde Khan 47
Pancayat 117, 120 f.
Pances 109, 114, 116, 118 ff., 122
Panthic-Kandidaten 238
Parkarsh Singh Badal 248, 254, 279
Pathanen 47, 49, 52, 57, 138, 204, 206
Patiala and East Punjab States Union (P.E.P.S.U.) 231 f., 235, 237
Patiala-Sikhs 85
Peshaura Singh 107, 119 f.
Pothi Granth 31
Potter 131 f.
Pratap Singh 116
Pratap Singh Kairon 230, 232, 235, 238 f., 243
Punjabi Suba 235, 237–240, 242 f.

Quit-India-Bewegung 217 f.
Qutad-ud-Din 86

Radcliffe, Cyril 226
Radha Soamis 174, 177, 259
Radschputen 50 f., 75, 157
Rah Singh 117
Rai, Hari (Guru) 36 f.
Rai, Lajpat 183 f.
Rai, Lakhpat 62 f.
Rai, Ram 37 f.
Rajagopalachari, C. 217
Ram, Daya 43
Ram, Moti 93
Ram Singh 152, 175 ff., 179
Ramdasias 234
Ramgarhias 75
Ranghar, Massa 61
Ranjit Singh 79 f., 82–93, 95–99, 102–106, 109, 115, 117, 119, 132, 145, 170, 188
Ranjit Singh Dayal 265
Ranjodh Singh 130 f.
R.S.S. 227, 233
Reed 127
Rees 227
Republikaner 245 f.
Ripudaman Singh 201 f.
Rohillas 75
Round-Table-Konferenzen 207 f.
Rowlatt-Gesetz 190 f.

Sachar, Bhim Sen 232, 235
Sada Kaur 82
Sadhu Singh 91
Sahajdharis 46, 62, 173, 181, 233
Sahib Rattaji (siehe Chand, Rattan)
Sahib Singh Bedi 83
Sahib Singh Bhangi 79, 82, 84 f.
Saido 20
Salisbury (Lord) 153
Sampuran Singh 208
Sandhawalias 107, 112, 115 f.
Sant Akali Dal 245 f.

Sant Chanan Singh 248 f.
Sant Fateh Singh 240 ff., 247 ff.
Sant Harchand Singh Longowal 254, 260 f., 264, 266, 278
Sant Jarnail Singh Bhindranwale 252–267, 269, 271 f.
Sant Nirankaris 252 f.
Sarasvati, Dayananda 178
Sarbat Khalsa 57, 75
Sarmukh Singh 197
Sati 29, 120
Satwant Singh 274
Satyapal 190
Sepoy-Aufstand 162–169, 183
Shabeg Singh 266 f.
Shahzada 23
Sham Singh Attariwala 133
Shastri, Lal Bahadur 242 f.
Sher Singh 95, 98, 107, 112–116
Sher Singh Attariwala 136–145, 149, 155, 165
Shikoh, Dara 36 f.
Shiromani Gurdwara Prabandhak Commitee (S.G.P.C.) 194–197, 199, 201–204, 218, 222, 231, 239, 241 f., 252 f., 255, 257
Shiv Dev Singh 150
Shivnabh 20
Shuja 89 f., 105
Siho 20
Sikandar Hayat Khan 211 f.
Simon, John 204
Sindhia, Madhaji 78
Singh Sabha-Bewegung 179 ff.
Singhpuria-Sikhs 89
Smith, Harry 131 f.
Suchet Singh Dogra 107, 116 f.
Sudras 43
Sufis 18 ff., 25
Sukerchakias 75, 79, 82 f.
Sulakhani 15
Sunder Singh Majithia 181, 211
Surjit Singh Barnala 279
Swaran Singh 230 f.

Taimur 65 ff.
Tara Singh 107
Taruna Dal 60, 70
Tat Khalsa 57
Tegh Bahadur (Guru) 36, 38 ff., 76, 168
Tehju 84 f.
Tej Singh 121 ff., 125 f., 129 f., 132 f., 136, 148, 165
Teja Singh 226
Thackwell 145
Thakar Singh Sandhawalia 153
Thomas, George 78
Timur 22
Tripta, Mata 12
Tsang, Hsuan 32
Tyagi, Mahavir 243

Udasis 24
Udham Singh Nagoke 231
Ujjal Singh 208, 219
Unabhängige 221, 238, 241, 245 f., 248
»Unberührbare« 176, 194
Unionspartei 211, 221
Ustinov, Peter 273

Ventura 94 f., 100, 111, 113 f., 132
Victoria 147
Viquar-ul-Mulk 211

Wade 96 f., 110
Wavell (Lord) 220, 222, 224
Wazir Khan 48 f., 51 f., 54
Wellesley (Lord) 78
Wish 144

Yadavendra Singh 231
Yahiya Khan 62 f.

Zail Singh 253, 256, 260 f., 267, 274
Zakriya Khan 58–62
Zaman 79 ff., 83
Zorawar Singh 98, 115

Daisaku Ikeda
Der Buddha lebt

»Der Buddha lebt« ist eine interpretierende Biographie über Shakyamuni, den Begründer der Religion des Buddhismus. Das Buch hat zwei Brennpunkte. Einerseits ist es eine lebendige historische Erzählung, die auf dem aufbaut, was über Shakyamuni bekannt ist oder vernünftigerweise vermutet werden kann. Andererseits ist es der Bericht über ein heroisches Leben, das der Hilfe für die Menschen gewidmet war, damit sie sich selbst von ihren Leiden und von dem Gefühl ihrer Nutzlosigkeit befreien und wahrhaft geistigen Frieden erlangen.

»Der Buddha lebt« ist aber auch ein Buch über den Buddhismus, über die Philosophie also, die in Europa immer mehr Anhänger gewinnt. Gerade in Zeiten einer scheinbar fortschreitenden Sinnentleerung der Welt angesichts massiver Probleme suchen Menschen nach Werten, die diesen Zustand positiv verändern können. Der Buddhismus bietet hier Muster an, die seine Bedeutung gerade für die Zukunft unterstreichen. Daisaku Ikeda schildert uns das Leben einer bedeutenden historischen Persönlichkeit; er zeigt aber auch das Bleibende, das dieser Mensch für uns und unsere Zeit geschaffen hat.

204 Seiten · Efalin

nymphenburger

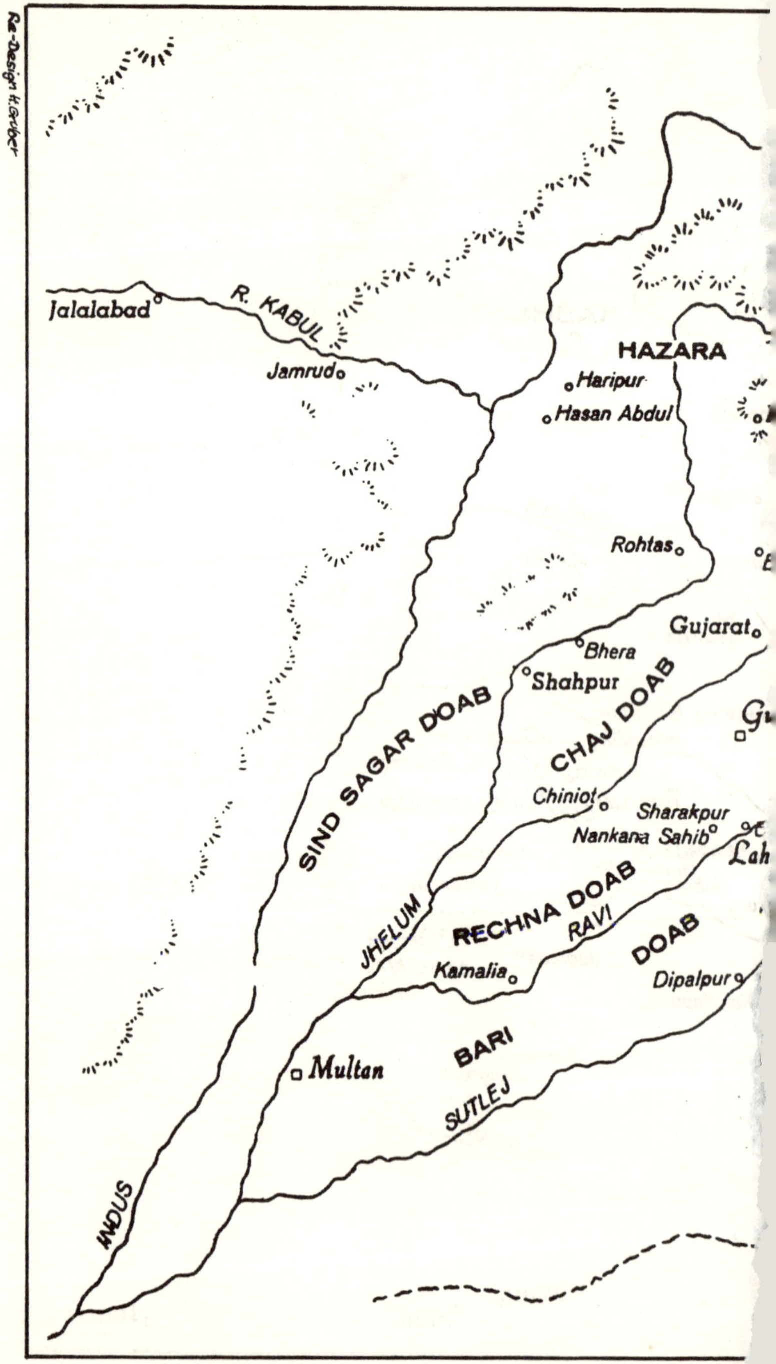

Re-Design H. Gruber
Jalalabad
R. KABUL
Jamrud
HAZARA
Haripur
Hasan Abdul
Rohtas
Gujarat
Bhera
Shahpur
SIND SAGAR DOAB
CHAJ DOAB
Chiniot
Sharakpur
Nankana Sahib
RECHNA DOAB
JHELUM
RAVI
DOAB
Kamalia
Dipalpur
Multan
BARI
SUTLEJ
INDUS